21世纪经济管理新形态教材·金融学系列

证券交易策略

周晓光 ◎ 编著

清华大学出版社

北京

内 容 简 介

为适应中国证券市场的新变化,帮助投资者构建适合自己的交易策略,本书对构建交易策略的关键内容,如股市中的逻辑、投资者情绪、收益与风险等内容进行了归纳和总结,以使读者更好地根据自身情况制定合适的交易策略。全书共十一章,包括科学与股市、股市中的逻辑、成交量分析、均线分析、筹码分析、分时图、股票价值与价格分析、证券研究报告分析、投资者情绪分析、构建投资组合、收益与风险。

本书可以作为金融工程等专业的本科生、硕士生和工商管理硕士(MBA)的"证券交易分析"等相关课程教材,也可以作为投资者提升投资决策能力,建立自己交易策略的参考书。

本书封面贴有清华大学出版社防伪标签,无标签者不得销售。

版权所有,侵权必究。举报: 010-62782989, beiqinquan@tup.tsinghua.edu.cn。

图书在版编目(CIP)数据

证券交易策略 / 周晓光编著. —北京:清华大学出版社,2023.3
21 世纪经济管理新形态教材. 金融学系列
ISBN 978-7-302-63039-5

Ⅰ.①证… Ⅱ.①周… Ⅲ.①证券交易-高等学校-教材 Ⅳ.① F830.91

中国国家版本馆 CIP 数据核字 (2023) 第 044219 号

责任编辑: 付潭娇　刘志彬
封面设计: 汉风唐韵
版式设计: 方加青
责任校对: 宋玉莲
责任印制: 丛怀宇

出版发行: 清华大学出版社
　　　　网　　址: http://www.tup.com.cn,http://www.wqbook.com
　　　　地　　址: 北京清华大学学研大厦 A 座　　**邮　编:** 100084
　　　　社 总 机: 010-83470000　　　　　　　　　**邮　购:** 010-62786544
　　　　投稿与读者服务: 010-62776969, c-service@tup.tsinghua.edu.cn
　　　　质 量 反 馈: 010-62772015, zhiliang@tup.tsinghua.edu.cn
印 装 者: 北京同文印刷有限责任公司
经　　销: 全国新华书店
开　　本: 185mm×260mm　　**印　张:** 13.75　　**字　数:** 278 千字
版　　次: 2023 年 5 月第 1 版　　**印　次:** 2023 年 5 月第 1 次印刷
定　　价: 49.00 元

产品编号:100162-01

前　言

近些年，中国证券市场发生了巨大的变化。2019年6月，科创板作为新设板块正式开板。科创板推出的同时带来了注册制的落地，而2020年4月创业板试点注册制更是加快了中国证券市场注册制改革的进程。为了支持中小企业创新型发展，深化"新三板"改革，2021年11月北京证券交易所开市，中国证券市场自此拥有了服务创新型中小企业的新阵地。

中国经济的腾飞带来了中国证券市场的快速发展，越来越多海外投资者在关注中国经济发展的同时也产生了参与中国证券市场交易的愿望。自2018年起，摩根士丹利资本国际、富时罗素和标准普尔先后将A股纳入相关指数，并在随后的几年中不断提升对A股的纳入因子权重。在国际化发展的大背景下，中国证券市场生态开始发生悄然变化，市场在高度保留自身特色的同时，迅速融入国际潮流发展的大势当中，市场成熟度快速提升。随着中国证券市场的国际化、成熟化发展，市场生态大为改观，原先"牛短熊长"的高波动、非理性市场风格逐步被结构化牛市所替代。

为适应中国证券市场的新变化，本书在原来建立交易策略的基础上，进一步进行了细化，对每章的内容从长期、中期、短期几个方面进行了归纳和描述，以使读者更好地根据自身情况制定合适的交易策略。本书由北京科技大学经济管理学院周晓光老师主持，何欣、林宇璇、郭浩育、刘慧敏4位博士或硕士研究生参与。

本书为授课教师免费提供电子资源，如有需要可登录清华大学出版社官网（www.tup.tsinghua.edu.cn）下载。

本书得到北京科技大学教材建设经费资助，并得到了北京科技大学教务处的全程支持。

本书可以作为金融工程等专业的本科生、硕士生和工商管理硕士（MBA）的"证券交易分析"教材，也可以作为投资者提升投资决策能力，构建自己交易策略的参考书。

在编写过程中，作者参阅了相关著作和资料，在此表示感谢！本书若有不当之处，欢迎读者指正。

作　者
2022年11月

目 录

第一章 科学与股市 ... 1
第一节 中国证券市场的特点 ... 4
第二节 科学与股市 ... 9
第三节 交易策略 ... 12
模拟实验与思考 ... 16

第二章 股市中的逻辑 ... 17
第一节 宏观分析的逻辑 ... 17
第二节 行业分析的逻辑 ... 20
第三节 技术分析的逻辑 ... 25
第四节 情绪与行为分析的逻辑 ... 27
第五节 自选股管理 ... 31
模拟实验与思考 ... 34

第三章 成交量分析 ... 35
第一节 成交量基本知识 ... 35
第二节 如何根据成交量进行操作 ... 41
模拟实验与思考 ... 47

第四章 均线分析 ... 48
第一节 移动均线与成本均线 ... 48
第二节 常用的均线技巧 ... 51
第三节 一阳三线战法 ... 58
模拟实验与思考 ... 61

第五章 筹码分析 ... 62
第一节 筹码的由来 ... 62
第二节 流动筹码与非流动筹码 ... 63
第三节 筹码图 ... 64

第四节　筹码图分析 ··· 66
　　模拟实验与思考 ·· 79

第六章　分时图 ·· 81
　　第一节　竞价规则 ·· 82
　　第二节　分时图三要素 ··· 84
　　第三节　分时图策略 ··· 85
　　模拟实验与思考 ·· 96

第七章　股票价值与价格分析 ··· 97
　　第一节　股票价值 ·· 97
　　第二节　股票价值的评估 ·· 99
　　第三节　股票的交易价格 ·· 103
　　第四节　高送转分析 ··· 106
　　模拟实验与思考 ·· 122

第八章　证券研究报告分析 ·· 123
　　第一节　证券研究报告的定义与分类 ·· 123
　　第二节　宏观经济分析 ·· 126
　　第三节　行业分析 ·· 131
　　第四节　上市公司分析 ·· 138
　　模拟实验与思考 ·· 140

第九章　投资者情绪分析 ·· 141
　　第一节　投资者情绪的定义与度量 ··· 142
　　第二节　媒体报道对投资者情绪的影响 ·· 145
　　第三节　基于直觉模糊网络分析法的投资者情绪综合指数 ············· 152
　　模拟实验与思考 ·· 160

第十章　构建投资组合 ··· 161
　　第一节　马科维茨投资组合理论 ··· 163
　　第二节　模糊投资组合理论 ··· 168
　　第三节　不确定投资组合 ·· 182
　　第四节　其他投资组合理论 ··· 184
　　模拟实验与思考 ·· 188

第十一章 收益与风险 ········ 189

- 第一节 股票的投资收益 ········ 190
- 第二节 风险 ········ 192
- 第三节 仓位与资金管理 ········ 196
- 第四节 止盈与止损 ········ 199
- 第五节 自我评价 ········ 201
- 模拟实验与思考 ········ 204

参考文献 ········ 205

第一章 科学与股市

本章学习目标：

- 了解中国证券市场的发展历程；
- 掌握中国证券市场的特点；
- 了解跨学科知识在证券投资中的应用情况；
- 掌握构建交易策略的基本方法和需要注意的事项。

想要在证券投资中有所建树，不仅需要对金融市场和金融工具有深入的理解，而且需要运用跨学科知识构建适合自己的交易策略。本章对中国证券市场的发展历程和特点进行了介绍，总结了跨学科知识在证券投资中的应用情况，并对构建交易策略的方法进行了归纳。

中国证券市场作为中国资本市场的重要组成部分，自1990年上海证券交易所、1991年深圳证券交易所成立以来，便始终助力中国经济的快速增长，并取得了一系列令人瞩目的成就。一路走来，中国证券市场的发展与革新历程内涵深刻，既展现了作为新兴市场从无到有、从小规模到大规模、从窄范围到宽领域的步步耕耘，又以改革与创新并重、特色化与国际化并举的发展模式在世界金融历史上留下了浓墨重彩的中国印迹。

回顾中国证券市场的发展历程，展望中国证券市场的未来方向，我们应秉持"世界潮流，中国特色"的视角，要立足本土环境、坚持中国特色，更要以开放的胸怀拥抱国际化、成熟化的证券市场发展大势。整理改革开放以来中国证券市场的发展历程，大致可以划分为以下五个阶段。

第一阶段：中国证券市场的建立（1980—1991年）。

1980—1991年是我国证券市场的起步阶段。1980年，中国人民银行抚顺支行代理企业发行股票211万元，这是新中国民间尝试发展证券市场的开始。1984年11月14日，上海飞乐音响公司发行"小飞乐"股票，这是改革开放后我国正式公开发行的第一只股票。1986年11月，邓小平在接见美国纽约证券交易所董事长约翰·凡尔霖时，赠送其一张面额为50元的上海飞乐音响股票作为纪念。此后几年中，新中国最早公开上市交易的第一批股票——上海老八股、深圳老五股相继发行，我国证券市场在历史舞台上开始崭露头角。

1990年9月28日，经中国人民银行批准，中国证券交易自动报价系统成立。紧接着，上交所和深交所分别于1990年12月和1991年4月相继正式成立。中国证券交易自动报价系统与上交所、深交所的成立，是中国股票市场规范化、制度化建设的起点。自此，中国证券交易一改往日私下交易盛行的局面，证券交易由"暗"转"明"，为中国证券市场的健康发展奠定了坚实的基础。

第二阶段：中国证券市场的成长（1992—1999年）。

1992—1999年是我国证券市场的成长和扩容阶段。伴随着中国经济的快速发展，作为新兴事物的中国证券市场开始受到全国人民的关注，猎奇心理促使全国性炒股热潮出现。股民们对股市的盲目狂热给证券市场带来了暴涨暴跌的巨大波动，加快建设和完善证券市场监管体系迫在眉睫。1992年10月，国务院证券委员会和中国证券监督管理委员会成立，中国证券市场的全国监管框架正式建立，这标志着我国的证券市场成了一个全国性的市场。随后，证券监督的一系列法律文件和规章制度相继出台，我国证券市场的法规体系初步建立。

在证券交易持续活跃的氛围下，中国证券市场吸引了越来越多的股民加入其中。截至1999年年底，沪深两市的投资者开户总数达到4481.97万户。而伴随着证券市场体量的不断壮大，提供证券服务的专业机构也进入了发展的快车道。1999年5月19日，上证指数从1057点起步，掀起了一波长达2年的牛市行情。

第三阶段：中国证券市场的规范（1999—2008年）。

1999—2008年是我国证券市场不断规范和完善的发展阶段。1999年7月1日，我国第一部规范证券发行和交易行为的法律——《中华人民共和国证券法》正式实施。到1999年年底，我国证券市场建立了全国性的监督体系。跨入21世纪，我国证券市场法律体系得到了持续的改进和完善。为了适应资本市场改革开放和稳定发展的要求，有针对性地解决相关股东之间的利益平衡问题，2005年4月，中国证监会发布《关于上市公司股权分置改革试点有关问题的通知》，股权分置改革自此全面启动。与此同时，证券服务机构的综合治理能力也在同步提升。2004年，中国证监会在证券监管系统内全面部署和启动了综合治理工作，制定了创新类和规范类证券公司的评审标准，处置了31家高风险证券公司，同时支持优质公司在风险可控、可测、可承受的前提下拓展业务空间。加强对证券市场的规范离不开完善的法律法规保障，2005年10月，全国人大重新修订了《中华人民共和国公司法》和《中华人民共和国证券法》，并对相关法律法规和部门规章进行了梳理和调整，基本形成了与"两法"配套的规章体系。

第四阶段：中国证券市场的改革与发展（2009—2018年）。

2009—2018年是我国证券市场不断深化改革的阶段。从2009年开始，我国证券市场改革进入"深水区"，诸多改革措施不断推动市场向着多层次的方向发展，市场特征属性、定位功能出现了转型性变化。为了支持创新型企业发展，创业板作为独立于沪深主板的新设板块，于2009年10月正式开板。

2014年11月，沪港通（沪港股票市场交易互联互通机制）正式开通。2016年12月，深港通也正式启动。中国内地与香港资本市场双向开放制度的确立，拓宽了境外投资者参与中国内地证券市场的渠道，也开启了内地投资者参与香港市场的大门。

2009—2018年的10年间，中国股市的总股本增长了2.80倍，但总市值只增长了1.78倍。2009年平均每股单价为11.86元，2018年跌到7.55元。2013—2015年，股市逐渐火热，于2015年达到峰值，属于牛市周期。然而，从2016年开始，中国股市成交量和成交金额连续3年下跌。这10年中，股价最高值出现在2015年，平均每股单价为12.35元；最低值出现在2011年，平均每股单价为7.22元。

第五阶段：中国证券市场的成熟化、国际化（2018年至今）。

2018年至今是我国证券市场成熟化发展的阶段。为了进一步支持创新型企业发展，科创板作为新设板块，于2019年6月正式开板。科创板的推出同时带来了注册制的落地，而2020年4月创业板试点注册制更是加快了中国证券市场注册制改革的进程。区别于核准制的烦琐流程，注册制改革有利于降低企业融资成本，有利于增强市场定价能力、深化市场改革，更有利于资本市场更好地服务实体经济。除了支持科创企业发展以外，为支持中小企业创新发展、深化"新三板"改革，2021年11月北京证券交易所开市，中国证券市场自此拥有了服务创新型中小企业主的新阵地。

2018年至今，也是我国证券市场国际化发展的阶段。中国经济的腾飞带来了中国证券市场的快速发展，越来越多海外投资者在关注中国经济发展的同时也表达了参与中国证券市场的愿望。自2018年起，摩根士丹利资本国际、富时罗素和标准普尔先后将A股纳入相关指数，并在随后的几年中不断提升对A股的纳入因子权重。而对于尚处在高速发展中的中国证券市场而言，学习发达国家证券市场发展的经验，对推进中国证券市场融入国际金融市场同样大有裨益。在与国际市场更深度的融合中，中国证券市场不断提升对外开放的层次和水平，一方面积极吸收、借鉴了发达国家证券市场的先进技术和发展经验，另一方面也向国际金融市场传递了来自中国的特色模式。

在国际化发展的大背景下，中国证券市场生态开始悄然发生变化，市场在高度保留自身特色的同时，迅速融入国际潮流发展的大势当中，市场成熟度快速提升。

第一节　中国证券市场的特点

纵观中国证券市场发展历程,"世界潮流,中国特色"始终是无法避开的关键词。不同于西方资本市场在长期发展后的成熟特征,中国证券市场发展至今仅有30余年,是一个标准的新兴市场(emerging market)而非成熟市场(developed market)。不可否认,中国证券市场在制度建设等方面仍然任重道远。但中国证券市场又深深根植于中国特色社会主义市场经济的土壤之中,发展历程绝不是照搬西方证券市场路线,而是拥有极为鲜明的本土化特征。中国证券市场的特点可以总结为以下几点。

(一)个人投资者占比大

自中国证券市场建立以来,个人投资者就是市场的中坚力量。不同于西方资本市场专业机构投资者占比大的特点,我国证券市场的专业机构发展起步晚,再加之"好赌"的重博弈性格特征等诸多复杂因素的影响,将个人财富交由专业机构进行集中投资的理念不容易被个人投资者接受,因此导致市场中个人投资者的比例较大。

中国证券登记结算有限责任公司2021年12月的统计月报数据显示,2021年末投资者账户数为19 740.85万,其中自然人账户19 693.91万,非自然人账户46.94万,个人投资者占比高达99.76%。而从交易占比来看,虽然近年来个人投资者交易占比持续下降,但是2021年个人投资者交易占比也仅仅首次下降到70%以下。而在持有流通股市值占比方面,截至2022年5月底,境内专业机构投资者和外资持有流通股市值占比为22.8%,其余77.2%的流通股市值仍被个人投资者持有。

由于投资能力、专业知识的不足,以及个人投资者短视、重博弈、易受情绪影响的特点,个人投资者占主导会加大市场波动,进而影响全市场的生态。为了顺应市场特征,中国证券市场中部分机构投资者的投资行为也容易呈现短期化的特征,在业绩考核的压力下,部分基金的投资风格趋于散户化,从而进一步加大了市场波动,使中国证券市场投机氛围浓重。

(二)投机氛围浓重,缺乏长期投资理念引导

虽然近年来中国证券市场逐渐趋于成熟,但是在长期发展过程中形成的投机氛围仍然浓重,不论个人投资者还是机构投资者,都缺乏长期投资理念的科学引导。

由于中国证券市场个人投资者比例高,大多数个人投资者追求的是股票价格变化产生的资本利得,而非长期持有获得的红利及价值增值,这种博取短期收益而非进行长期投资的理念在市场中营造出高度投机的氛围。另外,个人投资者金融基础知识薄弱,对于上市公司的研究深度不足,又缺乏资产定价的具体手段,进而转向追逐题材和概念的

炒作。再加之我国证券市场的相关制度尚不成熟，又滋生了炒作空间。例如：由于首次公开募股（initial public offering，IPO）核准制造成新股发行困难，"打新"炒作就十分火爆；而缺乏完善的退市机制又催生了ST股炒作的热潮。

机构投资者同样需要长期投资理念的引导。虽然机构投资者的投资行为相较于个人投资者更加理性，但是由于业绩排名等因素的影响，部分基金经理仍然会出现追求短期业绩而忽视长期投资的非理性行为。另外，机构投资者容易产生"风格漂移"的问题，这也同样不利于长期稳定投资。"风格漂移"指基金产品的投资风格在风险收益风格上发生了显著变化。例如，从风险较低的混合型基金漂移成了风险较高的股票型基金。"风格漂移"的行为背离了基金产品的发行理念和策略设计初衷，不利于贯彻长期投资理念。2022年4月26日，中国证监会发布《关于加快推进公募基金行业高质量发展的意见》（以下简称《意见》）。《意见》指出：要强化长效激励约束机制，建立健全长期考核机制，将合规风控水平、3年以上长期投资业绩、投资者实际盈利等纳入绩效考核范畴，弱化规模排名、短期业绩、收入利润等指标的考核比重。从长远来看，营造长期投资氛围有利于抑制投机行为，有利于资本市场的长期健康发展。

（三）市场机制尚不健全，市场波动较大、易受政策影响

不可否认，由于发展时间短，中国证券市场的市场机制尚不健全。这种市场机制的不健全，既体现在作为独立的系统内部机制的不完善，又体现在证券市场作为金融市场的重要组成部分，不能与宏观政策及其他市场组成部分形成严密的反馈机制。

由于中国证券市场个人投资者占比高，考虑到个人投资者专业知识相对薄弱、风险承受能力相对较低的现实情况，出于对广大中小投资者的保护目的，中国证券市场并未完全照搬西方成熟市场的交易制度，而是有针对性地设置了涨跌停板、"T+1"交易等特色制度。相关特色制度在保护中小投资者的同时，也不可避免地阻碍了市场机制的传导，加之个人投资者重博弈、好投机的交易行为风格，各类题材炒作、消息炒作层出不穷，从而放大了市场波动性，容易引发全市场的暴涨暴跌。

中国证券市场"政策市"的标签，则更多是由于证券市场无法精准反馈来自宏观政策和其他金融市场组成部分的变化影响。金融市场是一个由证券市场、债券市场、期货市场和衍生品市场等诸多子市场构成的复杂系统，各子市场需要对市场和政策这"两只大手"的变化作出反馈，从而共同维持整个金融市场的稳定运行。相比西方发达国家市场，我国金融市场的运行机制并不健全。中国证券市场面对货币政策、财政政策的调整和其他金融子市场的变化并不能快速、准确地作出有效反馈，这些来自反馈的时滞和偏差，也会放大市场的波动，并在过度累积后对市场产生巨大冲击。

（四）由"牛短熊长"到结构化牛市

自 1990 年 12 月 19 日上交所开市至今，"牛短熊长"一直是中国证券市场挥之不去的阴影。由于市场波动剧烈、短期投机氛围浓重，暴涨暴跌在很长一段时间里一直是中国证券市场的鲜明特征。但从 2019 年起，随着中国证券市场的成熟化、国际化发展，市场生态大为改观，原先"牛短熊长"的高波动、非理性市场风格逐步被结构化牛市替代。

这里以上证指数 30% 的涨跌幅为标准，按照指数连续累计上涨、下跌幅度超过 30% 的历史区间分别作为牛市、熊市样本，对 1990—2021 年中国证券市场的表现进行统计。根据表 1-1 统计结果可以发现，中国股市牛市平均持续 13 个月，熊市平均持续 19.5 个月，熊市持续时间是牛市的 1.5 倍，具有典型的"牛短熊长"特点。牛市时上证指数的平均涨幅约为 265%，熊市时上证指数平均跌幅约为 52.7%，呈现出暴涨暴跌特点。

表 1-1　中国证券市场牛熊市统计表

时　间	类　别	时　长	幅　度	范　围
1990 年 12 月至 1992 年 5 月	第一次牛市	17 个月	1380%	96.05～1429
1992 年 5 月至 1992 年 11 月	第一次熊市	6 个月	-73%	1429～386
1992 年 11 月至 1993 年 2 月	第二次牛市	3 个月	303%	386～1558
1993 年 2 月至 1994 年 7 月	第二次熊市	17 个月	-79%	1558～325
1994 年 7 月至 1994 年 9 月	第三次牛市	2 个月	223%	325～1052
1994 年 9 月至 1995 年 5 月	第三次熊市	8 个月	-45%	1052～577
1995 年 5 月至 1995 年 5 月	第四次牛市	3 天	58%	582～926
1995 年 5 月至 1996 年 1 月	第四次熊市	8 个月	-45%	926～512
1996 年 1 月至 1997 年 5 月	第五次牛市	17 个月	194%	512～1510
1997 年 5 月至 1999 年 5 月	第五次熊市	24 个月	-33%	1510～1025
1999 年 5 月至 2001 年 6 月	第六次牛市	25 个月	144%	1047～2245
2001 年 6 月至 2005 年 6 月	第六次熊市	48 个月	-55.5%	2245～998
2005 年 6 月至 2007 年 10 月	第七次牛市	28 个月	513%	998～6124
2007 年 10 月至 2008 年 10 月	第七次熊市	12 个月	-73%	6124～1664
2008 年 10 月至 2009 年 8 月	第八次牛市	10 个月	109%	1664～3478
2009 年 8 月至 2014 年 3 月	第八次熊市	55 个月	-44%	3478～1947
2014 年 3 月至 2015 年 6 月	第九次牛市	15 个月	162%	1974～5166
2015 年 6 月至 2016 年 2 月	第九次熊市	8 个月	-49%	5166～2638
2016 年 2 月至 2018 年 2 月	第十次牛市	24 个月	32%	2687～3558
2018 年 2 月至 2018 年 10 月	第十次熊市	9 个月	-30%	3555～2486
2019 年 1 月至 2019 年 4 月	第十一次牛市	4 个月	32%	2446～3246
2020 年 3 月至 2021 年 2 月	第十二次牛市	11 个月	35%	2719～3696

相比中国证券市场的暴涨暴跌与"牛短熊长"，美国证券市场在经历 2008 年全球金融危机后开启了超过 10 年的股市"长牛"。2009—2021 年，道琼斯工业平均指数上涨超

过3倍,代表高科技企业的纳斯达克指数更是上涨超过8.9倍。当然,中美证券市场表现的差异来自国家经济发展的差异,更受到国际金融地位及不同经济政策的巨大影响,不能只单纯分析重要指数的涨跌情况。

2019年后,中国证券市场生态发生了重大转变,结构化牛市逐渐替代了暴涨暴跌与"牛短熊长",一个更加成熟的A股市场逐步成长了起来。结构化牛市不同于以往的总量牛市,不再是全市场的普涨,而是市场中少部分行业的"走牛"。这些"走牛"的行业,在行业基本面上呈现出经营模式清晰、盈利能力突出等特征,在交易技术面上呈现出超额收益明显、流动性充裕、价格上升趋势持续性强等特征,典型代表为2018年以来医药、白酒、新能源、光伏等行业呈现出的结构性上涨行情。结构化牛市不仅提升了中国证券市场的长期持续赚钱效应,更通过高度锚定公司基本面的行业研究方法与资产定价方法提升了投资行为的理性程度,有效抑制了投机炒作引发的市场暴涨暴跌,从而降低了全市场的波动率。

(五)融资属性突出

不同于西方资本主义经济制度,中国特色社会主义市场经济是由计划经济体制发展而来的。也正是因为这样的历史沿革和长期以来非市场化的资金融通,中国金融市场历来注重以银行借贷为主的间接融资方式,而证券市场的直接融资功能长期以来并不能受到足够的重视。改革开放后,随着国民经济的飞速发展,单一化的间接融资方式已经无法满足快速扩张的社会资金融通需求,拓展企业融资渠道成为经济发展的重要工作。在这样的背景下,中国证券市场自发展之初便肩负起资金融通的重担,而在当前支持创新型企业、中小企业发展的任务下,中国证券市场促进企业资金融通的功能属性更为突出。

长期以来,有诸多声音认为中国证券市场的"晴雨表"功能并不明显,即中国经济总量的不断上涨并未带动中国证券市场主要指数的上涨,中国国民经济的持续发展并没能让中国证券市场走出"长牛"。但如果从融资视角重新审视中国证券市场,就会发现上述观点有失偏颇。1993年年末的沪深股票总市值仅为3 474.29亿元,而截至2021年年末沪深股票总市值已经达到916 088.18亿元,增长幅度超过260倍,远远超过了同期国内生产总值(gross domestic product,GDP)总量32倍的增幅。可以说,中国证券市场为企业提供了直接融资的渠道,通过发挥其资金融通的功能,极大地促进了中国经济的发展。

(六)国际化、机构化发展迅速,市场逐渐趋于成熟

伴随着境外合格投资者(qualified foreign institutional investor,QFII)及沪港通、深港通制度的确立,中国证券市场国际化的进程不断推进,越来越多的国际资本进入A股市场。外资的涌入不仅带来了雄厚的国际资金,更将成熟市场的金融定价、公司研究方

法引入中国,这些科学的研究方法对提升 A 股成熟度意义重大。

与此同时,中国证券市场中的专业投资机构也在快速崛起。近年来,在国内房地产市场持续低迷及理财产品收益率走低的背景下,中国居民储蓄开始转向偏股型基金投资,以委托基金公司管理的方式参与到证券市场投资中。相关数据显示,2021 年年末中国股票型和混合型基金产品资产净值已经超过 8.46 万亿元,基金总数也超过 5600 个,而在 2014 年年末该数据仅为 1.86 万亿元和 1773 个。这种居民储蓄"大搬家"的现象推动了国内公募基金、私募基金等机构投资者的快速发展,在一定程度上改变了 A 股市场长期以来由个人投资者主导的局面。

国际化、机构化的相互作用,推动 A 股市场逐渐趋于成熟。A 股国际化带来的先进定价方法和研究体系率先被国内机构投资者接受并完成了本土化改进,机构投资者又凭借自身资金体量的优势放大了其交易行为影响力,从而间接引导市场向理性化、专业化的投资风格发展,推动 A 股市场趋于成熟。

(七)发展前景广阔

中国证券市场广阔的发展前景,主要体现在中国证券市场作用的重要性及市场体量扩张与财富创造的强大能力。

长期以来,中国证券市场的融资属性格外突出。在以国内大循环为主体、国内国际双循环相互促进的经济发展格局下,为了更好地支持创新型企业与中小企业发展,充分发挥中国证券市场直接融资渠道的优势意义重大。与此同时,证券市场自身就是一个庞大的资产"蓄水池",中国证券市场资产配置功能尚未被完全开发。随着居民储蓄从房地产投资大规模转向证券基金投资的推进,未来中国证券市场将肩负起更多的资产配置任务。同时,实现居民财富的保值增值,提升资本高效合理配置,也需要一个更加强大的证券市场。

巴菲特曾提出一个判断市场估值高低的原则:"市场总市值与国内生产总值之比的高低,反映了市场投资机会和风险度。如果所有上市公司总市值占国内生产总值的比率在 70%~80% 之间,则买入股票,长期而言可能会让投资者有相当不错的报酬。比值为 100% 时则要警惕风险,比值超过 120% 时可能会发生泡沫破灭。"2021 年中国国内生产总值总量约为 114.4 万亿元,而对应的 A 股总市值约为 91.6 万亿元,比例为 80%,这说明中国证券市场具有较好的发展前景与投资机会。除此之外,中国经济仍处于高速发展阶段,经济增长的韧性十足,众多创新型、高成长性企业不断涌现并快速发展。分享优秀企业带来的超额投资收益是每个投资者梦寐以求的事,而中国证券市场正是孕育优秀企业的沃土。

第二节 科学与股市

证券投资分析不仅是金融学中重要的研究方向，还是一门大学问，它强调学术理论与实践操作的并重，同时又有着非常突出的跨学科、交叉学科特点。在纷繁复杂的证券市场中，多种因素交织作用在股票交易上，最终体现为价格的涨跌与成交量的变动。这些影响证券定价的因素既有相对理性的变量，诸如反映公司基本面的变量、反映金融市场流动性的变量等，又不乏大量与投资者行为、心理紧密相关的相对非理性变量。

证券市场的复杂性孕育了大量风格迥异的证券交易策略，而在市场的动态变化中，这些投资策略在不同时期、不同市场及不同环境中体现出截然不同的收益表现，更是被反复证实证伪，引来讨论不断。

由此我们不仅要问：科学在证券投资中是否有效？

一、科学在投机面前无济于事

在证券市场中，很多市场参与者都有一种认识误区：为了追求交易的确定性，常常把科学的思维方式简单地运用到投机交易中，以为预测就是市场交易的全部，希望找到一种科学的预测理论。但是，科学方法论所主张的严密和精确，在投机交易中很多时候不但英雄无用武之地，而且还可能成为成功的障碍。科学在投机领域往往是无能为力和悲哀的！

世上没有任何一个人、任何一种工具，可以准确地预测市场的未来变化。牛顿作为物理学家、天文学家和数学家，被公认为最伟大的科学家之一，是近代经典力学的开山祖师，提出了著名的万有引力定律和牛顿运动三定律。但这么伟大的人物也有失算的时候，在股市折戟沉沙，在大名鼎鼎的"南海泡沫"中损失惨重，最后不得不感慨地说："虽然我能计算出天体的运行轨迹，但我估计不出人们疯狂的程度。"由此可见，对于证券市场投机，科学在股市面前也有力所不能及的时候。

韦特是最古老，也是最知名的相对强弱指标（relative strength index，RSI）提出者，作为坚定的技术分析指标的推崇者，韦特陆续提出了动量指标（momentum index，MTM）、市价波幅和抛物线指标（stop and reverse，SAR），这些指标沿用至今，仍受到广大投资者的欢迎。但是奇怪的是，在投资生涯后期韦特的思想发生了翻天覆地的变化，他发表文章证伪了自己提出指标的适用性，彻底地推翻了自己曾笃信不疑的技术分析指标。

与技术分析指标流派观点截然相反的亚当理论认为：在投机交易中，没有任何一个技术分析指标可以相当准确地推测后市的趋向。每一套技术分析工具都有其固有的内在缺陷，依赖这些并不完善，也无法完善的技术分析指标和工具去推测去向不定、变幻莫测的后市趋势，肯定会出现许多失误。没有人能够准确地预料到市场涨跌何时结束，而盲目地、主观地逃顶或抄底，在事后被证明，不是逃得过晚就是抄得过早。

投机事业的成败，有时未必和一个人付出的努力成正比。在市场交易中，有数不胜数的理由会使投资者遭受惨重的损失，偶然的、必然的、客观的、主观的、外在的、内在的，等等，其中很多问题是投资者自身不能控制的。任何决策，都是均衡概率的结果。所以，要在实际交易中取得成功，如果不能深刻地理解、把握市场价格偶然性和必然性之间的关系，就会是一件非常困难的事情。

二、科学遭遇滑铁卢

美国长期资本管理公司（Long-Term Capital Management，LTCM）是曾经的国际四大对冲基金之一，创立于1994年，是一家主要从事定息债务工具套利活动的对冲基金公司。LTCM的主要合伙人有：被誉为能"点石成金"的华尔街债券套利之父梅里韦瑟（John Meriwether）；原美国联邦储备系统副主席戴维·莫里斯（David Mullins）；1997年诺贝尔经济学奖获得者罗伯特·莫顿（Robert Merton）、马尔隆·斯科尔斯（Myron Scholes）等。在强大团队的加持下，LTCM构建的交易策略可谓是极其科学、滴水不漏，他们所依靠的策略来源于金融学期刊中的各类证券定价模型，LTCM更善于运用这些模型进行交易，可以说是用科学指导交易的典范。

LTCM凭借强大的交易策略和优秀的资金管理能力，只用4年时间就震撼了华尔街。1994—1997年，LTCM的投资回报率分别为：28%，59%，57%和25%。LTCM成立时基金规模为12.5亿美元，而到1997年12月，其基金规模已经突破48亿美元。1996年，LTCM更是在1年内赚取了21亿美元。然而，这样一家极度科学的投资公司，在成立的第5年惨淡收场。

1998年，亚洲金融海啸爆发，LTCM的策略模型认为：发展中国家债券和美国政府债券之间利率相差过大。基于此判断，LTCM决定构建买入发展中国家债券、做空美国政府债券的投资组合进行套利。这一策略在正常市场环境下本是可行的，然而LTCM无法预料随后发生了俄罗斯国债违约事件。由于违约事件的刺激，投资人出于对风险的考量纷纷退出发展中国家市场，并买入违约风险更低的美国政府债券，即抛售发展中国家债券、买入美国政府债券。这样一来，LTCM原本的策略完全做反了方向，叠加了债券交易的高杠杆，LTCM当年9月资产仅剩不足10亿美元，年度收益率为-92%，最后美林、摩根出资收购了LTCM。

LTCM的案例是典型的"科学败给市场"。在罗伯特·莫顿和马尔隆·斯科尔斯效率市场学说的影响下，LTCM的合伙人坚信市场价格将根据模型所显示的方向和水平进行变动，他们认为模型确实可以对市场行为的极限作出预测。但是实际上，模型只是从市场的历史数据来进行合理预测的。LTCM 构建的交易策略看起来十分科学，但是由于金融市场的复杂性，任何一个策略模型都无法将全部的风险囊括。在不同时期、不同环境下，风险也是动态变化的，这种不确定性有时会导致极难预料的突发风险。

在证券交易中不存在绝对的科学，更不存在百战百胜的法宝，任何科学的分析方法与交易策略在特定的时期和环境下都会有相应的缺陷与误区。因此，在证券市场中，当股市投资者运用任何方法或工具进行分析和操作时，必须认识到自身所秉持的科学存在阶段性、相对性和局限性。金融市场中最致命的是长尾风险，也就是那些出现概率极低，但会造成惊人损失的风险。

三、跨学科知识在证券投资中的应用

首先，我们对在证券分析和交易策略构建中要考虑到的重点内容进行全景扫描，再据此挖掘证券分析所需要使用到的跨学科类型。这里我们从宏观、行业分析和技术分析三个维度分别进行归纳总结。

在宏观维度的视角下，证券市场是金融市场的重要组成部分，证券又是最基本的金融产品，其资产定价、风险评估都隶属于金融学。进一步地，证券市场是一个国家或地区经济的重要组成部分，必然会受到货币政策、财政政策的影响。由于宏观政策的调控影响是独立于市场以外的，因此，想要做好证券投资需要用到财政货币学的相关知识。

在行业分析的视角下，证券作为权益凭证，归根结底是对上市公司本身的投资。什么行业的公司值得投资？这是行业分析首先要解决的问题。而企业经营最直观的体现，就是企业的财务报告。因此，掌握会计学的相关知识也至关重要。对于价值投资者和深度行业分析投资者而言，除了分析公司财务数据，他们还会对公司的经营模式、市场竞争、供求关系等内容进行全方位的深入分析，因此需要用到企业管理的相关理论。需要强调的是，对于高端制造业等分析门槛较高的行业，行业分析投资者还需要掌握关于生产技术的特定学科知识。

技术分析则注重于对证券交易这一最终环节的分析，分析对象就是证券的价格及成交量等。技术分析理论繁多，但核心逻辑均是建立在对交易行为和投资者心理的分析上。因此，行为学和心理学同样在证券分析中意义重大。

近年来，量化投资风头正盛、大受追捧。不同于传统的证券分析模式和交易方法，量化投资在极大程度上发挥了计算机的运算能力，能够快速地、低延迟地对海量数据进行分析和验证，并将分析结果转化为交易指令快速下单，不需要人工介入交易操作。量化投资改变了传统证券投资的模式，更加注重发挥跨学科知识的力量，取各学科所长。具体而言，定量化的分析模式对数据处理、数据分析及模型构建提出了更高的要求，需要使用高等数学、统计学等知识来实现，而量化投资策略模型的灵感除了来自金融学理论,也可以来源于相关物理学模型。除此之外,量化投资策略的实现必须通过计算机编程完成,而机器学习等先进计算机科学理论的发展,又为量化投资策略的迭代升级提供了新的途径。

综上所述,我们可以大致归纳出证券投资过程中所涉及的各个学科。属于经济学范畴的有金融学、货币财政学等;属于管理学范畴的有会计学、企业管理。另外,心理学、行为学、数学、统计学、物理学、计算机科学等非商科学科在证券投资中也十分重要。

量化投资的兴起拓宽了证券投资的发展道路,更提升了跨学科知识在证券投资中应用的可能性。可以预想,未来的证券投资策略将会更加跨学科化、多样化,各个学科的前沿理论势必会在证券投资领域大展身手。

第三节 交易策略

一、什么是好的交易策略

良好的证券交易不是赌博,而是有着严密逻辑的系统工程。想要在证券交易过程中长期稳定地获取收益,绝不能盲目地靠运气,而需要以客观理性的视角审视市场,合理运用跨学科知识构建属于自己的交易策略,并在交易操作中严格执行交易策略。

然而,证券市场的变化是复杂的、动态的,就像没有从不失败的金牌交易系统一样,也不存在完美的、永远有效的交易策略。所有的交易策略都有好的一面和坏的一面,从构建之时起,交易策略就预设了其应用场景,如果市场形式发生改变,交易策略的效果也会发生相应改变。

对于个人投资者而言,找到最适合自己的交易策略是格外重要的。交易策略应该适合投资者个人的性格,能够帮助投资者达成交易目标,且与投资者的风险承受能力及资金规模等高度匹配。制定交易策略先要了解自己,针对自己的预期收益目标、投资周期有针对性地进行设计,做自己擅长的交易,赚自己能赚的钱,不要去羡慕别人,更不要轻易改变投资策略,要相信适合自己的就是最好的。

二、不同周期的交易策略框架

根据投资周期长度的不同,可以将证券交易策略划分为长线策略、中线策略和短线策略,不同周期的交易策略各有侧重。下面简要列举了不同交易策略的框架结构,构建交易策略的细节将会在后文其他章节详细展开。

（一）长线策略框架

长线策略一般是指投资者一旦作出买入决策，就会长期持有一只股票或一个证券组合，这期间，投资者并不会关注股票的短期波动，而只关注股票的长期价格趋势。以巴菲特、芒格为代表的价值投资派是长线策略的典型代表，巴菲特和芒格执掌的伯克希尔哈撒韦公司在可口可乐、华盛顿邮报公司股票的长期投资中分别取得了6.8倍和128倍的惊人回报。

长线策略的核心与出发点是对所投资公司的深入研究及对长期经营的高度理解。众所周知，经济发展是按周期变化的，在"繁荣—衰退—萧条—复苏"周而复始的变化过程中，能够穿越牛熊一定源自公司的强大经营能力。价值投资派秉持着"买股票就是买公司"的理念，认为股票投资者和实业家在本质上是一致的，进行价值投资就是要与企业共同成长，并分享企业成长的回报。

但是，长线策略并非仅仅关注企业的经营能力，价值投资者同样高度关注证券的买入价格，强调要以低于价值的价格买入股票，通过对买入价的精打细算构筑长期持有的安全边际，以此获得更高的收益。

总之，长线策略追求投资本身的意义而彻底放弃对短期投机、套利的关注。通常而言，优秀的长线投资策略能够为坚定的投资者带来丰厚的回报。但是，在漫长的持股周期中，如何面对短期价格的剧烈波动而内心丝毫不为所动，仍然坚守信念，本身就是投资过程中极其难得的。

（二）中线策略框架

中线策略的持股周期通常在1～6个月之间，由于中线策略的持股时间适中，能够与宏观分析、行业分析和技术分析的具体方法较完美结合，这也给了各类策略构建施展的用武之地。长线策略追求穿越牛熊，而中线策略可以根据经济周期、市场风格进行灵活调整。

宏观分析中货币政策导向的变动通常是面向中线周期展开的，而企业经营活动的周期性变化和增长变化，也会在市场的中线周期运行中兑现。中线策略重在识别变化并进一步把握变化带来的趋势，这也正是中线策略的典型代表趋势策略和反转策略的核心逻辑。反转策略其实与趋势策略在本质上是同源的，反转策略的执行时机要比趋势策略更偏左侧。反转策略捕捉的是变化，而趋势策略侧重于在变化逐步兑现的时候参与其中。

市场交易中最重要的因素是趋势。股票大作手杰西·利弗摩尔（Jesse Livermore）曾经说过："跟随趋势走，做趋势的好朋友。"他认为，由于证券市场的复杂性，对价格运动背后的所有原因都好奇并不是什么好事。投资者只要了解到趋势在什么时候出现并参与其中，就可以从中获得收益。而在技术分析中，趋势也是绝对的核心。对趋势的分析是首要的，运用其他分析技术的目的主要是辅助分析市场趋势，从而使自己的交易顺应趋势运动的方向。

趋势虽然是市场价格运动的方向，但价格运动也不会朝一个方向直来直去，它是曲折前进的。其轨迹宛如波浪，前仆后继，具有明显的波峰和波谷。市场趋势正是由这些波峰、波谷依次向上或向下的方向构成的。证券市场的趋势一般分为上升趋势、下降趋势和横向趋势。不同的趋势有不同的操作手法。在做空受限的市场中，投资者在操作中更重要的是把握上升趋势，而遇到下降趋势更明智的举动是离场观望，不要盲目地买进卖出。

由于宏观分析、行业分析和技术分析等都可以通过构建中线策略得以实现，所以中线策略的类型繁多。趋势策略和反转策略仅是中线策略中最具代表性的两种策略，投资者可以根据自己的证券投资分析框架进行有针对性的策略构建。

（三）短线策略框架

短线策略的持股周期极短，通常持股时间不会超过2周，是典型的投机策略与博弈策略。短线策略的代表有套利策略、打板策略、题材炒作和部分量化策略。

价值投资者锚定企业价值进行长期投资，而企业价值绝不会在几天内发生翻天覆地的变化。因此，短线策略赚取收益的来源不是企业价值的变化，短线投机客们热衷于价格剧烈波动带来的收益机会，这种机会来自投资过程中的非理性行为。必须指出，短线策略收益的不确定性极强，策略本身缺乏严密的定价机制支撑，极易玩火自焚造成巨大损失。

在中国证券市场的涨跌停板特色制度下，很多时候单日的涨跌停幅度并不能完全反映企业价值的变动或充分释放投资者的交易情绪，由此便催生了打板策略。打板策略是一种专门针对涨停板交易的策略，表现为在个股受到利好消息刺激后，迅速拉升股价封死涨在停板，并在未来几个交易日中持续在涨停价挂出巨量买单，形成连续涨停板甚至一字板。打板策略利用了中国证券市场的特色交易制度，并在极大程度上激发了交易者的投资心理，有着非常明显的非理性特征。

近年来，在量化策略的快速发展过程中，部分量化策略也以短线策略的形式被加以应用。不同于传统短线策略鲜明的投机博弈特征，短线量化策略则是用理性模型驾驭非理性投机。首先，短线量化策略使用的是高频甚至是Tick数据，数据的最低频率不超过小时级，而最高频率是秒级。同样是进行短线炒作，量化策略因为能够分析更多数据获取更多信息，从而在机会稍纵即逝的短线交易中先人一步。其次，短线量化策略的模型构建是针对短线交易对手的投资心理和交易行为量身定制的。可以说，短线量化策略清楚地知道交易对手正处于非理性状态下，却顺应、利用交易对手的非理性交易行为赚取收益，并在市场恢复理性之前提前离场。因此，短线量化策略并非传统意义上重博弈的短线策略，而是一种针对交易对手的非理性行为专门开发的类似反博弈策略。

三、建立自己的交易策略

在证券市场中，每个投资者的背景知识、风险厌恶程度、投资周期、资金情况等因素的差异，都将直接导致不同投资者采取的投资策略有较大差异。在证券分析中：常用的分析方法有基本面分析和技术分析；常见的投资方法有分散投资法、顺势投资法、保本投资法等；常见的交易策略有波段交易、趋势交易和套利交易等。在实际情况中，投资者要根据自己的情况，选择适合自己的分析方法和投资方法，并建立适合自己的交易策略。

在建立自己的证券交易策略之前，需要重点考虑以下几个方面。

（一）投资目标

投资目标决定了证券交易策略的整体导向，具体包括预期收益率、风险承受能力、投资周期等内容。不同的收益率目标可以将投资者划分为保守、中庸和激进3种类型，对应不同的预期收益率，投资者也需要承担相应的风险。预期收益率越高，投资者需要承担的风险也就越大。在构建交易策略时，预期收益率和风险承受能力必须相匹配，这样才能保证交易策略的攻守平衡。除此之外，投资周期也是构建交易策略必须要纳入的因素，交易策略运行周期与投资周期的匹配是取得目标收益的基础。

（二）资金体量及成本

参照会计学资产负债表的分析方法，我们将证券投资所使用的资金统称为证券投资的负债端项目，而使用资金购买的证券是资产端项目。负债端管理和现金管理在证券投资中的重要性并不亚于资产端管理的选股、择时与仓位控制，但对于负债端的管理常被个人投资者忽略。诚然，个人投资者的资金多来自自有资金，并不需要过多考虑资金成本。但是，交易策略应当根据资金的体量进行有针对性的调整，一来用于分散、规避风险，二来也能够提升资金利用率。另外，如果投资者负债端涉及融资借贷资金，则必须对相关资金成本、期限进行细致的规划与安排。

（三）个人心态

个人心态会影响股票交易策略功能的发挥，构建属于自己的股票交易策略，首先要摆正自己的心态。其次，在股票交易过程中，投资者情绪容易受到市场波动的影响，进而会导致既定的交易策略无法严格落实，甚至投资者做出违反交易策略的行为。只有摆正心态，做到心形合一，才能发挥股票交易策略的最大效用。

（四）其他因素

其他因素包括投资者的交易时间、性格及技术等因素。例如：如果个人的交易时间受限，那么他不能忍受太过频繁的操作，只能进行中长线操作；如果个人的自制力比较差，那么一旦没有十分固定的交易策略，就容易受临时性因素的影响而导致投资失误。

此外，在建立自己的股票交易策略时，应该考虑以下方面。

首先，建立适合自己的股票池。证券市场的股票很多，每个投资者都需要建立自己的股票池来集中交易注意力。至于如何选择股票，还需要根据策略导向来制定合适的选股原则。例如：选择具有良好基本面的股票，公司的主营业绩优良，连续 3 年业绩持续增长的股票；选择具有一定话题性的股票，话题热点必须为主营业绩带来实质性增长，周期尽量大于半年，如雄安新区、碳中和、国企改革等话题。

其次，选择合适的技术指标。选取合适的技术指标对于侧重技术分析的投资者至关重要。目前，证券市场上的技术指标非常多，投资者可以根据自己的策略有针对性地进行选择。常见的技术指标，如相对强弱指标、随机指标（习惯记为 KD）、趋向指标（directional movement index，DMI）、平滑异同平均线（moving average convergence divergence，MACD）、能量潮（on balance volume，OBV）等，都在证券分析应用中长盛不衰。而趋向指标、指数平均数（exponential moving average，EXPMA）、三重指数平滑移动平均（triple exponentially smoothed moving average，TRIX）、能量潮、振动升降指标（accumulation swing index，ASI）、简易波动指标（ease of movement value，EMV）、威廉变异离散量（William's variable accumulation distribution，WVAD）等新涌现的技术指标也不失为好的选择。

在建立好自己的交易策略后，在实际交易过程中，还应当注意以下几点。

第一，不要把鸡蛋放在一个篮子里，要做到分散投资、控制风险。

第二，时刻掌控市场情况及投资对象的状况。

第三，股票交易不可过于贪心，不可轻信"马太效应"。

第四，要用辩证的眼光对待股票投资。

模拟实验与思考

当前，互联网股票分析软件十分流行，常用的有同花顺、东方财富、指南针等。本书主要应用同花顺股票行情分析软件。

具体操作包括以下几个方面。

（1）下载安装同花顺软件，并注册。

（2）下载委托软件，进行模拟炒股。

（3）每人初始模拟资金为 20 万元，注意观察收益，并总结经验教训和成功之处。

即测即练

第二章　股市中的逻辑

本章学习目标：

- 掌握宏观分析的关键因素和逻辑；
- 掌握行业分析的逻辑；
- 掌握技术分析的逻辑；
- 了解情绪与行为分析的逻辑；
- 掌握构建自选股股票池的方法。

证券市场是一个复杂的系统，证券价格的走势会受到多方面因素的交织影响。任何一位投资者都无法掌握影响证券市场的所有因素，投资者只能结合自身的知识结构，根据自己对证券市场的认知，选择合适的策略进行证券投资分析。

目标决定路线，投资者的投资目标、负债端情况直接决定了其证券分析的偏好。根据当前主流机构投资者的证券分析框架，并结合个人投资者常采用的博弈策略，本章总结了宏观分析、行业分析、技术分析及情绪与行为分析4类重要的证券分析逻辑进行介绍，并归纳了构建自选股股票池的相关方法。

第一节　宏观分析的逻辑

经济学中有"两只手"：亚当·斯密（Adam Smith）提出的"看不见的手"和约翰·梅纳德·凯恩斯（John Maynard Keynes）提出的"看得见的手"。"看不见的手"代表市场机制，而"看得见的手"是政府对经济的宏观调控。不同于其他分析逻辑，宏观分析专注于对政府调控行为及其可能引发的市场变动进行分析。宏观分析关注的是政府如何看待当前经济发展状况，想要实现怎样的经济发展目标，以及会采取怎样的行为来实现这个目标。在证券交易过程中，侧重于宏观分析的投资者会根据推演出的政策导向提前布局，赚取市场后知后觉带来的价格变化收益。宏观分析是典型的"自上而下"的投资逻辑。

一、宏观分析的关键因素

宏观分析重点是对两个关键因素进行分析：流动性和估值水平。

金融的本质是资金的融通，而流动性是金融市场的命脉所在。证券市场作为金融市场的重要组成部分，对市场中流通的货币总量无疑是高度敏感的。将市场中的货币总量比作水，水多则溢、水竭而枯，市场中若流动性大则会推高资产价格、提升投资收益率。因此，宏观分析关注的重中之重就是流动性水平。

流动性对证券价格的影响，集中体现在估值水平的差异上。可以将影响公司股票价格的因素按内外直白地划分为公司值多少钱和市场愿意付多少钱。企业值多少钱作为价格决定的内因，主要由企业的盈利能力来决定，在证券分析中我们通常用每股盈余（earnings per share，EPS）指标体现。而市场愿意为购买公司股票付多少钱受到流动性充裕程度的影响。在市场流动性充裕的环境下，持币者愿意付出更多的钱去购买公司股票；而在市场流动性紧缩的情况下，由于持币者很少且持币数量也很少，市场自然不能为公司的股票付出高价。对于证券的估值水平，通常可使用市盈率（price earnings ratio，P/E）指标来体现。

综上所述，在企业的盈利能力没有发生显著变化的情况下，证券价格将直接与估值水平挂钩。因此，从某种意义上来讲，对估值水平研究的重要性并不亚于对企业经营能力本身的研究。

让我们进一步对估值水平的影响进行深入分析。市场中充裕的流动性，并不是均匀地流向各个板块、不同风格的股票，而一定是厚此薄彼、有多有少，我们可以称这种现象为流动性偏好。有效识别流动性偏好，识别对于不同风格股票估值水平提升幅度的相对关系，即找到资金会流向哪里，同样至关重要。流动性偏好在不同经济周期、不同经济环境中又有着明显的差异，同样只能通过宏观分析的方法进行深入探究。

二、宏观分析的研究内容及方法概述

流动性是宏观分析的重点，宏观分析所有内容都是围绕流动性展开的。以此为出发点，以下对宏观分析的主要研究内容及方法进行了初步介绍。同时，第八章第二节对宏观经济分析的方法进行了详细介绍，读者可结合起来阅读。

（一）国民经济发展情况

政府实施宏观调控政策的原因在于市场在资源配置过程中的间歇性失效。因此，影响宏观调控政策导向的根本原因，仍然来自国民经济的发展情况。对国民经济发展情况的跟踪，重点在于对当前经济环境的特点有一个全局性的认识，在了解经济走向的基础上识别走势异常的指标，并对未来经济环境的趋势作出预判。

按照当前市场主要宏观分析所涉及的内容，对国民经济发展情况的跟踪可以从价格、金融条件、工业、进出口、消费、投资和财政几个维度出发，重要的跟踪指标有消费者物价指数（consumer price index，CPI）、通货膨胀率、货币量增速、融资规模、国债收益率、采购经理指数（purchasing manager's index，PMI）、进出口金额、社会消费品零售总额、房屋新开工面积、公共财政支出等。

（二）中央银行的货币政策及操作

各国的中央银行是居主导地位的金融中心机构，是国家干预和调控国民经济发展的重要工具，对金融市场影响最大的货币政策正是由中央银行制定，而中央银行作为"银行的银行"，还会直接参与市场交易，进行相应的货币市场操作。

中央银行货币政策的宽松、紧缩及稳健决定了市场中长期流动性的情况，货币政策的导向体现了政府宏观调控的目标。中央银行还可以通过公开市场操作与金融机构进行短期交易，从而高频调整市场流动性情况。在我国，中长期货币政策工具以存款准备金政策和利率政策为主，大家耳熟能详的"降准降息"正是同时动用这两个政策释放流动性。中央银行同时拥有丰富的短期公开市场操作工具，除了传统的正回购、逆回购工具可以实现流动性的收放，中央银行还创设了常备借贷便利（standing lending facility，SLF）、中期借贷便利（medium-term lending facility，MLF）、抵押补充贷款（pledged supplementary lending，PSL）等创新性工具调节市场流动性。

流动性的充裕程度可以从量、价两个维度进行衡量，量是指中央银行释放流动性的数量，而价是释放这些流动性需要支付的成本，流动性的量最终通过市场供求机制的调节反映在价上，价格又集中体现为各项利率水平。因此，关注各项货币政策工具的利率走势，对于做好宏观分析十分重要。

（三）全球视角下的宏观系统内在平衡结构

各国的国民经济并不是独立的，国际金融市场在各国之间的经济活动往来交流中自然形成，而随着金融全球化的深入发展，一国金融市场的变动势必会通过汇率、资本流动等的传导影响到国际金融市场的稳定性。

1971年8月，布雷顿森林体系被尼克松政府宣告结束，随之而来的是牙买加体系。虽然牙买加体系在汇率制度、储备资产等多方面进行了调整，但是当前的国际金融体系在实质上仍然以美元为中心。因此，在宏观分析中我们需要对美联储的货币政策给予关注，重点分析美元在全球的流动性表现及其对中国证券市场可能产生的影响。

三、宏观分析逻辑指导下的交易策略概述

使用宏观分析逻辑构建交易策略的典范是宏观对冲策略，主要应用于大类资产配置（fixed income，currency and commodities，FICC）的分析思路。最知名的宏观对冲风格基金当属瑞·达利欧创办的桥水基金。

宏观分析不局限于证券市场本身，而是以极为广泛的研究覆盖面对经济系统内的各个环节进行深刻剖析，也因此具备了参与交易债券、大宗商品和外汇等其他金融产品的能力。与此同时，宏观分析逻辑以全球视角对各国金融市场之间的联系和相互影响展开分析，又使其投资目标不仅仅局限于一国市场，而是可以参与全世界各个国家证券市场的交易。总之，宏观对冲策略指利用宏观经济的基本原理来识别金融资产价格的失衡错配现象，在世界范围内，对股票、债券、商品、外汇等标的，进行多空仓结合的投资策略。

受限于交易制度和金融衍生品的发展程度，宏观对冲策略在中国金融市场的应用仍受到很大程度的制约。近年来，随着我国金融市场改革的不断深入，部分私募基金已经开始使用宏观对冲策略进行产品的配置与管理。当前，宏观对冲策略在中国金融市场的发展尚属早期，可以预见，宏观对冲策略在未来的中国市场会越来越重要。

第二节　行业分析的逻辑

行业分析专注于对整个行业经营基本面的深度研究，通过对行业主营业务、竞争环境和发展前景作出全面评估，选择行业内相对较好的公司进行投资，是典型的"自下而上"的投资策略。从行业分析的视角进行交易策略的构建，是机构投资者普遍采用的方法。近年来，伴随着中国公募基金的崛起，行业分析逻辑在中国证券市场大放异彩，大家熟知的"赛道投资"，实质上就是行业分析逻辑所构建出的交易策略，近几年，这种模式在A股市场的白酒、新能源、光伏、医药等行业收获了不错的投资收益。

一、行业分析的研究内容及方法概述

行业分析是基于行业内上市公司业务的深度研究，既需要进行企业管理、战略经营的商科分析，也需要对企业经营中技术升级、产业发展方向等专业属性较高的关键内容进行综合分析。因此，开展行业分析的门槛较高，既需要有获取深度研究资料的途径，也需要有专门知识的分析人员参与其中。由于开展行业分析的高门槛及烦琐过程，投资者通常会选择一个行业作为研究目标，而不是仅仅选择一家特定的企业作为研究目标。这样选择一来是为了提升研究效率，二来更深层次的原因则是一家上市公司的经营一定

会涉及与上下游企业的协作和同行业其他公司的竞争，这些来自市场的其他力量对于分析公司的整体经营状况与环境同样密不可分。

开展行业分析可以从公司盈利能力和成长性两个维度展开。盈利能力体现了一家公司面对上下游企业的议价能力和面对同行的产品竞争力，由此可以挖掘公司在产业链中的重要程度及所处行业的竞争状况。成长性则关注公司的发展前景，旨在明确公司未来将会具备的盈利能力和行业地位。需要指出的是，不同行业有着不同的特征属性与发展状况，在开展行业研究时必须从实际出发，遵循所研究行业的客观发展模式和规律。

第八章第三节对行业分析的方法进行了具体介绍，读者可以结合起来阅读。

二、交易视角下的行业板块分析方法

行业分析注重研究的深入性，由于其门槛较高，如果严格落实自然不能为所有投资者所用。然而，在实际市场中同样存在着以行业板块为热点的交易机会，而这样的机会同样可以被投资者有效识别并加以利用。

利弗摩尔说过："了解板块的表现对于成功的交易来说是极其重要的。"他认为，以行业板块为研究的落脚点远比研究大盘和个股更为重要，行业板块样本量适中，能够带来更多的交易机会。

（一）行业板块之间的联动与对立

所谓板块，就是同一类股票的集合，划分依据各有不同。按照行业划分的常见板块有：钢铁板块、券商板块、银行板块、电力板块、房地产板块等。板块指数则是用于反映整个板块的综合表现。例如，房地产板块指数可以反映房地产类个股的综合走势情况。

板块之间的联动，指板块与板块之间出现联动，进而轮流推动市场上涨。举例而言，过去一段时间地产板块率领大盘上涨，而后是金融板块推动大盘上涨，这被称为地产板块与金融板块之间出现了板块联动效应。在中国证券市场的长期运行中，我们可以整理出如下联系紧密的板块：钢铁板块与煤炭板块，水泥板块与基建板块，石油板块与化工板块，还有采掘板块与制造板块，高科技板块与生物制药板块，金融板块与房地产板块等。运用板块间的联动效应，在某板块的股票成为大众追涨对象时，立即购买联动性较好的同板块股票，是获得短线收益的一种重要方法。

板块之间的对立，指板块之间出现一个呈上升趋势、另一个则呈下降趋势的对立形式。比如，作为清洁能源的光伏板块与化石能源的煤炭板块。

同任何事物的运动一样，股价运动也是有一定规律的。在一轮多头行情中，市场的流动性会沿着产业链上下游或相近属性行业的逻辑进行扩散，当前一板块情绪过热之后，快速向另一板块传导接力。掌握板块轮动的规律，有助于从一个胜利走向另一个胜利。

一般来讲，某一板块启动的信号主要有3点。

（1）看涨幅榜，如果在涨幅榜前30名中，某一板块的个股数量占据涨幅榜前30名的1/3左右，并且连续一段时间都出现这样的情况，就可以初步断定该板块在启动。

（2）看成交量，如果在成交量前30名中，某一板块的股票数量占据成交量前30名的1/3左右，并且连续一段时间都出现这样的情况，就可以证明该板块有主力资金在活动，继续上涨的可能性极大。

（3）看走势，从高价股、中价股、低价股中各选出部分具有代表性的个股，比较选出个股的走势强弱，如果某一板块走势强的个股数量比其他板块走势强的个股数量多，那么这个板块很有可能就是要找的启动板块。

而某一板块衰落的标志主要有以下4点。

（1）看跌幅榜，如果在跌幅榜前30名中，某一板块的个股数量超过跌幅榜前30名总数的1/3左右，并且呈现递增的趋势，这时就要警惕该板块的上涨空间已经很少，或者已经涨到位。

（2）看成交量，如果在成交量前30名中，某一板块的个股数量少于成交量前30名总数的1/3左右，并且出现递减的趋势，就可以证明该板块即将进入整理状态。

（3）看上升空间，在一次级别较大的多头行情中，将主力从建仓到派发拉升的空间分为以下几种情况：涨幅小于50%，可视为低风险投资区；涨幅在50%～80%之间，可视为风险投资区；涨幅超过80%，可视为高风险投机区。一般来讲，在某次大的多头行情中，主力拉升的空间应该有50%，所以当某一板块股价涨幅超过50%，进入风险投资区、高风险投机区时，就要警惕该板块上升动力已经不足，此时如果出现滞涨，就应该意识到该板块已经涨到位。

（4）看走势，从原来涨势较强的板块中，选出具有代表性的部分个股，观察选出的个股的均线，看均线是继续处于向上发散状态，还是在逐渐收敛。如果其中大部分个股的均线都处于收敛状态，甚至有些个股的均线开始出现向下发散，则说明该板块即将涨到位，或者已经涨到位。

运用板块联动进行操作，一定要关注市场大势、领涨板块和龙头股的走势，要有较强的风险意识。比如，某一板块的龙头股在价格大涨后回调，且伴随成交量较大，则很可能是主力开始出逃的迹象。此时如果不关注龙头股走势，仍然盲目买入该板块或者关联板块的个股，则有可能会承担巨大风险。

（二）板块内个股与个股之间的联系

一般而言，单只股票跟自己所属的板块运动方向一致。当某一板块走强时，板块中的个股将整体走强；当某一板块走弱时，板块中的个股将整体走弱。当一只或几只股票成为龙头股而领涨大盘时，该股所在板块中的其他股票也会联动走强；而当某只股票领跌大盘时，板块中的其他股票也将联动调整。这是市场跟风效应的最好体现，也是投资者心理变化在盘面上的真实写照。虽然同一板块的个股会呈现出齐涨共跌的走势，但是不同个股的涨跌幅度、涨跌顺序并非完全一致，应当选择联动最紧密的个股进行交易。

三、案例分析

（一）案例一：汽车整车板块内部的个股间联动

2022年5月11日，汽车板块开始异动，当日长城汽车（601633）涨停，比亚迪（002594）、长安汽车（000625）、小康股份（601127）大涨超7%，整个板块放量明显。在随后的2个月中，汽车板块涨势迅猛，但是在上涨的各个阶段，板块内部个股涨势并不同。

5月11日至5月20日，长城汽车与比亚迪领涨，长城汽车在8个交易日内累计涨幅更是超过50%。整个板块在经过短暂的横盘调整后，5月30日，汽车板块在小康股份的带领下开启了新一轮的上涨，在随后6个交易日中，小康股份累计涨幅超过40%。6月13日，长安汽车带领汽车板块再次上攻，在随后至6月29日的13个交易日中，长安汽车累计涨幅超过70%。汽车整车板块此次多头行情的指数走势如图2-1所示。

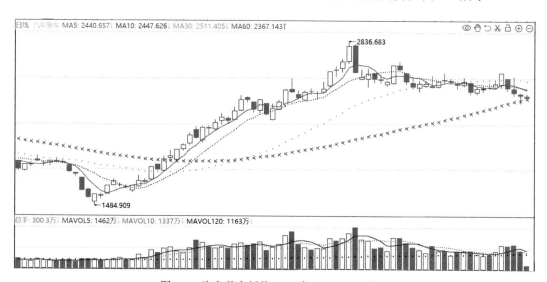

图2-1 汽车整车板块2022年5—7月K线图

汽车整车板块利好信息如下。

（1）在消费市场大受影响的前提下，汽车销量数据却持续超预期大增。

（2）2022年5月31日，中华人民共和国财政部、国家税务总局提出对购置日期在2022年6月1日至2022年12月31日期间且单车价格（不含增值税）不超过30万元的2.0L及以下排量乘用车，减半征收车辆购置税。

（二）案例二：煤炭板块下跌，光伏板块走强

自 2022 年 6 月 15 日开始，煤炭板块快速大幅下跌，而与之对应的光伏板块开始走强。作为新旧能源的代表，光伏板块和煤炭板块的板块属性截然相反。在碳中和的背景下，如果遇到加快推进清洁能源替代化石能源消息的刺激，两个板块间的联动关系通常是光伏板块走强、煤炭板块走弱。但是在俄乌冲突引发的能源安全担忧中，煤炭板块与光伏板块的关联关系便趋向复杂，需要针对最新的信息刺激辩证分析。煤炭板块与光伏板块此次走势分别如图 2-2 和图 2-3 所示。

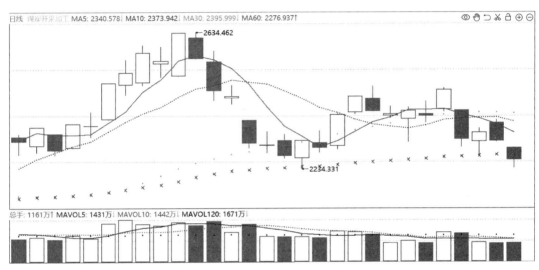

图 2-2　煤炭板块 2022 年 6 月 K 线图

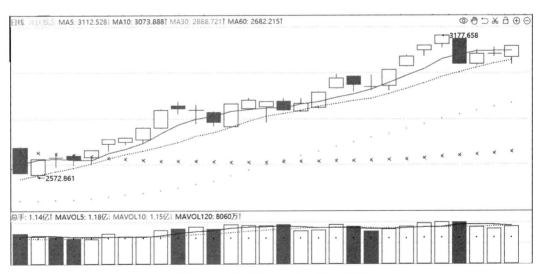

图 2-3　光伏板块 2022 年 6 月 K 线图

第三节 技术分析的逻辑

技术分析以判断市场趋势并跟随趋势的周期性变化来进行股票交易决策，技术分析派认为市场行为包容消化了一切信息，价格以趋势方式波动且历史会重演。技术分析的基础是证券的量价数据，即成交量、价格数据，K 线图又因为能够同时可视化呈现连续的长周期量价数据而被广泛应用。在量价数据的基础上，技术分析派进一步通过调节分析周期，编制技术指标来整理、体现股票量价数据的内在特征与长期规律，并以此指导交易。

技术分析门类众多，典型代表有道氏理论和波浪理论，本书将在第三章至第六章详细讲述主流技术分析理论。本节将对技术分析中最核心的趋势交易及近年来大热的基于技术分析的量化策略进行介绍。

一、顺势而为的趋势交易逻辑

利弗摩尔曾告诫投资者，在证券交易中要顺势而为。投资者可以偶尔在短期内战胜股价，但是永远不能打败趋势。假如投资者在多头市场做空，看跌错误的比例将达到 99.9%；而在空头市场中做多，看涨错误的比例同样也高达 99.9%。趋势的力量是无比强大的，不尊重趋势注定要付出沉重的代价，要始终与趋势站在一起。

在证券市场中，存在关于逆市思维的说法，但逆市思维里面的"市"，是市场的"市"，而非趋势的"势"。逆市思维指逆大众心理，而不是逆市场趋势。逆市思维是可取的，但是任何企图逆反趋势的想法、做法都是不可取的。顺势而为，主要需要从以下几方面考虑。

（一）顺应市场环境的"势"

顺应市场环境的"势"，需要对所参与证券市场所处的政治、经济环境有充分的理解，掌握市场环境的特点，并顺应市场大势进行交易。一般而言，当政治、经济等因素形成合力时，投资者就要坚定做多、一路做多、忽略大趋势中的小波动，直到趋势发生逆转。而当造就趋势的合力消失时，投资者必须清醒地认识到市场环境不再能支持趋势继续发展，甚至可能发生趋势反转，这时投资者应当果断离场、规避风险。

（二）顺应板块轮动的"势"

证券市场是轮动的，其中有主板与中小板的轮动，也有各板块间的轮动，甚至会有同板块中个股的轮动，需要顺应板块和个股之间的轮动，获利后要做好逐步止盈，并根据市场节奏调整持仓。

（三）顺应控盘主力的"势"

在证券市场中，在具体到某只个股的交易时，要顺应控盘主力的"势"。此时的"势"主要指对个股控盘能力比较强的主力资金对股价的期望，其主力可能是"庄家"，也可能是公司的大股东，还可能是市场上的游资。当主力资金完成吸筹、震仓等一系列动作时，或者当公司股东希望做大市值，开始释放利好时，可以顺势介入，利用股价上升赚取差价；当基金需要拉升重仓个股做高净值排名时，也可以顺应基金拉升股价的趋势进行操作。但当大股东要认购增发进行压价时，也要因"势"而暂时回避，不要急于介入。

（四）顺应自己的"势"

在证券市场中，投资者的个人因素对其操作有着重大影响，所以需要顺应自己的"势"，选取适合自己的投资模式和交易策略。在股票交易中，如果投资者设定的投资策略与个人的风险偏好、资金量或交易风格相悖，则很有可能导致失败。假如投资者倾向低风险和确定性，则适合长线投资，而需要忽略短期大涨的暴利。

总之，在证券市场中，投资者需要顺势而为，内外兼顾，既要顺应市场环境的"势"，又要顺应自己的"势"。要想更好地在股市中获得成功，就一定要准确地识别趋势的运行状态，并展开顺势而为的操作。当股价处于完整的上升通道或整体上升趋势尚未被打破时，不宜过早地获利出局，而应顺势吸筹并锁仓不动，这样才能最大限度地赚取趋势带来的利润。在上涨行情时，只要趋势不破，不要频繁交易和轻易出局。当股价处于下跌趋势中时，交易者应耐心地持币观望，不宜过早地抄底入场，以免出现买在下跌途中的不利境况。在横盘振荡趋势中，投资者应以波段式的短线操作为主，且参与有热点支撑的短期题材股。

投资者应当总结经验，认识到凡是顺势投资者，不仅可以收到事半功倍的效果，而且可以大大提高获利的概率；反之，如果投资者意欲逆势操作，往往会被弄得焦头烂额。

二、基于技术分析逻辑的量化策略框架

当前，中国证券市场中运行的量化策略有大量是基于动量策略构建的，而动量效应其实也是来源于对已有量价数据的分析，只不过经过量化模型的构建被赋予了新的特征。

杰加迪西和蒂特曼于1993年首次提出了动量效应这一概念。"动量"借用了物理学中的动量定义，是对股票价格延续之前走势继续运行的形象概括。最基础的动量策略即买入过去表现好的股票、卖出过去表现差的股票。由于动量策略需要对全市场的所有个股进行价格走势的逐日滚动统计，人工手动计算难度极大，却给予了计算机用武之地。

由于投资者难以直接对庞杂的数据进行高效处理，更难以同时对多组数据进行交叉分析处理。受限于此，传统技术分析只能对复杂的事物和规律进行简化表达，通过K线图将量价数据图形化体现，或者编制技术指标对数据的特定规律进行直观呈现。可以说，传统技术分析只能对历史量价数据进行局部的、非交互的分析。

然而，计算机技术在证券市场中的应用突破了投资者分析能力的天花板。基于动量效应构建的量化策略模型，可以直接对全市场所有股票的量价数据进行高频交互分析，且能够在极短的时间内准确完成分析工作。因此，量化策略极大程度提升了技术分析的深度，更拓宽了技术分析的广度。而基于量化策略得出的分析结果，又可以不断加速技术分析策略模型的迭代升级。目前，机器学习等前沿技术已经开始应用于构建量化策略，今后基于技术分析的量化策略将更加强大。

第四节　情绪与行为分析的逻辑

证券价格的长期走势由价值决定，价格围绕价值上下波动是价值规律的表现形式。而在短期甚至是超短期的市场中，由于市场纠偏机制难以快速发挥作用，股票价格将容易受到交易者行为的直接影响而产生大幅波动。事实上，交易者行为由于受到情绪的干扰，通常不是理性的或者说是不够理性的，理性的投资行为不仅需要作出正确的交易方向判断，更需要恰到好处地给予价格变动以精准的幅度指引。当交易行为夹杂大量情绪集中作用于短期市场时，市场的理性定价机制就不再占据主导地位，而交易者的情绪与行为将决定短期价格走势。

对交易者情绪与行为的分析方法大多基于心理学和行为学理论，适用于超短期的博弈交易。但是，对于成熟市场，即有效市场假说中的强有效市场而言，由于市场已经趋于高度理性，对交易者情绪与行为分析的有效性将大大降低。

本节重点选取了反身性理论和中国证券市场中的消息刺激与短期博弈进行介绍。

一、反身性理论

反身性理论由有着"金融大鳄"之称的乔治·索罗斯在他自己撰写的《金融炼金术》一书中提出的，是对投资者情绪与行为分析的典范。索罗斯由于在1997年东南亚金融风暴中的炒作而名声大噪，反身性理论正是他部分投资思想的结晶。

反身性理论的核心观点是：证券市场参与者与证券市场之间的影响是相互作用的复杂过程，交易者的判断与行为会影响市场，而市场的变化又将进一步影响参与者的下一个判断和行为。

投资者在交易之前需要对市场走势作出判断,而这个判断是基于投资者对所掌握的市场信息加以分析后得出的。在进行分析时,投资者不仅会考虑已有的价格走势,也会预期新发生事件对于市场走势的影响。当投资者的决策付诸实践时,市场走势就会受到投资者预期的影响而发生变动。但是,受限于投资者个人所掌握的信息准确程度和知识背景能力,投资者作出的预期通常是存在"偏见"的,这种"偏见"导致投资者的预期与市场真实情况存在偏差,进而会改变市场应有的走势。而在实际的证券市场中,市场交易并不会因为投资者预测的"偏见"而中止,在连续不断动态运行的市场中,投资者将根据最新的市场走势作出下一个投资决策及投资行为。这种以投资者和市场为中心展开的复杂影响关系,就是反身性理论对投资者行为分析的核心观点。

反身性理论对于投资者情绪与行为分析的贡献很大。反身性理论以动态影响、相互影响的分析思路展开,没有对投资者进行"完美"假定,而是客观地从投资者预期存在"偏见"的角度延伸分析逻辑,既解决了行为定性分析的模糊性问题,又最大限度地还原了真实市场情况。

二、消息刺激与短期博弈

在证券市场中,流传着各种消息,这些消息有的是关于最新经济政策的传言,有的是关于上市公司的经营状况,种类五花八门,真假难辨。然而,对于参与短期市场博弈的投资者而言,这些消息既可能带来机遇,也可能是一个"陷阱"。因此,如何对股市中的消息进行正确的分析、判断和利用显得尤其重要。

(一)利好与利空

根据消息对股市产生的有利或不利的影响,可以把消息归纳为利好消息、利空消息两大类。对于投资者来说,除了要辨别消息的真伪,更重要的是:要认真区分消息的性质是利好还是利空。

利好消息一般指刺激股价上涨的信息,这些消息可能是政治、经济、军事、外交等内容,都会促使投资者做出利于股价上涨的短期行为。例如,上市公司经营业绩好转,银行利率降低,社会资金流动性充裕,银行信贷条件放宽等。利好消息往往会导致市场特定行业甚至是股市的普涨,大量的利好消息就会造成股票价格的不断上涨,进而形成所谓的"牛市"。利空消息一般指促使股价下跌的信息。例如,上市公司经营业绩恶化,货币政策紧缩,银行利率调高,经济衰退、通货膨胀、天灾人祸等。利空消息往往会导致市场特定行业甚至是整个股市的普跌,大量的利空消息则会造成股市价格的不断下跌,形成所谓的"熊市"。

但是,消息本身并不会导致股票价格的变动,真正造成股价在短期内波动的是投资者对于这些消息进行深入理解、分析后做出的投资行为。事实上，一则消息的出现往往具有综合效应，消息的利好和利空并没有清晰的界限，也就是说：没有绝对的利好或利空。同样的消息对于不同投资者、在不同时期，性质会有很大差别。

利好与利空在一定条件下也可以互相转化。比如，在中国A股的历史上，曾有过多次首次公开募股的暂停和重启。对于首次公开募股的重启，有人认为这是利空，理由是新发行的股票会抽走市场资金；有人说这是利好，理由是市场恢复了本来就应该具有的融资功能。因此，投资者应当辩证地看待股市中的消息，不能主观臆断，要结合市场大势做出合理的判断。

（二）利好与利空的转换

在证券市场中，市场对于突发性消息的反应通常比对常规信息的反应速度快，突发性消息对于市场的影响通常也是直接的，并不会给投资者过多的思考时间和决策时间。我们要重点关注的利好消息或者利空消息，是非确定性的、需要一定时间去证实的，而验证的时间窗口就给了短线投资者博弈的空间。然而，当消息得到证实时，通常就是利好消息影响结束并反转的时候，这就是投资者常说的"利好兑现"。

回顾中国股市发展的历史，不难发现无论是大盘还是个股，在利好消息开始传播时大多呈现出向上的趋势。然而，一旦这种利好消息被加以证实，上涨趋势就会戛然而止，变成所谓的"见光死"。与之相似，在利空消息隐约传播时，市场大多呈现出向下的趋势，一旦这种利空消息得到证实，市场常常会出现止跌回升的戏剧性变化。所以，在股市中人们常说：利好兑现是利空，利空兑现是利好。

在证券市场中，利好和利空的转换较为常见。有人说"做股票就是做预期"，消息传出之时的利好源自预期，而消息一旦被证实，预期就转为现实，此时该利好消息对于市场的作用也随之变小。另外，证券市场对于消息的嗅觉是高度敏锐的，对于可以预期到的利好消息或者利空消息，市场往往会提前进行炒作，等到消息被证实的时候，价格上升的空间已经十分有限。

三、案例分析

（一）利好兑现：宁德时代（300750）半年报业绩超预期，次日股价高开低走

2022年8月23日晚间，宁德时代发布2022年半年度报告，公告称，公司在报告期内实现营业收入1129.7亿元，同比增长156.32%，归属于上市公司股东的净利润81.7亿元，同比增长82.17%。该业绩表现超过了市场的一致性预期，属于利好消息。次日，宁

德时代股价高开超过 1%。然而，在利好兑现后股价一路下行，最终当日以绿盘收市，跌幅更是达到了 5.9%，如图 2-4 所示。

图 2-4　宁德时代 2022 年 8 月 24 日分时图

（二）利空出尽：阳光电源（300274）半年报业绩增速较低，次日股价低开高走

2022 年 8 月 26 日周五晚间，阳光电源发布 2022 年半年度报告，公告表明，报告期内公司实现营业收入 122.81 亿元，同比增长 49.58%，净利润 9.00 亿元，同比增长仅有 18.95%。当周周末消息迅速发酵，阳光电源"增收不增利"的情况再次唤起了市场对公司股价持续已久的争论。市场普遍认为：公司 9 亿元的净利润无法支撑超过 1900 亿元的市值。公司的半年度业绩被市场理解为利空消息。

公司半年报公布后的第一个交易日，阳光电源股价低开超过 6%。但是随后出现了惊天逆转。开盘后公司股价直线拉升，在上午 10 时股价已经上涨超过 3%，累计拉升幅度超过了 10%。当日收盘，阳光电源单日取得正收益，最终上涨 0.38%，如图 2-5 所示。

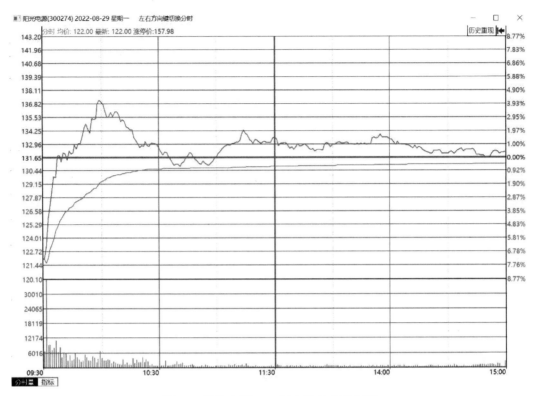

图 2-5　阳光电源 2022 年 8 月 29 日分时图

第五节　自选股管理

一、自选股概述

所谓自选股，顾名思义，就是可以查看股票走势，由使用者自由选择形成的股票池或组合。它是股票投资分析软件里的常用功能，能把使用者常看的股票添加到自选股，把持有或者关注的股票设定在同一个页面上，单击"自选股"选项时直接显示添加过的那些股票的信息，以方便浏览。在投资决策前，可以利用股票投资分析软件的自选股功能，选择一系列股票构建组合并进行分析。

选股要考虑的有以下三点。

（一）自选股的数量

对于自选股的数量并没有限制，视个人情况而定，如果你每天只关注 30～50 只股票，精力就会更加集中，对个股的了解会更加全面和彻底，操作成功的机会也会大大增加。

（二）自选股的来源

侧重于行业分析的投资者，可以根据所研究行业产业链上下游的分布特点、行业竞争的格局选择需要重点关注的个股作为自选股。而侧重于技术分析的投资者，可以将近期股价有异动的股票、概念股、热点题材板块的龙头股作为自选股。

（三）自选股的构成

由于投资者的投资策略与投资偏好不同，自选股的构成一般也不同。使用行业分析逻辑的投资者通常会长期跟踪行业内的龙头公司，而侧重于技术分析、博弈交易的投资者应当关注图形走势及短期内热度较高的个股。

二、选股技巧

目前沪深 A 股股票总数已经超过 4500 只，由于时间和精力的限制，投资者不可能跟踪所有的股票，因此必须根据自己的投资策略，有针对性地选择重点个股进行长期跟踪，并在适当的时机采取行动。在众多的股票中，如何选股才能使收益最大化，这是一个非常重要的问题。选股直接影响着投资者的"钱"途命运，以下是总结的几点基于技术分析逻辑的选股技巧。

（一）关注成交量放大的个股

成交量是一个极佳的选股指标，只有成交量增大才能反映出股票供求关系的改变，只有成交量增大才可能使该股具有上升的底部动量。"量为价先导"，量是价的先行者，股价的上涨，一定要有成交量的配合。成交量的放大，意味着换手率（turnover rate，TR）的提高，平均持仓成本的上升，上涨抛压因此减轻，股价才会持续上涨。因此，短线操作中一定要选择带量的股票，对底部突然放量的股票尤其应加以关注。

例如，2022 年 5 月 30 日的五粮液、2022 年 6 月 8 日的光大证券（图 2-6）及 2022 年 6 月 13 日的长安汽车。

（二）关注股价有异动的个股

股价异动一般呈现在 K 线图上。比如，一根长阴线或者一根长阳线，可能是股价下降或者上升的信号。

例如，2022 年 6 月 10 日的天赐材料和 2022 年 6 月 27 日的江淮汽车（图 2-7）。

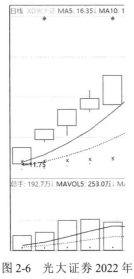

图 2-6　光大证券 2022 年 6 月 8 至 6 月 14 日 K 线图

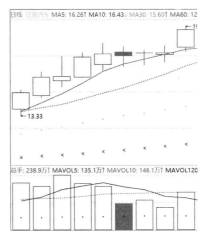

图 2-7　江淮汽车 2022 年 6 月 27 日至 7 月 7 日 K 线图

（三）关注突破的个股

利用日线 K 线图，首先将 K 线图整体缩小，以此来判断该股票所处的整体位置及整体走势。有底就会有顶，近期的高点自然成为股价的突破障碍。因此，股价的放量突破也就代表着该股的强势，从而将顶变成底，开启新一轮的上涨行情。

例如，2022 年 6 月 6 日的盛新锂能和 2022 年 6 月 17 日的大金重工。

（四）关注均线多头排列的个股

观察股票的 K 线图，发现均线呈现多头排列，表明股票整体呈现上升趋势，且势头强劲，可以关注。

多头排列，一般指在 K 线排列时，短期线在中期线之上，中期线在长期线之上，这说明过去买进的成本很低，做短线的、中线的、长线的都有赚头，市场一片向上。多头排列代表多方（买方）力量强大，后市将由多方主导行情，此时是中线进场的机会。所谓多头排列，没有一个具体的量化的概念，所以需要根据自己的经验来设置一个有效的衡量标准。例如，以 MA5>MA10>MA30，维持时间 3 天作为多头排列的定义。

例如，2022 年 5 月 17 日以后的天齐锂业。2022 年 5 月 17 日，其中 5 日、10 日、30 日均线均处于多头排列状态，后续上涨势头强劲（图 2-8）。

三、自选股操作步骤

以同花顺软件为例，投资者可以通过"自选股"功能来添加自选股。在左侧菜单栏中单击"自选股"选项，即可通过单击"添加股票"选项自行添加所关注的自选股。同时，同花顺软件还提供了自选股的板块创建功能。单击上方菜单栏的"我的板块"选项，便可以在"自选板块"栏目中新建自选股板块，从而实现对自选股的分类。而"动态板块"选项可以通过设定指标筛选标准，对全市场中符合指标条件的个股进行动态呈现。

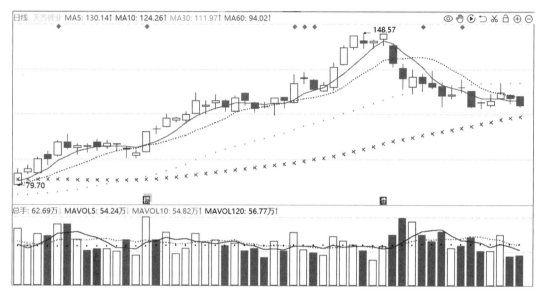

图 2-8　天齐锂业 2022 年 5 月 17 日后 K 线图

在完成自选股添加后，同花顺行情报价页面将呈现各只自选股票的实时价格情况。而对具体个股进行单击后，软件右侧将会呈现该只股票的分时缩小版 K 线图及多日 K 线图。对具体个股进行双击，即可以进入个股的详细信息页面。

另外，对于盯盘界面，同花顺可以进行自定义。打开自定义菜单，选择定制页面，就可以对自己在盯盘过程中关注的内容进行设置，以便于对整个市场运行状况的把握。

模拟实验与思考

1. 建立自己的股票池。要求：自选股中个股数不少于 30 只；同一板块中的个股不超过 3 只；能说出选择每只股票的理由。

2. 对自己以前的操作进行评价，列出买入、卖出和持股至少 10 次的交易数据，并附上买入、卖出时间。

3. 请大家思考和补充股市中的逻辑关系。

4. 自定义同花顺盯盘界面。

第三章　成交量分析

本章学习目标：

- 掌握成交量、成交额、换手率的区别和联系；
- 掌握成交量的表现形态和量价关系；
- 掌握成交量的几种操作方法；
- 根据成交量分析技术完善自己的交易策略。

第一节　成交量基本知识

一、成交量概述

　　股票成交量，指在某一时间段内，股票买卖双方达成交易的数量，其单位以某种股票的股数计算。股市的成交量是以单边计算的。例如，某只股票成交量为20万股，这是表示以买卖双方意愿达成的，在计算时成交量是20万股。然而交易量是以双边计算的。例如，买方20万股加卖方20万股。值得强调的是，成交量并不等于买盘和卖盘之和，因为买盘和卖盘是指买入委托和卖出委托，买入委托和卖出委托有部分成交了，还有一部分没有成交。成交量实际上是成交了的买盘和卖盘的单边计算。

　　股市中常见的成交量指标是VOL，它是影响股票价格变动的重要指标，也是证券市场技术分析的一个重要参数。其图像（图3-1）一般用一根立式的柱子来表示，其本质是成交量的条形统计图，左面的坐标值与柱子的横向对应处，就是当日当时的成交总手。如果当天收盘价高于当天均价，成交柱呈红色；反之，成交柱呈绿色。在绘制VOL曲线时，一般在时间参数的选择方面没有严格的限制，通常以10日作为采样天数，即在10日平均成交量基础上绘制，当然，也可以选择20日或30日作为采样天数以反映更长周期的投资趋势。它适合对个股成交量做纵向比较，即观察个股历史上放量、缩量的相对情况,最大缺点在于忽略了各个股票流通量大小的差别,难以精确表示成交活跃的程度,不便于对不同股票做横向比较,也不利于掌握主力进出的程度。

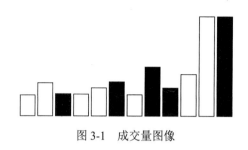

图 3-1　成交量图像

股票成交额,指在某一时间段内,在股票交易所成交的某只股票的金额,其单位以人民币"元"计算。股票成交额也是以单边计算的。例如,卖方卖出 20 万股,买方向卖方支付 20 万股的价款,即为成交额。

股票换手率,指在某一时间段内,在股票交易市场中股票转手买卖的频率,是反映股票流动性强弱的指标之一。根据选取样本总体性质的不同,换手率可以分为不同形式。例如,基于交易所所有上市股票的总换手率,基于某机构持有组合的换手率,基于某单个股票发行数量的换手率等。

股票成交量、成交额、换手率在股票市场中所起的作用有一定的联系,它们之间的关系如下:

$$每股成交量的加权平均数 = 股票成交额 / 总成交量$$

$$换手率 = 某时间段内的成交量 / 流通股本 \times 100\%$$

一般来讲,股票成交额在股票市场上所起的作用同股票成交量基本是一致的,不同的是表现形式,在成交量相同的情况下,会因为股价的不同导致成交额不同。比如,在股票交易中同时成交 2 笔成交量为 200 股的交易,若前者的股价为每股 10 元,后者的股价为每股 50 元,则后者的成交额是前者的成交额的 5 倍。因此,可以基于买方买进的股票计算成交额,而基于卖方卖出的股票计算成交量。如果成交额数值大,成交量数值也大,说明股票交易较为活跃,换手率也大;反之,如果数值小,则说明这段时间内的交易较为平淡。当然,在对个股进行研判时,目前最常用的还是成交股数。而成交额直接反映了参与市场的资金量多少,常被用于大盘分析,因为它排除了大盘中各种股票价格高低不同的干扰,通过对成交额的分析使对大盘成交量的研判具有纵向的可比性。通常所说的两市大盘多少亿元的成交就是指成交额。对于个股分析来讲,如果股价变动幅度很大,用成交股数或换手率难以反映出庄家资金的进出情况,而用成交额就比较清晰。

成交量的大小在一定程度上直接表明了多空双方对市场某一时刻的技术形态最终的认同程度和买卖双方对于某一股票和市场的热情程度。很多人会存在这样一个误解,那就是成交量越大，股价涨势就越明显。事实并非如此，有买入的投资者，对应地，必然会有卖出的投资者。无论股价处于怎样的位置，都一定是这样的情形。而在某一价格区域，成交量很大，只能说明股市的投资者们此时对于股价所持的态度分歧比较大。相反，如果成交量很小，就说明股市的投资者们对于股价的走势判断较为一致。不过，也不能把成交量的作用简单化、绝对化，由于国内股市中存在大量的对倒行为，成交量在某种程度上也并不是全然和股票的价格走势相吻合的，因此还要结合实际情况具体分析。

二、成交量的表现形态

股市中有句老话："技术指标千变万化，成交量才是实打实的买卖。"股票价格除了由股票本身的价值决定外，还受到市场上多空双方力量相互作用的影响，即成交量的影响，有买有卖才有成交。可以说，成交量的大小，直接表明了市场上多空双方对市场某一时刻的技术形态最终的认同程度。成交量一般有以下几种表现形态。

（一）放量

放量指成交量出现了增幅。放量一般发生在市场趋势出现转折时，市场各方力量的博弈逐渐明朗化，在一部分人看空后市时，另一部分人对后市持看好态度，在看空的这些人将家底甩出时，看好的投资者大手笔将卖盘接纳，从而造成了成交量出现增幅。放量相对于缩量来说，通常具有欺骗性，因为控盘主力可以利用手中的筹码大手笔对倒放出天量，制造虚假的繁荣景象，因此，并不能简单地通过放量这一证据就直接分析得出后市一定上涨的结论，还需结合其他指标进行分析。

大部分投资新手都会认为，股票成交量越大，价格就越涨。但实际上，如果某一只股票突然放量只能单纯地说明在这个价格区间，投资者对于该股票的未来走势具有极大的分歧。比如，50个人看涨，50个人看跌。如果成交量非常清淡，则说明有分歧的人很少或者人们对该股票毫不关心。比如，5个人看涨，5个人看跌，90个人无动于衷或在观望。

（二）缩量

缩量指成交量萎缩，市场成交欲望不强，大部分股民对股票或者大盘的后期走势认识大致相同，意见基本一致。一般可以分为两种情况：一是市场人士都十分看淡后市，造成只有人卖，却没有人买，所以急剧缩量；二是市场人士对后市都十分看好，只有人买，却没有人卖，导致市场上实际成交量极小，所以又急剧缩量。缩量与放量相比，反映的数据更为真实，更具有参考性。缩量一般发生在趋势的中期，投资者对后市走势判断的一致性较强，碰到缩量下跌时，投资者应考虑减仓或平仓，等放量上攻时再购入。同样，当股票缩量上涨时，应买入坐等获利，等有巨量放出时再卖出。

（三）堆量

堆量指一只个股的成交量在持续平稳之后，出现一个类似"坡形"一样的连续温和的放量形态。这种温和的放量形态，也称为"量堆"。个股出现底部的"量堆"现象，一般就可以证明有实力资金在悄悄地介入。成交量温和放大的直观特征是量柱顶点的连线呈现平滑的反抛物线形上升，线路无剧烈的拐点。温和放大的原因是随着吸筹的延续，外部筹码日益稀少，从而使股票价格逐步上升。因为是主力有意识的吸纳，所以在其刻意调控之下，股价和成交量都被限制在一个温和变化的水平，以防止引起市场的关注。但这并不意味着投资者马上就可以介入，温和放量有可能是长线主力的试探性建仓行为，虽然也许会在之后出现一波上涨行情，但是一般还是会走出回调洗盘的走势；也有可能是长线主力的试盘动作，主力会根据大盘运行的战略方向确定下一步是反手做空打压股价以在更低位置吸筹，还是在强烈的大盘做多背景下就此展开一轮拉高吸货的攻势。因此，最好把温和放量作为寻找"黑马"的一个参考指标，寻低位介入，并在支持买进的理由没有被证明是错误的时候，用足够的耐心来等待。需注意，当成交量呈现温和放量，股价上扬之后，其调整幅度不宜低于放量前期的低点，因为调整如果低过了主力建仓的成本区，至少说明市场的抛压还很大，后市调整的可能性较大。

（四）无前兆巨量

无前兆巨量指股票在没有利好或者利空等消息刺激的情况下，突然出现巨量，甚至是天量。对突放巨量走势的研判，应该分为几种不同的情况来对待。一般来说，上涨过程中放巨量通常表明多方的力量使用殆尽，后市继续上涨将很困难。而下跌过程中的巨量一般多为空方力量的最后一次集中释放，后市继续深跌的可能性很小，短线的反弹可能就在眼前。另一种情况是逆势放量，在市场大多数人喊空时放量上攻，造成十分醒目的效果。这类个股往往只有一两天的行情，随后反而加速下跌，使许多在放量上攻那天跟进的投资者被套牢。主力资金在吸筹的时候，成交量并不一定要有多大，只要有足够的耐心，在底部多盘整一段时间就行。而主力在要出货时，由于手中筹码太多，总会想方设法设置各种各样的"陷阱"。因此，应该全面考察该股长时间的运行轨迹，了解它所处的量、价水平和它的基本面之间的关系，摸清主力的活动规律及个股的后市潜力，通过综合分析来确定介入或出货的时机。

认识成交量的不同形态，有助于判断股市的走势，以上介绍了成交量的4种表现形态，下面以逐步放量和逐步缩量为例，结合图形来简单分析成交量和股市走势的关系。

（1）如图3-2所示，这是成交量逐步放量的形态。成交量逐步放大，虽然有时会有忽大忽小的形态，但总体呈现成交量逐步上升的趋势。这可能出现在上涨行情中，也可能出现在下跌行情中。分以下几种情况进行讨论：如果出现在涨势的初期，可以看作一种上涨信号，此时可以跟进做多；如果出现在上涨的途中，结合其他情况，若后市看涨，可以继续持股做多；如果出现在涨势的后期，这可能是一种转势信号，此时不可盲目跟进；如果出现在跌势的初期，可以看作一种下跌信号，此时应该及时退出；如果出现在下跌的途中，结合其他情况，若后市看跌，应该及时做好止损；如果出现在跌势的后期，这可能是一种反转信号，此时可以持续关注。

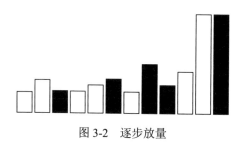

图 3-2　逐步放量

（2）如图 3-3 所示，这是成交量逐步缩量的形态。成交量逐步缩小，虽然有时会有忽大忽小的形态，但总体呈现成交量逐步下降的趋势。这可能出现在上涨行情中，也可能出现在下跌行情中。分以下几种情况进行讨论：如果出现在跌势的初期，结合其他情况，若后市看跌，应该及时止损退出；如果出现在下跌的途中，结合其他情况，若后市看跌，应该及时止损退出；如果出现在跌势的后期，这可能是一种反转信号，可以持续关注；如果出现在涨势的初期，在后市趋势不明朗的情况下，不可以盲目跟进；如果出现在上涨的途中，则要观察是否有下跌的可能，应谨慎考虑；如果出现在涨势的后期，这可能是一种转势信号，可以分批次卖出股票。

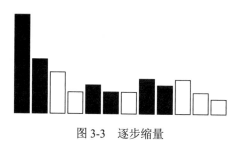

图 3-3　逐步缩量

三、量价关系

股票作为商品的一种表现形态，遵循商品经济的普遍规律。根据经济学供需理论，商品价格由价值决定又受到供需关系的影响。成交量，作为某只股票供需关系最直接的数字表现，在一定程度上反映了价格变动的趋势。

量、价是技术分析的基本要素，一切技术分析方法都以量价关系为研究对象，其重要性可见一斑。但单日成交量（或成交额）往往受到偶然因素的影响，虽然能在一定程度上反映多空力量的真实情况，但不能反映多空力量的全部情况。这时候均量线就弥补了这方面的不足，它借鉴移动均线的原理，将一定时期内的成交量相加后平均，在成交量的柱状图中形成一条较为平滑的曲线，反映了一定时期内市场的平均成交情况。

市场上常有"价变量先行"之说。量虽然是价格的先行导向，但这并不意味着成交量的变动趋势与股票价格的变动趋势完全重合，价格是股票交易时最基本的出发点，也是投资者进行投资决策的根本判断标准。首先要认识到，成交量作为影响价格变动的重要因素可以配合价格走势进行技术分析研究，但它并不从根本上决定价格的变化。成交量是供需关系最为直接的外在表现：当股票供不应求时，对股票的需求旺盛，投资者都在寻求买入机会，成交量自然放大；反之，当股票供过于求时，市场冷清无人，对股票的需求很少，成交量势必相应萎缩。投资者并不能仅仅根据成交量来判断个股趋势的变化，还要通过价格的变化趋势来确认。成交量是反映价格变化的一个重要因素之一，也是一个可能引起本质变动的因素，但在更多时候，它只是起到一个加速催化的作用。

一般来说，投资者可以通过成交量变化分析某股票的价格是否达到了一个压力位，以及是否有足够的成交量来支撑价格上行。在一个价格区域内，如果成交量很大，说明成交量能够为这个价格提供强有力的支撑，趋势有可能产生停顿或反转。具体后续的行情走势可以通过观察价格走出成交密集区域的方向来判断。当价格走出成交密集区时，说明多空分歧得到了暂时的统一。如果是向上走，那价格倾向于上升；若向下走，则价格倾向于下跌。可以通过观察成交量在不同价格区域的相对值大小，来判断趋势的健康性或持续性。随着某股票价格的上升，成交量应呈现阶梯性减弱，一般来说，股票的价格越高，从投资者心理变化上来说，感兴趣或敢于参与的人就相应越少。

市场上普遍达成的共识认为，个股或股指的上涨，必须要有量能的配合。如果是价升量增，则表示上涨动能充足，预示个股或股指将继续上涨；反之，如果放量下跌，则表示下跌动能充足，预示个股或股指将继续下跌。通常股价向上突破阻力位或者支撑线需要放量攻击，即上涨要有成交量的配合；但向下破位或下行时不需要成交量的配合，俗称为"无量下跌天天跌"，直至再次放量，显示出有新资金入市抬高股价或抄底为止。一般来说，价涨量增、价跌量缩可以称为量价配合，否则为量价不配合。个股或大盘在大幅放量之后缩量阴跌，显然是坏事，预示着一轮跌势的展开。缩量阴跌表示市场处于弱势，极小的成交量就能打低股指，阴跌之后必然有放量大跌，这对于多方是极为不利的；反之，缩量上涨表示市场处于强势，较小的成交量就能推动股指上扬，之后必然会放量大涨。大盘如此，个股更是如此。

第二节　如何根据成交量进行操作

一、成交量均线研判法

120日均线，即半年均量线，是短线判断买卖信号的重要依据。虽然技术分析指标成千上万，股票价格走势变幻莫测，但归根结底，最基本的研判指标还是价格与成交量，其他指标无非就是这两个指标的变异或延伸。均量线反映了一定时期内市场成交的情况，即交投趋势的技术性指标。均量线与常用的均价线的原理相同，均量线反映的是一定时期内市场成交量的主要趋向，研判时与移动均线相配合，对目前股价所处初升期、主升段还是末升期，以及对股价未来变动的趋势，起着重要的辅助作用。

均量线是根据成交量判断股价走势的技术分析工具，构成均量线的均量值计算很简单，同移动平均值的计算方法一样，只不过移动均线用的是每日收盘价，均量线用的是每日成交量（亦可以用成交额）而已，然后连点便可成线。在传统的技术分析中，均量线以5日或10日为采样天数，也有同时选用5日、10日和30日绘制多条均量线，其中5日均量线代表短期交投趋势，30日均线代表中期交投趋势。常用的5日、10日均线由于采样时间短，导致价格波动较为频繁。120日均线能避免频繁的波动，较好地反映庄家的持仓成本。决定股票买卖重要的一点就是分析庄家的持仓成本。一些强势股之所以能一涨再涨，和其庄家收集筹码的成本有重要关系，而这些都能从均量线上找出蛛丝马迹。如庄家成本较高且持仓量大增，则不易出局；如均量线和股价出现明显背离，就要时刻防备庄家因低成本而随时可能出现的兑现。均量线的历史高点处，即巨量成交处通常为该股的成交密集区域，如果有成交的二次确认，即使均量线没有创出历史新高，但均值较为接近，亦可确认为庄家的加仓区域。

在判断股价趋势时，需观察120日均线的走势：如成交量持续站稳120日均线，则可以判断趋势良好，走势安全；如成交量持续落在120日均线的下方，则需要提防顶部的形成。一般来说，在上涨行情初期，均量线随股价不断创出新高点，显示市场人气的聚集。在行情进入尾声时，尽管股价再创新高点，均量线多已衰退疲软，形成量价分离，这时市场随着投资者意愿发生变化，股价接近峰顶区。在下跌行情的初期，均量线一般随股价持续下跌，显示市场人气涣散，有气无力。在行情接近尾声时，股价不断跌出新低点，而均量线大多已经走平，也可能有上升迹象，这时股价已经见底，可以伺机买进。

二、高位无量要拿住

高位无量就要拿，拿错也要拿。高位指的是股价处于或接近历史高位，高位无量横盘走势，是典型的上涨中继形态，此时不宜轻易出局。只有在经过一段时间的观察，发现高位横盘时成交量萎缩严重，而且往往是上涨有量、下跌无量，到最后能够打破平衡再度向上时，才能真正确定新的行情开始。

如图3-4所示，以东方盛虹（000301）为例，2022年4月27日至5月23日，东方盛虹股价近1个月交易日涨幅近50%，随后进入高位横盘。查看横盘阶段的量能发现，成交量仍未突破此前的水平，甚至低于此前涨停时的成交量。这便是高位的窄幅箱型振荡，后续仍有空间。在随后的3个交易日中，股价涨幅近25%，在2022年6月14日创新高后，才开始放量回调。

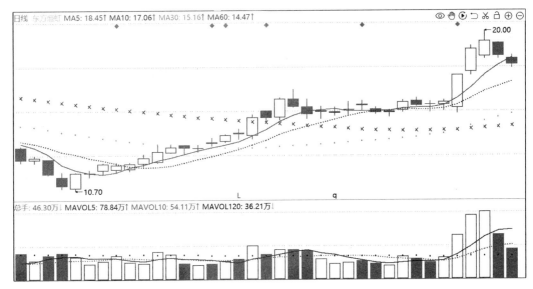

图3-4　东方盛虹2022年4月21日至6月16日K线图

三、高位放量就要跑

高位放量就要跑，跑错也要跑。个股在经历一波较大涨幅后，股价已经处于高位，但成交量不断增加，股价一直停滞不前，表明此时已经出现高位量增价平的现象，大概率是主力开始出货，说明获利盘套现锁定利润的意愿已非常坚决，投资者应该及时离场。

如图3-5所示，以恒逸石化（000703）为例，自2022年5月19日至6月14日，恒逸石化股价在18个交易日中累计涨幅超46%。2022年6月15日恒逸石化较前2个交易日成交量明显放大，同时股价出现回落。6月16日股价未能继续拉高，同时成交量放大，此时便应该出掉。6月20日后恒逸石化开始呈现下跌趋势。

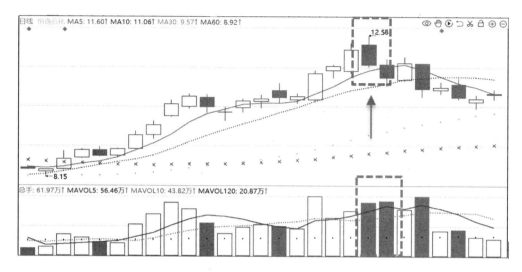

图 3-5 恒逸石化 2022 年 5 月 18 日至 6 月 24 日 K 线图

四、低位无量要潜伏

低位无量就要等，等错也要等。低位指的是股价处于或接近历史低位，低位无量横盘走势，此时不宜轻易出局。无量是因为主力还未做好拉升准备，不断在吸取低位的大量筹码。一旦吸筹基本完成，就会进行拉升，当股价放量时就是大幅拉升的时候。

如图 3-6 所示，以力帆科技（601777）为例，2022 年 4 月，力帆科技股价小幅下跌，在股价低位不断振荡，此过程中，力帆科技的成交量一直未突破 120 日均线，处于低位无量状态。2022 年 4 月 29 日和 2022 年 5 月 13 日，力帆科技突然放量，且成交量大幅突破 120 日均线，股价呈现大阳线，此后力帆科技一路走高，出现多头行情。

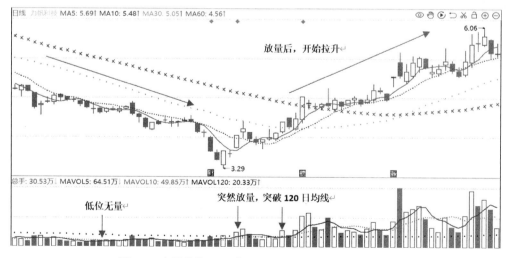

图 3-6 力帆科技 2022 年 4 月 1 日至 6 月 28 日 K 线图

五、低位放量大胆跟

低位放量就要跟，跟错也要跟。个股在经历一波下跌行情后，股价已经处于或者接近低位，经过一段时间的振荡休整，此时出现低位放量是好事。因为此时出现放量说明资金已经开始介入，属于个股行情转好的迹象，通常是资金介入吸筹、主力试盘的迹象，如果后续继续放量或者股价出现异动，则说明后期上涨概率大。

如图 3-7 所示，以华峰铝业（601702）为例，华峰铝业在股价处于低位的情况下，出现放量，虽然第一次和第二次大幅放量后，华峰铝业的股价只有较小幅度的提高，但是，这两次放量都大幅突破了 120 日均线。此时跟进，可以看到，不久后华峰铝业继续放量，且股价上升，出现了多头行情。

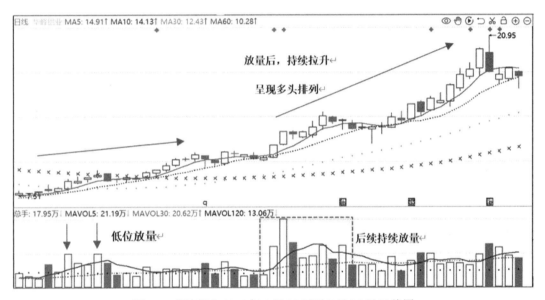

图 3-7　华峰铝业 2022 年 4 月 27 日至 7 月 25 日 K 线图

六、量增价平要转阴

量增价平，转阴。成交量有效放大，但股价不相应上涨，通常就是转阴的信号。如图 3-8 所示，以巨化股份（600160）为例，巨化股份在经历一轮上升行情后，股价不断上升，从 11.02 元上升至 15.70 元，从图中可以看出，在股价出现最高价 15.70 元的当日，巨化股份成交量相比前几日明显增加，但是后续股价不继续上升，量增价平，甚至价跌，这是明显的转阴信号，投资者应该适时立场，避免股价大幅下跌带来损失。

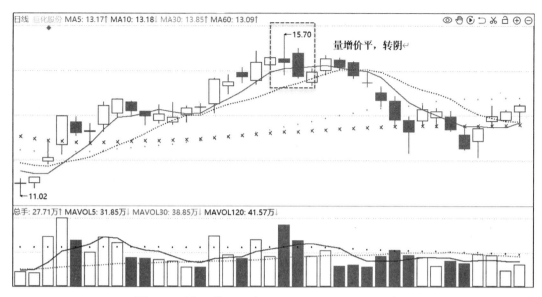

图 3-8 巨化股份 2022 年 1 月 4 日至 3 月 25 日 K 线图

七、量增价升就买入

量增价升，买入。这是比较常见的积极买入信号。如果股价逐渐上升，成交量也增加，说明价格上升得到了成交量增加的支撑，后市将继续看好，特别是运用在大盘指数操作的情况下，当大盘的指数开始上涨时，成交量要有一定的配合性增加量，以推动指数的稳步上涨。当成交量增加、价格上升时，将这个时间点看作短中线最佳的买入时机。

以飞乐音响（600651）为例，图 3-9 是飞乐音响在 2022 年 5 月 6 日至 6 月 14 日的走势，股价在拉出一根大阳线后逐渐向上拉升，同时伴随的是成交量的大幅放量，此时表明这只股票中有大量资金流入，增量资金帮助股票进一步攀升，这也是最常见的多头主动进攻模式，此时应适当吸筹买入，及时进场，获得收益。

八、量平价平可加仓

量平价平，加仓。当成交量平稳、价格平稳波动时，建议投资者在观察后市情况发展的基础上适当增加仓位。在多空博弈下，一旦成交量出现快速放大，则表明在博弈中多方胜出，主力开始入场建仓。

如图 3-10 所示，以广誉远（600771）为例，广誉远在 2022 年 6 月 6 日和 6 月 7 日拉出的这波小阳线，此时股票的成交量走势较为平稳，而价格适当地攀升，此时可适当买入来压低成本线，增加收益。

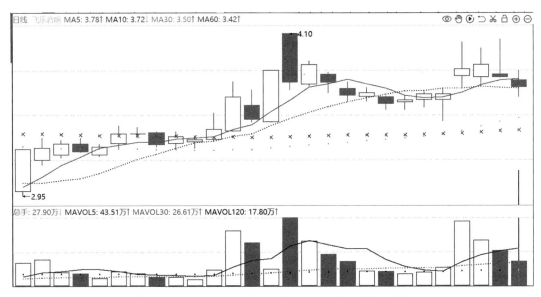

图 3-9　飞乐音响 2022 年 5 月 6 日至 6 月 14 日 K 线图

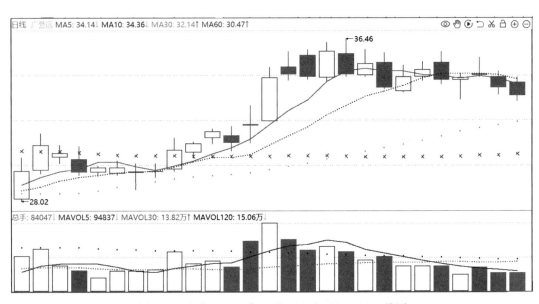

图 3-10　广誉远 2022 年 6 月 6 日至 7 月 12 日 K 线图

九、量平价跌要出局

量平价跌，出局。当股票的成交量平稳而价格下跌时，应当及时卖出股票，此时大概率是主力已经开始出逃，投资者也应及时出局以防股价出现突然跳水造成的损失。

如图 3-11 所示，以海王生物（000078）为例，海王生物在 2022 年 6 月 21 日至 7 月 6 日成交量呈现一个小幅波动的平稳状态，而股价一路下跌，面临这种情况时，当股票价格跌破设定的亏损线，成交量也未见增加时，应及时卖出股票来控制风险，以免遭受更大的损失。

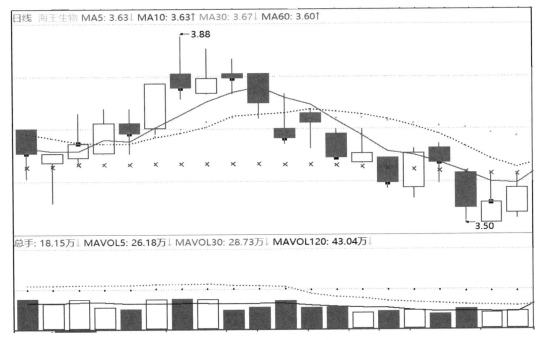

图 3-11　海王生物 2022 年 6 月 13 日至 7 月 8 日 K 线图

模拟实验与思考

1. 请建立一个最近（近 2 个交易日）放量的股票池，不少于 10 只。
2. 请从成交量的角度分析自己找出的个股特点，成交量以 120 日均线为参考。
3. 如何根据成交量分析技术完善自己的交易策略？

第四章 均线分析

本章学习目标：

- 掌握移动均线和成本均线的区别；
- 掌握常用的均线技巧；
- 掌握一阳三线战法；
- 根据均线分析技术完善自己的交易策略。

第一节 移动均线与成本均线

股票市场中常用的均线有移动均线与成本均线。移动均线代表的是股票价格在一段时间内的平均水平，而成本均线是股票买入成本的均线。K线图上显示的均线，一般是移动均线而非成本均线。

一、移动均线

移动均线（moving average，MA），代表的是股票价格在一段时间内的平均水平，英文的原本意思是移动平均。在证券分析中，由于通常将其制作成线型图来表示，所以一般称之为移动均线，简称均线。该指标是将某一段时间内的逐期收盘价之和除以时间长度计算得来。例如，5日均线就是由5个交易日的收盘价之和再除以5得出的。在K线图上，一般只显示移动均线，不会显示成本均线。移动均线由美国著名的投资专家约瑟夫·格兰威尔（Joseph Granville）于20世纪中期提出。均线理论是当今应用最普遍的技术指标之一，均线也是在证券投资策略和分析中最为常见的指标之一，它帮助交易者确认现有趋势、判断未来走势、发现即将反转的趋势。移动均线近似地表示了一段时间内的平均建仓成本，同时还表示了过去一段时间的平均股价，反映了计算期间市场认可的股票价值和股票在人们心里的价位，也滤去了股价的短期波动，是对股价的平滑处理。

常用的移动均线有 5 日均线、10 日均线、30 日均线、60 日均线、120 日均线和 250 日均线。其中：5 日均线和 10 日均线一般被看作短期移动均线，供投资者在进行短线操作时参考使用；30 日均线和 60 日均线是中期均线指标；120 日均线、250 日均线是长期均线指标。250 日均线是牛熊分界线，当股价站上了 250 日均线（股价高于同期均线数值）时，则意味着进入牛市，没站上表示是熊市或者振荡市。投资者在选股时可以把移动均线作为一个参考指标，移动均线能够反映出价格趋势走向。通常，投资者都是将日 K 线与移动均线放在同一张图中进行对比分析。

移动均线最常用的方法就是比较证券价格移动均线与证券自身价格的关系。当证券价格上涨时，高于其移动均线，则产生购买信号；当证券价格下跌时，低于其移动均线，则产生出售信号。交易者认为：移动均线本身是支撑或阻挡价格未来走向的重要因素。当股价在上行趋势中短期转跌时，应在移动均线位置止跌反弹以使得股价重新回到上升趋势中，即移动均线是支撑位。如果股价不能在移动均线反弹，那么就可能继续下行趋势，直至其找到能够中止下跌的支撑位。

二、成本均线

成本均线是把成交量加在均线里粗略地估计市场成本的一种均线。常用的成本均线有 5 日成本均线、10 日成本均线、13 日成本均线、34 日成本均线和无穷成本均线。不同周期的成本均线代表了股票在不同周期下的平均成本。例如，5 日成本均线代表了股票在最近 5 个交易日内的平均成本。例如，成本均线是指股票上市以来所有持仓者的平均成本，也被称为牛熊分界线。投资者可以通过成本均线了解目前股价区间上市场短线、中线投资者整体的浮盈或浮亏水平，从而根据当前市场的抛压情况来判断持股者属性。比如：获利幅度大而抛压不重，则是机构投资者持股的可能性比较大；而亏损很多无人卖出，则是个人投资者持股的可能性偏大。

无穷成本均线是区分市场牛熊的重要分水岭：股价在此之上，市场处于追涨过程，是牛市；股价在此之下，市场处于割肉过程，是熊市。无穷成本均线的速率相当稳定，相比之下，有限时间的移动均线都有随行情波动不够稳定的特点。

成本均线的主要作用有：区分大盘的牛市、熊市；根据主力在成本均线之上或成本均线之下吸货，判断后市行情发展的缓急程度；预测股价在上涨或下跌过程中的压力位或支撑位；区分主力震仓、整理或出货；在上升过程中，指示上涨后下跌的止损位置。

成本均线相当于市场上多空交战的分界线。当股价在成本均线以下时，是空方侵入了多方阵地，使持股的多头处于亏损状态。当股价在成本均线以上时，是多方侵入了空方的阵地，使持币的空头处于不利地位。

不同周期的成本均线可以看作不同级别的多空交战的战线，无穷成本均线是市场全局维度多空交战的战线,而各短期成本均线是短期多空交战的局部战线。股价对成本均线的乖离程度,是侵入对方阵地的程度,乖离越大侵入越深。如庄家在成本均线之下吸货,吸的是割肉盘,则表明庄家在考虑建仓成本,吸货还不太迫切,上涨一般会慢一些;如庄家在成本均线之上吸货,则表明庄家愿意发给原持股人一定利润,以便尽快拿到筹码,这样的股票未来上涨会比较快、比较猛。

三、移动均线与成本均线区别

股票的移动均线和成本均线在计算方法上有所区别:移动均线是用股票每日收盘价除以天数计算得出,而成本均线是考虑了交易量的加权平均价格除以天数计算得出。投资者在使用移动均线时应该注意,移动均线仅以收盘价作为计算依据并未将成交量考虑在内,因此很容易被人为操作。而成本均线在计算时,考虑了成交量的因素,其算法是将每个交易日不同价格及与该价格堆积的不同成交量的乘积的加权平均。成本均线表示市场上所有持有该股的投资者的平均成本。

相比较而言,作为一段时间内市场的平均成本,成本均线比移动均线更准确,更能反映市场的真实情况。例如,成本均线的多头和空头排列更加稳定,在行情逆转之前出现的假交叉要比移动均线少。而且,成本均线对市场运行具有明显的支撑和压力作用。

在有限的时间内,移动均线都有随市场行情波动的不够稳定的特点,而不像无穷成本均线一样速率稳定。在熊市中,投资者可以明显看到其构成了一次又一次反弹高点,直至被一轮成交量明显放大的上涨突破,从而宣告熊市的结束。而在牛市中,无穷成本均线很难被市场短期回调跌破,对市场有明显支撑作用。而当市场最终跌破这条线时,常常成为最后的出逃机会。

由于移动均线只考虑了收盘价而未考虑成交量,主力在操盘时,只要控制了收盘价,在一定程度上就等于控制了移动均线。而要控制收盘价相对较容易,只需尾盘发力即可。但主力要想控制成本均线,就比较困难,此时,主力如果单靠尾盘发力,虽然可以影响收盘价,但是对于整个交易日加权平均价格的影响较小。

移动均线揭示市场成本的作用可以完全被成本均线取代,但其仍能在一些方面发挥不可替代的重要作用。比如,移动均线在进行长周期分析时的优势明显。当分析的时间周期长到市场已经完成了几轮炒作时,因为之前投资者已经获利离场,从成本的角度看前几轮炒作时的股价已经不能对当期周期产生影响,成本均线中自然也就不会再包含这些信息,从而无法进行长周期分析。但在实际操作中,仍然有很多长线投资者很重视股票的长期价格变化过程,用以作为股票长期价值的参考,这时移动均线的作用就会凸显。

长期移动均线之所以有这种功能,是因为移动均线可以揭示计算期间内市场接受的股票价值和股票在人们心里的价位。长期移动均线作为股票长期价值的参考意义，单独只看一轮趋势行情并不明显。但是如果立足长期趋势，当成本均线不再包含前几轮炒作的价格信息时，就必须使用长期移动均线进行分析。

但长期移动均线的这种作用是比较次要的，因为长期均线反映的过去价值和当前心理价位只对内在价值比较稳定、价格围绕某个区间上下波动的股票有意义，而对公司经营发生质变、股价脱离原区间大幅变化的股票意义不大。随着时间的推移，各公司的经营情况都会发生变化，用一根非常滞后的长期移动均线反映股票的过去价值和心理价位并不准确。除非投资者对公司的经营情况相当了解并能够作出准确的基本面判断，否则仅从技术上看，因为这一个因素选择抛弃成本均线而使用长期移动均线的意义是不大的。

第二节　常用的均线技巧

均线理论是道氏理论的重要产物，也是目前市场上最常用的技术分析理论之一。均线理论认为，在技术分析中，市场成本是趋势产生的基础，市场中趋势的维持主要依靠市场成本的推动力。比如，在上升趋势中，市场成本是逐渐上升的，而与此同时，在下降趋势中，市场成本是逐渐下降的。成本的变化导致了趋势的延续。当均线向上发散时，为多头排列，空头排列正好相反。多头排列时，说明股价或者成本逐渐升高，移动均线或成本均线不断上升，说明最近买入的人比卖出的人多，这时股票供不应求，因此股价得以上涨。而空头排列正好相反，卖出的人多于买入的人，股票供过于求，因此股价会下跌。

均线代表了一定时期内的市场平均成本变化，是重要的技术分析基础。接下来介绍几种常用的均线分析方法和技巧。

一、多头排列与空头排列

根据移动均线理论，当短期移动均线站在长期移动均线之上时，叫多头排列，表示近期购买股票的人成本较高，股价供不应求，新入场的投资者愿意以较高价钱买进原持股人手中的股票，因此股价会上涨，市场处于牛市；反之，短期移动均线在长期移动均线之下叫空头排列，表示近期购买股票的人以较低价格购买原持股人的割肉盘，卖出的人多于买入的人，股票供过于求，因此股价会下跌，市场处于熊市。图4-1和图4-2分别是多头排列和空头排列的示意图。

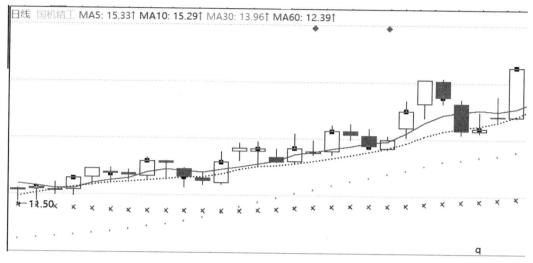

图 4-1　国机精工多头排列 K 线图

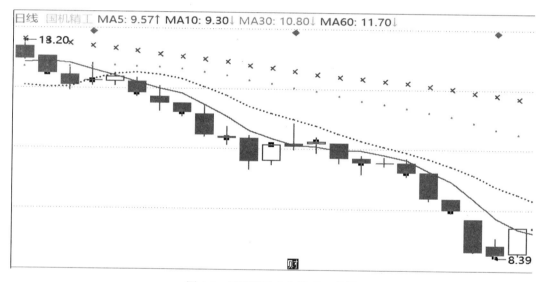

图 4-2　国机精工空头排列 K 线图

选股票时应该选择呈多头排列的个股，而不是呈空头排列的个股。均线系统中 5 日均线表示个股短期强势，如果股价同时站上 5 日均线和 10 日均线，表示有短线行情，仓位可以稍微重一些。如果个股跌破了 10 日均线，这时短线操作应该减仓，建议仓位降至一半以下。

短期均线上穿长期均线叫金叉，表明市场由熊市转入牛市，是买入信号；短期均线下穿长期均线叫死叉，表示市场由牛市转入熊市，是卖出信号。建议投资者在牛市时持股，熊市时持币；持有牛势股，抛掉熊势股。

二、强势股与弱势股

强势股和弱势股的判断,需要结合均线和成交量来共同判断。一般来说,符合以下特征的股票可称为强势股。

(1)买入量、卖出量均较小,股价缩量上涨。庄家吃货完毕后,主要的任务是提高股价、增大利润,此时的投入小而效果大。

(2)股票放量且大幅突破最高价等重要趋势线。这是典型的强庄行为,量增价升,短期均线位于长期均线上方,股票上涨势头强劲。

(3)大盘横盘时微涨,大盘下行时却加强涨势。庄家实力较强且处于收集筹码中期,成本价通常在最新价附近,大盘下跌正好是他们加快执行预定计划、显示实力的机会。

与强势股相对应,符合以下特征的股票属于弱势股。

(1)买入量、卖出量均较小,股价缩量下跌。股票缩量下跌,此时股价的下跌趋势基本已定。

(2)股票放量且突破下档重要趋势线。股票放量且突破下方均线,表明主力要撤,此时股价将呈现下跌趋势。在短期均线下穿长期均线后,如果股价位于长期均线下方,则可能继续走低。

(3)大盘上涨而个股不涨。个股在大盘上涨时不涨,在大盘下跌时却下跌,该涨不涨,是典型的弱势股。

以上是强势股和弱势股的初步辨别方法,在具体操作中,还需结合个人经验来判断。在股票投资中,一般选择强势股而非弱势股。

三、葛兰碧均线法则

前文已经介绍了移动均线的多头排列和空头排列,接下来详细介绍均线的助涨和助跌作用,以及均线对股价的吸引作用。

均线的助涨和助跌作用指股价在涨或者跌到均线位置时往往受到压力和支撑,改变股价短期走势,使股价继续按原趋势运动。其产生的原因在于,市场成本所在位置也就是历史上成交最密集的位置,也是买卖力量较为集中的位置。股价从上向下走到这里会遇到买盘的阻击得到支撑,股价从下向上走到这里会遇到卖盘的阻击受到压力,在没有新的市场力量导致趋势的根本反转之前,这种支撑和压力会扭转股价的短期走势,使股价掉头继续按原趋势运动,这就是均线的助涨助跌作用。

当股价远远高于均线时,表示持股者按照现在的股价有较大的浮动盈利,这必然会引出卖盘,给上涨造成障碍,股价相应地要回调或停顿以进行修正;当股价回到均线附近或均线慢慢追上股价时,获利抛压被释放,股价才能上涨。当股价远远低于均线时,表示持股者的亏损严重，会造成惜售，使得股价失去进一步下跌的动能，容易出现反弹或止跌；当股价反弹到均线附近或均线追上股价时，持股者的亏损减小了一些，会引出新一轮的割肉盘，股价继续下跌。这就是均线对股价的吸引作用。

一般来说，传统的移动均线理论的使用方法可以概括为三点。第一，利用移动均线的多头排列和空头排列可以判断熊市和牛市；第二，移动均线有助涨和助跌作用；第三，当股价远离均线时，均线对股价有吸引作用。这三种作用综合起来就形成了葛兰碧均线法则。

（1）均线从下降逐渐走平，而股价从均线下方突破均线为买入信号。

（2）股价连续上升远离均线之上，股价突然下跌，但未跌破上升的均线，股价又再度上升时，可以加码买进。

（3）股价虽一时跌至均线之下，但均线仍在上扬且股价不久又恢复到均线之上时，仍为买进信号。

（4）股价跌破均线之下，突然连续暴跌，远离均线时，很可能再向均线弹升，这也是买进信号。

（5）股价急速上升远超过上升的均线时，将出现短线的回跌，再趋向于均线，这是卖出信号。

（6）均线走势从上升逐渐走平进而转为下跌，而股价也从均线的上方往下跌破均线时，应是卖出的信号。

（7）股价跌落于均线之下，然后向均线弹升但未突破均线即再次回落，仍是卖出信号。

（8）股价虽上升突破均线，但立刻又恢复到均线之下，而此时均线又继续下跌，是卖出信号。

葛兰碧均线法则是著名的均线研判法则，旨在通过移动均线的多头排列和空头排列来判断后市走势，证明均线的助涨和助跌作用。以下是葛兰碧均线法则的应用分析。

①当均线从下降逐渐走平，而股价从均线下方突破均线时，此时为买入信号。如图4-3所示，由深赛格（000058）在2022年4月21日至6月1日的走势可知，在股价经历了大幅下挫之后，通过两根小阳线股价先上穿了5日均线，随后的调整让股价继续上穿10日均线，此时有一定证据表明股价后续的上涨趋势，可及时买入获取收益。

②当股价连续上升远离均线之上，股价突然下跌，但未跌破上升的均线，股价又再度上升时，可以加码买进。股价突然下跌但未跌破上升均线，说明在一定程度上，均线对股价起到了支撑作用，经过试探后的二次上升会更为有力。如图4-4所示，当几根阴线试探性地触碰到10日均线时，10日均线支撑价格迅速回弹，说明此时均线对股价起到了支撑作用，在股价再度上升时及时入场，可获得利益。

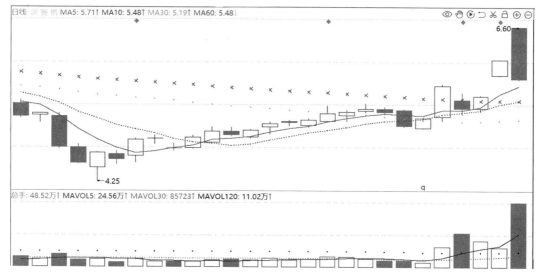

图4-3 深赛格K线图

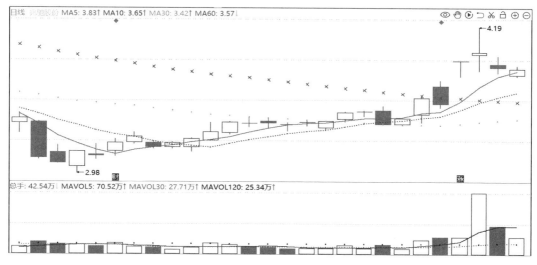

图4-4 兆驰股份K线图

③当股价虽跌至均线之下,但均线仍在上扬且股价不久又恢复到均线之上,此时仍然可以选择买入。以青龙管业(002457)为例,图4-5是青龙管业在2022年2月17日至4月12日的走势,可以看到,在一根长阳线和一根短阳线的上升之后,股价先后下穿5日均线、10日均线和30日均线,但迅速拉出一根长阳线一举突破5日均线和10日均线,说明此时仍然有买入的空间。

④当股价跌破均线之下,突然连续暴跌,远离均线时,很可能再向均线弹升,此时也可适当买入。如图4-6所示,百川股份(002455)在2022年4月26日拉出一条偏离均线的大阴线后,股价迅速回升,之后再调整后继续上行,此时即可适当增仓或买入。

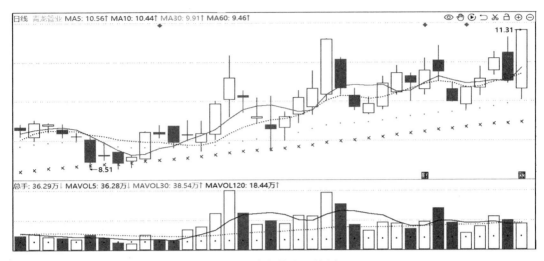

图 4-5　青龙管业 K 线图

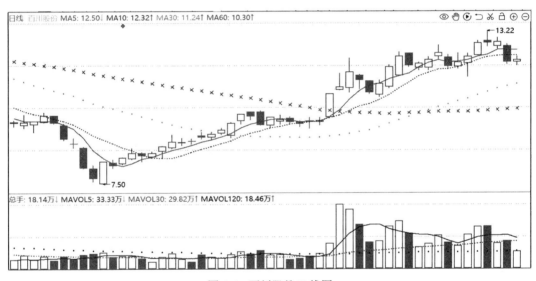

图 4-6　百川股份 K 线图

⑤当股价急速上升但是乖离均线幅度很大时，可能出现向均线靠拢的短线回调，此时是卖出信号。以辉隆股份（002556）为例，如图 4-7 所示，辉隆股份在 2022 年 5 月 23 日至 6 月 29 日的走势，辉隆股份的股价先是急速拉升，远超均线之后小幅回调趋向均线，此时应该卖出，就可避免之后的损失。

⑥当均线走势由上升转走平转而下跌，同时股价从均线的上方自上而下地跌破均线时，投资者应及时卖出。图 4-8 是北部湾港（000582）在 2022 年 5 月 18 日至 6 月 27 日的走势，均线由升转平转下降，在一定程度上确认了下跌趋势，投资者此时应卖出止损。

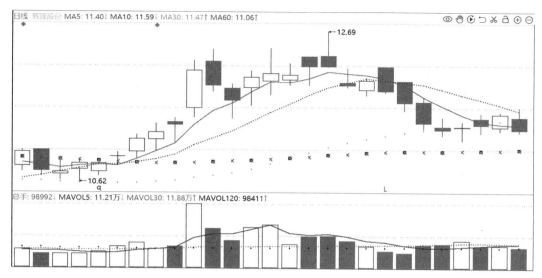

图 4-7　辉隆股份 K 线图

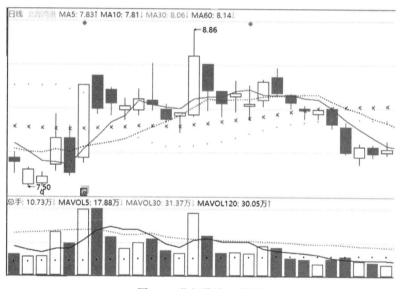

图 4-8　北部港湾 K 线图

⑦当股价跌落到均线之下后向均线弹升，但未突破均线即又告回落时，投资者仍然应该卖出。以海印股份（000861）为例，图 4-9 是海印股份 2022 年 6 月 9 日至 7 月 15 日的走势。这波下跌趋势充分证明了这一点，股价先是从 30 日均线上方下穿 30 日均线、20 日均线和 5 日均线，之后向均线小幅回升，后感受到均线压力又再度回落，此时投资者应及时卖出。

⑧当股票价格向上突破均线又迅速回落至均线下方，同时均线继续回落时，此时为卖出信号。以宝鹰股份（002047）为例，图 4-10 是宝鹰股份在 2022 年 3 月 17 日至 4 月 26 日的走势，股价向上突破乏力，在上穿均线后马上回调，拉出一根大阴线，同时均线掉头向下，此时若及时卖出，可减少损失。

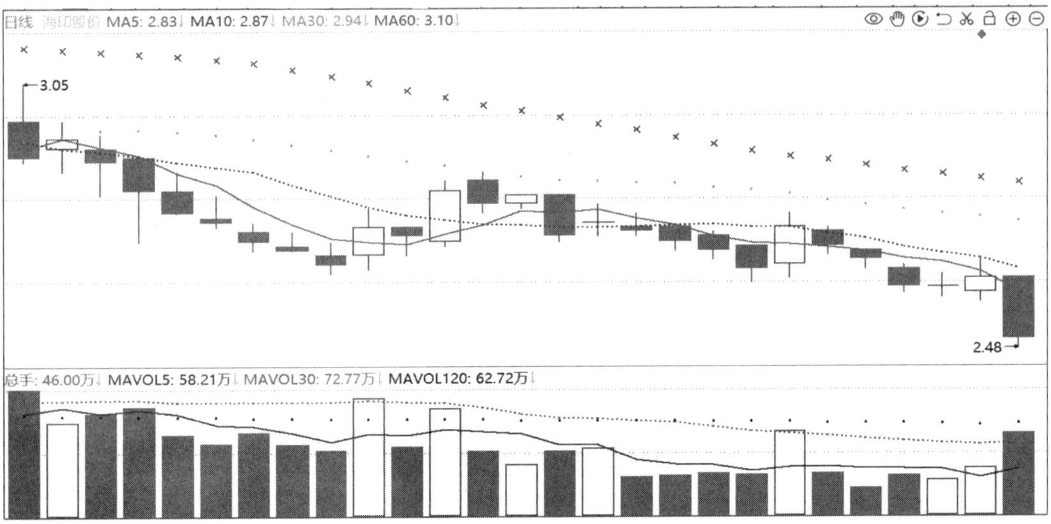

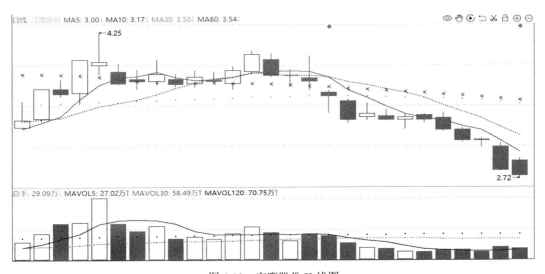

图 4-9　海印股份 K 线图

图 4-10　宝鹰股份 K 线图

第三节　一阳三线战法

一、一阳三线概述

一阳三线战法指的是股价经过长期下跌和充分整理之后,均线系统的下跌斜率开始趋缓,并逐渐向一起靠拢。股价波幅日益收窄。在某一天,突然一根放量阳线向上同时突破 5 日均线、10 日均线、30 日均线,且收盘在 30 日均线上方。这是主力展开大反攻的突出标志，主力做多意图完全暴露，多方强势非常明显，是一次难得的进场良机。这根一举穿越5日均线、10日均线、30日均线的K线，称为一阳三线，如图4-11所示。

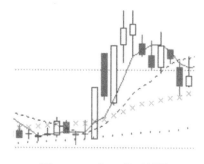

图 4-11　一阳三线示例图

在根据一阳三线战法进行实战时，需要注意以下几点。

（1）一阳三线这一图形发生的位置越低，股价向上突破的可能性就越大。

（2）对阳线的长度没有硬性要求，不一定非要限制在多少涨幅之内，同时突破3根均线即可。

（3）阳线对于3条短期移动均线向上穿破的区域越密集越好。5日均线、10日均线、30日均线，这三条均线最好是在一个小的区域内密集或者是互缠状态、互相分散开的情况，即便穿过了，后市也不一定会上扬。

（4）一旦一阳三线的均线形态出现，进行买入操作后，可获利的概率高达7成以上。但需注意，这个形态只能作为个股短期走势的参考判断，而不能用于长期趋势的判断。

（5）一阳三线出现以后，允许股价有小幅调整，但调整的范围应在阳线实体的范围内进行，否则有可能是庄家故意设置的陷阱。

（6）应该密切关注大盘指数，如果大盘拉升的条件充分，一大批个股出现一阳三线的现象，那就意味着这批个股是此次行情的主力军，应从中选择形态最完美和走势最强的个股重仓出击。

（7）有时也会看见一阳两线的情况，但一阳两线后股价走势上扬的可能性不如一阳三线，同时穿越三线的情况才是最理想的。

二、一阳三线案例分析

（一）案例一：金时科技（002951）

如图4-12所示，2022年6月28日，金时科技出现一阳三线的情况，且一阳三线出现的位置较低。2022年6月29日，金时科技开盘涨幅达8%，当天涨停，涨幅达9.98%，后续几天继续放量，K线图呈多头排列，但截至7月6日，成交量有所萎缩，5日均线下穿 10 日均线，上升趋势有所减缓，投资者需要谨慎考虑。

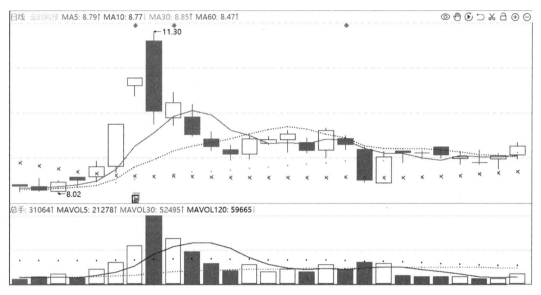

图 4-12　金时科技 2022 年 6 月 21 日至 7 月 27 日 K 线图

（二）案例二：联泓新科（003022）

如图 4-13 所示，2022 年 5 月 19 日，联泓新科出现一阳三线情形，且三条均线较为密集，同时当日成交量大幅放量，收盘涨幅达 9.99%。后续几天成交量继续扩大，股价走高，总体上，多方力量强大；建议跟进，后续若仍然继续放量，则可持续关注。

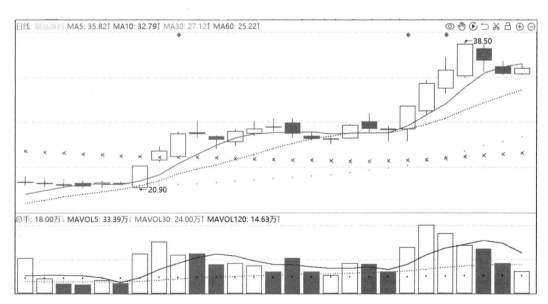

图 4-13　联泓新科 2022 年 5 月 11 日至 6 月 17 日 K 线图

模拟实验与思考

请对自己的自选股股票池按照以下要求进行分类:

(1) 哪些个股是多头排列? 哪些是空头排列?

(2) 哪些属于强势股? 哪些属于弱势股?

(3) 请找出近 2 天满足一阳三线的个股,加入股票池,个股数量不少于 3 只。

(4) 对找出的一阳三线个股进行跟踪,验证一阳三线战法的成功率和适用条件。

(5) 如何根据均线分析技术完善自己的交易策略?

即测即练

第五章 筹码分析

本章学习目标：

- 了解筹码的概念和基本分类；
- 掌握筹码图的分布特点；
- 掌握筹码图的静态分析和动态分析；
- 根据筹码分析技术完善自己的交易策略。

本章主要讲解技术分析中筹码分析的内容。"筹码分布"是一个有中国特色的词，因为在世界范围内，可能只有中国人将股票称为筹码，也只有中国人把股票投资称为"炒股"。股票一旦加上了"炒"字，就有了更多的博弈的味道。而如果把股票的仓位叫作"筹码"，那就无异于把股市当成了赌场。实际上，这是对证券市场和金融学说的误解，无论是金融市场还是在股票市场，它们的存在都是为了实现资金的融通，以优化社会资源配置，促进社会的进步。但因为我国股市只有30年的发展历史，股民的赌博心态十分常见，所以我国股市现在仍然带着浓厚的博弈色彩。在股市的博弈中，大部分人最关心的就是如何用自己的资金去换取别人的筹码，再用自己的筹码换取别人的资金，通过这一来一往，就能获取价差利润。所以，在当前市场环境中，想要知己知彼，作出理性的投资决策，理解筹码的概念并能够进行合理有效的筹码分析是很重要的。

第一节 筹码的由来

筹码，是古代投壶计算胜负的用具，旧时称货币或能代替货币的票据，本作"筹马"。现在来说，筹码代表现金，在博彩场所中用作投注的替代品，一般情况下设计成类似硬币般的圆形筹码，也有方形的筹码。那么，股票市场上的筹码是什么呢？

我国的证券市场至今只有30多年的时间，和国外两三百年的发展历史相差较大，因此投资者和市场都很不成熟。在这样的市场上，投资者千奇百怪，也诞生了庄家、游资等非常规投资群体。他们并不一定按照公司基本面进行价值投资，而是通过题材、热点、业绩、概念、走势等对股票进行炒作、拉升,将价格炒上去之后再卖出手中的股票获利,这也就是"炒股"一词的由来。这个过程就是一个博弈的过程,因为有的时候,股票价格变化的整个过程与基本面关系不大,价格走势完完全全由各方资金博弈决定。所以,此时的股票就变成了筹码。

总之,筹码分析就是对隐藏的主力资金手中的筹码进行分析。严格来说,筹码分析,即成本分析,是对流通股票持仓成本分布进行的分析。通过对股票持有者的成本进行分析,判断背后的资金意图,从而帮助我们判断股票未来的走势。筹码分析是形态分析中重要的一环。

第二节　流动筹码与非流动筹码

在证券市场中,股本并不总是全流通的。由于各种原因的影响(如政策、法规等),有部分股本是不能流通的。也就是说,有一部分筹码是不能交易的。因此,筹码也就有了流动筹码与非流动筹码之分。流动筹码的连续交易产生了股价,非流动筹码一般不会影响股价的变化。所以,在分析时,最好是用实际流通股本来进行筹码分析。筹码一般会因为定增、高送转、解冻等原因而增加,但有时也会因为回购、抵押、承诺不卖出等原因减少。筹码分析主要是对流动筹码进行分析。

上市公司的股本变动会提前以公告的方式发布,投资者可以在公司的官网或者同花顺的 F10 界面中找到,如图 5-1 所示。

图 5-1　中牧股份股本变动公告图

如图 5-2 所示，在 F10 界面单击“股本结构”按钮，还可以看到该公司过去的股本变化情况。

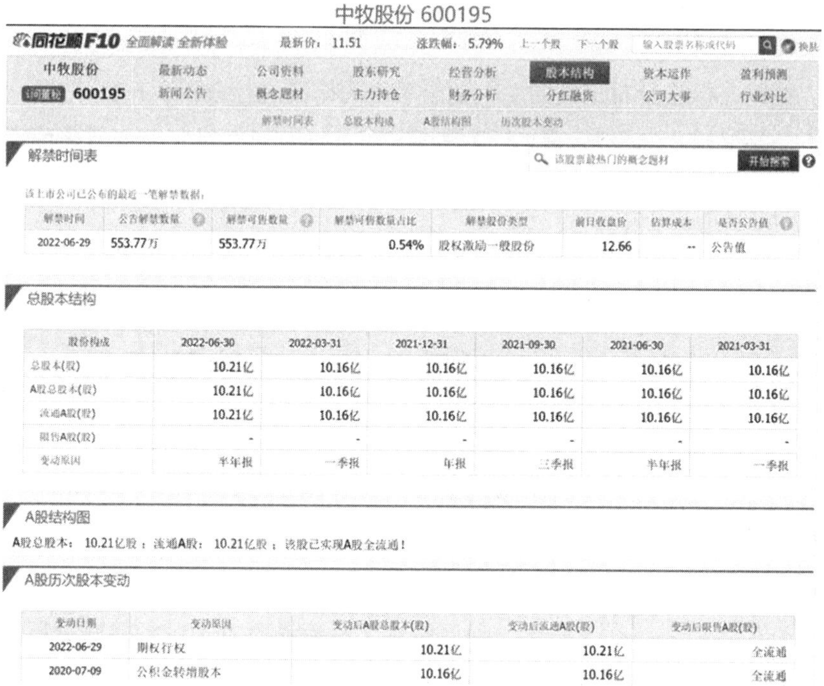
中牧股份 600195

同花顺F10 全面解读 全新体验 最新价：11.51 涨跌幅：5.79%

中牧股份 600195

最新动态 公司资料 股东研究 经营分析 股本结构 资本运作 盈利预测

新闻公告 概念题材 主力持仓 财务分析 分红融资 公司大事 行业对比

解禁时间表 总股本构成 A股结构图 历次股本变动

解禁时间表

该上市公司已公布的最近一笔解禁数据：

解禁时间	公告解禁数量	解禁可售数量	解禁可售数量占比	解禁股份类型	前日收盘价	估算成本	是否公告值
2022-06-29	553.77万	553.77万	0.54%	股权激励一般股份	12.66	--	公告值

总股本结构

股份构成	2022-06-30	2022-03-31	2021-12-31	2021-09-30	2021-06-30	2021-03-31
总股本(股)	10.21亿	10.16亿	10.16亿	10.16亿	10.16亿	10.16亿
A股总股本(股)	10.21亿	10.16亿	10.16亿	10.16亿	10.16亿	10.16亿
流通A股(股)	10.21亿	10.16亿	10.16亿	10.16亿	10.16亿	10.16亿
限售A股(股)	-	-	-	-	-	-
变动原因	半年报	一季报	年报	三季报	半年报	一季报

A股结构图

A股总股本：10.21亿股；流通A股：10.21亿股；该股已实现A股全流通！

A股历次股本变动

变动日期	变动原因	变动后A股总股本(股)	变动后流通A股(股)	变动后限售A股(股)
2022-06-29	期权行权	10.21亿	10.21亿	全流通
2020-07-09	公积金转增股本	10.16亿	10.16亿	全流通

图 5-2　中牧股份股本结构图

第三节　筹　码　图

筹码分布具有量、价 2 个属性。也就是说，筹码分布包含了所有的价位上有多少筹码的信息。那么如何计算筹码分布呢？根据分笔成交可知，每一笔成交都有买盘和卖盘。买盘买了多少股票，卖盘就卖了多少股票。因此，分笔成交的价格，就是买盘手中筹码的价格。举个例子，假设有一投资者 A，以 10 元的价格买了 100 手某股票，之后 A 将这 100 手股票以 12 元都卖给了 B，那么就有 100 手筹码的价格由 10 元变成了 12 元。统计所有的分笔成交，就能画出筹码图。

一般的交易软件，都具有筹码图的功能。以同花顺为例，筹码图由一根根长短不一的线段组成，每一根线段都代表了一个价格，线段的长短表示这个价格对应的成交量的多少，线段越长说明该价格成交的量越多，即横坐标代表数量，纵坐标代表价格。

如果股价在某一个价位附近长时间停留且存在着大量成交，通常对应的筹码都会非常的密集，形成一个筹码峰。

■ 筹码的颜色

红色代表该价位的筹码持有至今获利（获利盘），蓝色代表该价位的筹码持有至今亏损（亏损盘）；红色与蓝色交界处为现价。

■ 平均成本线

中间黄色（白色）线就是目前市场所有持仓者的平均成本线，它是整个成本分布的重点。

■ 获利比例

就是目前价位的市场获利盘的比例。获利比例越高，说明越多人处在获利状态。

■ 集中度

说明筹码的密集程度。集中度数值越高，表明筹码越发散；数值越低，说明筹码越集中。

以鲁泰A（000726）为例，图5-3是2022年5月25日的日线对应的筹码图。

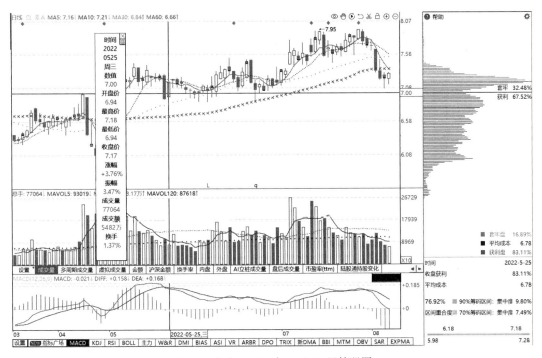

图5-3 鲁泰A 2022年5月25日筹码图

筹码图与左边的K线是一一对应的，移动鼠标可以切换不同K线对应的筹码图。图5-4是鲁泰A 2022年5月24日的日线对应的筹码图。

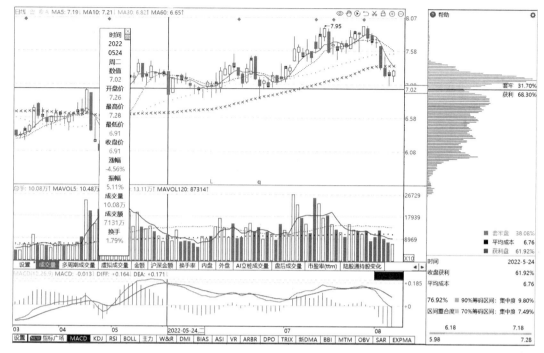

图 5-4　鲁泰 A2022 年 5 月 24 日筹码图

第四节　筹码图分析

对筹码图的分析可分为静态和动态两种方法。静态分析即对单独的一张筹码图进行分析，动态分析是综合不同时间的多张筹码图进行分析。

在进行静态分析前，首先简单介绍前景理论。前景理论是描述性范式的一个决策模型，它假设风险决策过程分为编辑和评价两个过程。在编辑阶段，个体凭借"框架"、参照点等采集和处理信息；在评价阶段，个体依赖价值函数和主观概率的权重函数对信息予以判断。该价值函数是经验型的，它有 3 个特征：一是大多数人在面临获得时是风险规避的；二是大多数人在面临损失时是风险偏爱的；三是人们对损失比对获得更敏感。通俗地讲，就是人们在面临获得时往往小心翼翼，不愿冒风险；而在面临损失时会很不甘心，容易冒险。并且人们对损失和获得的敏感程度是不同的，损失时的痛苦感要大大超过获得时的快乐感。

这就导致了相当多的投资者有获利了结的习惯。尤其就个人投资者而言，在获利 10%～20% 之间最容易把股票卖掉；但是对机构投资者而言，往往不会在盈利 30% 以下卖出仓位。因为机构投资者比个人投资者要更加理性，并且手上拥有的筹码也要多得多，大量卖出时会有资金冲击成本，需要足够的安全垫来获得利润。

一、静态分析

首先介绍筹码图有常见的几种基本形态。在实际情况中，一定会有筹码峰的存在，很少出现筹码均匀分布的情况。峰与峰之间的区域形成了筹码谷。按照峰的不同位置，本文将筹码图分为以下几种情况。

第一种情况是筹码呈现底部密集的形态，如图5-5所示。

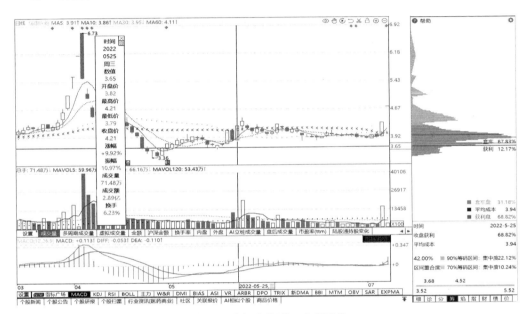

图5-5　底部密集型：瑞康医药

第二种情况是筹码呈现顶部密集的形态，如图5-6所示。

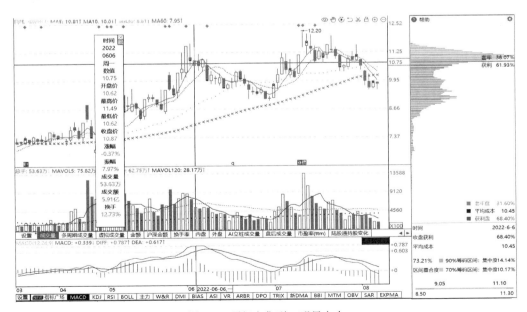

图5-6　顶部密集型：明星电力

第三种情况是筹码呈现多峰的形态，如图5-7所示。

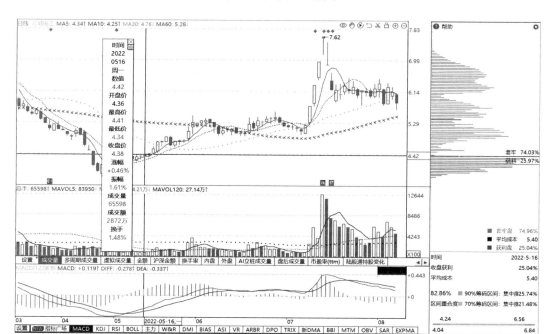

图5-7　多峰型：长城电工

一只股票从底部涨到顶部，再由顶部跌到底部，这就构成了一个周期，同时筹码也完成了转换，也就是筹码在密集与发散状态之间的转换过程。这种筹码的转换活动几乎发生在每一只个股之中。在每只个股筹码每一次"密集—发散—再密集"的循环完成之后，投资者的财富也发生了一次转移。在一个周期中，不同的阶段对应着不同的筹码图。利用筹码图的静态分析，可以帮助我们判断个股目前处于什么阶段。

如果筹码是在低价位区实现密集，可将其称之为筹码的低位密集，对应的表现就是筹码图的底部出现筹码峰；而如果筹码是在高价位区实现密集，可称之为筹码的高位密集，对应的表现就是筹码图的顶部出现筹码峰。多峰形态实际上就是筹码的发散形态。注意，这里的高和低是个相对的概念。股价的高位和低位并不是指股价的绝对值，几元钱的不一定是低，几十元钱的也并不一定是高。如果要给一个精确定义的话，底部密集型指的是筹码由高位流向低位，并且在低位大幅密集的筹码图形态。图5-8、图5-9和图5-10所示是一个典型的筹码由高位移向低位形成底部密集的过程。

当一只股票的筹码图呈现底部密集型时，往往代表此时股价已经到底。因为上方的套牢盘已经割肉走人，而近期投资者的大部分筹码都在低价位进入，此时空头力量已经耗尽，多头力量逐渐增强。

阴极生阳，阳极生阴，这是颠扑不破的宇宙真理，翻译成股市的语言就是：跌到头就要涨，涨到头就要跌！所以，当一只股票调整到位，下跌到了底部时，就可以低价买入，等待股价上涨后卖出。问题是，如何判断底部呢？根据上文讨论的，底部密集是股价见底的标志之一。所以，当见到底部密集型的筹码图，如图 5-11 所示，代表着这只股票未来有着大涨的潜力。

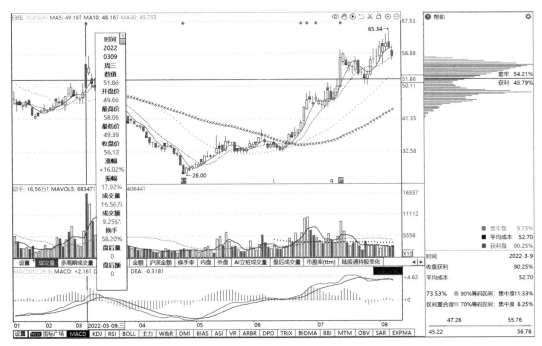

图 5-8　通灵股份 2022 年 3 月 9 日筹码图

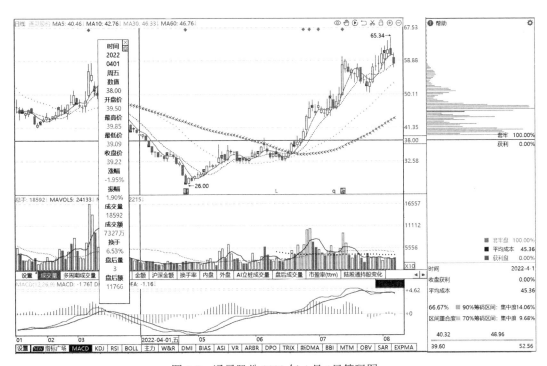

图 5-9　通灵股份 2022 年 4 月 1 日筹码图

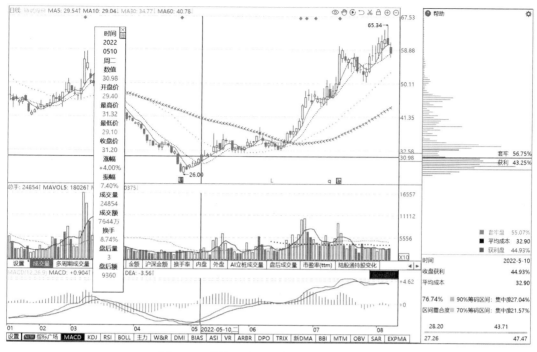

图 5-10 通灵股份 2022 年 5 月 10 日筹码图

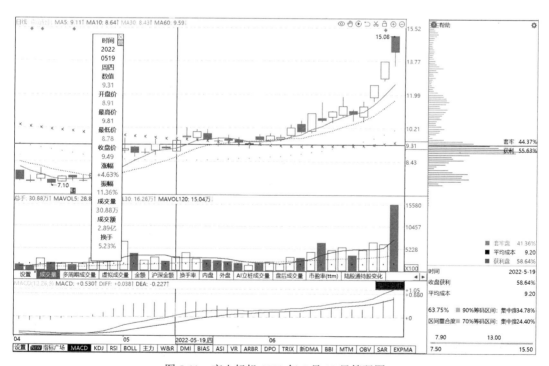

图 5-11 京山轻机 2022 年 5 月 19 日筹码图

那么当筹码形态为底部密集时,股价一定会见底反攻吗?见到如图 5-12 所示的筹码形态,是否就可以重仓买入,坐等上涨了呢?

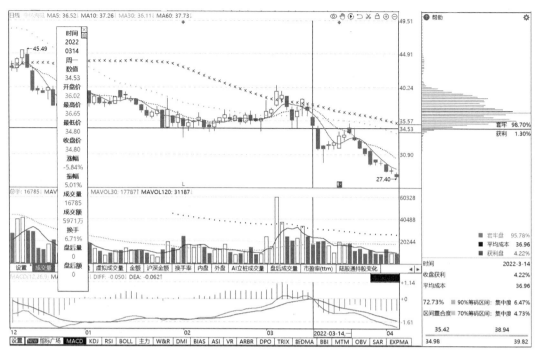

图 5-12 中环海陆 2022 年 3 月 14 日筹码图

图 5-12 为 2022 年 3 月 14 日中环海陆的筹码图。这是典型的底部密集型，看起来似乎是到底部了，如果此时抄底买入的话，结果如图 5-13 所示。

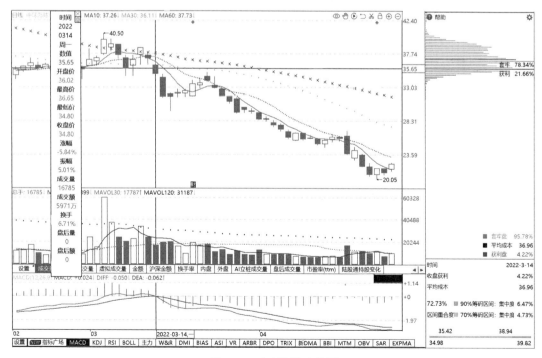

图 5-13 中环海陆走势图

投资者以为股价已经到"山脚",重仓抄底买入,没想到后面还有"万丈悬崖"。甚至就算股价见底,也不一定会出现低位密集,如图 5-14 所示。

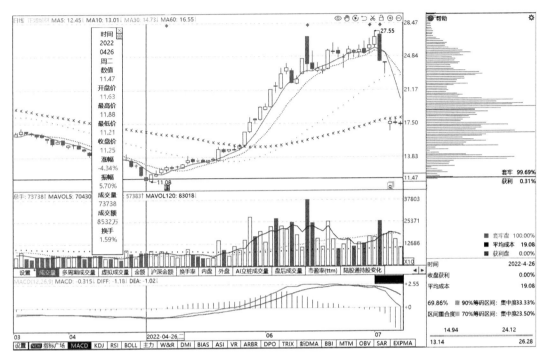

图 5-14　正威新材 2022 年 4 月 26 日筹码图

所以,还需要结合其他方面来判断股价是否见底。比如,成交量是否缩小,均线是否缠绕平滑,价格是否相对基本面超跌,是否有底部形态形成,其他技术指标是否给出底部信息,板块行情是否向上,大盘行情是否良好等。即使股价真的见底,股价的上涨往往也并不会马上开始,可能会在底部横盘好几个月再往上攻。

如图 5-15 所示,当股价见顶即将下跌时,筹码图往往是顶部密集型的。此时下方获利盘已经出逃,顶部的单峰代表的是新加入的追涨盘,如图 5-16 所示。

那么股价见顶,是否一定会出现顶部密集型的筹码图呢?

显然,如图 5-17 所示,这个结论也并不总是成立的。甚至就算出现高位密集,股价也并不一定到顶,如图 5-18 和图 5-19 所示。

从图 5-18 和图 5-19 两图可以看出,爱旭股份筹码图在 2022 年 5 月 31 日呈现高位密集形态,但是之后还有接近 65% 的涨幅。所以,还需要结合其他方面来判断股价是否见顶。比如,K 线的形态、大盘与板块的行情、相对基本面是否超涨等。

通过上面的讨论,读者应当理解底部密集型的筹码图不等于股价见底,顶部密集型的筹码图也不等于股价见顶。那么,学习这两种形态是否就没有参考价值?当然不是。市场永远是变幻莫测的,不存在一种百分百可以判断市场走势的方法。如果有,那一定是假的。

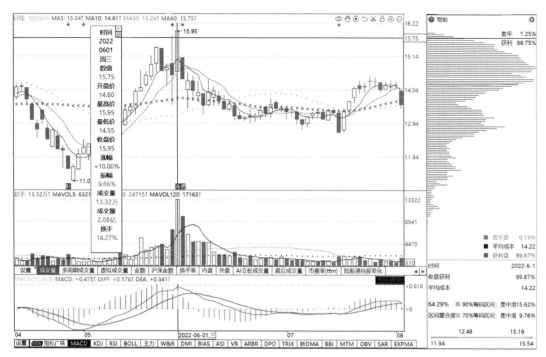

图 5-15　龙韵股份 2022 年 6 月 1 日筹码图

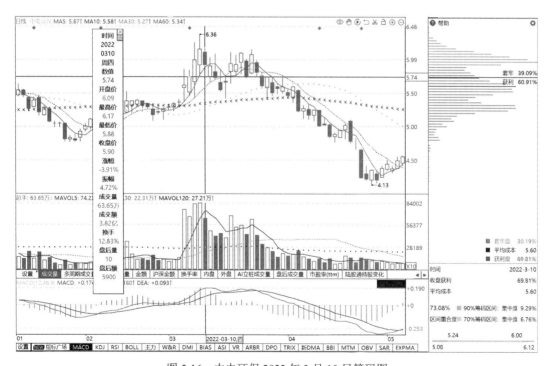

图 5-16　中电环保 2022 年 3 月 10 日筹码图

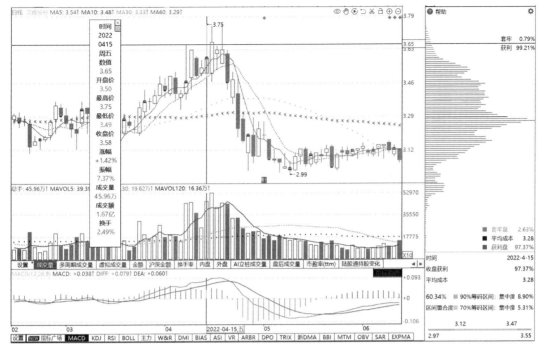

图 5-17　文峰股份 2022 年 4 月 15 日筹码图

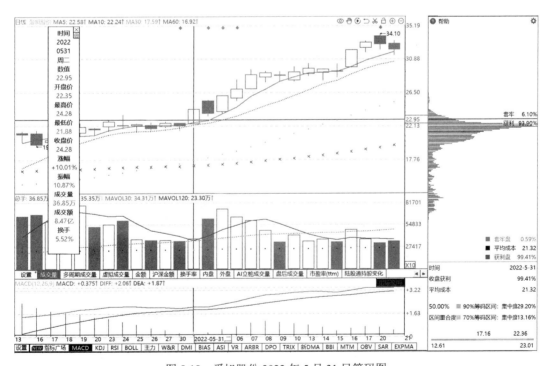

图 5-18　爱旭股份 2022 年 5 月 31 日筹码图

当股价见底,跌到位之后就只能上涨了,上涨阶段的股票有什么特征?当一只股票处于上涨阶段时,筹码往往具有多个峰,且低位、高位均有。筹码图上的多个峰一般代表的是未出逃的获利盘和新加入的追涨盘。低位有大量筹码,说明买到低价筹码的投资者对后市依然有信心；近期的高位有大量筹码，说明最近市场上的持币投资者对该股票接下来的走势也是看涨的。此时大部分筹码都是获利盘，股价接下来还会继续上涨，如图 5-20 所示。

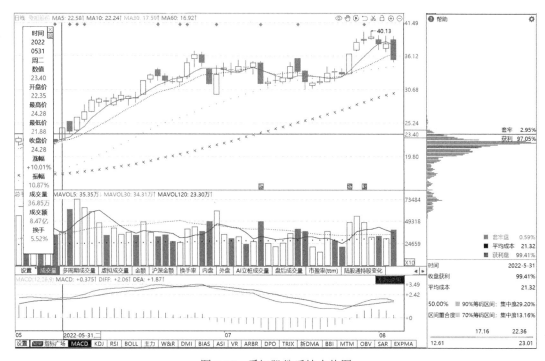

图 5-19　爱旭股份后续走势图

同样的道理，当一只股票涨到顶，接下来就将处于下跌阶段。下跌时的筹码往往是高位密集多峰。此时低位的获利盘已经出逃，高位的筹码峰表示被套的追涨盘和新杀入的抄底盘。此时的筹码图与上涨阶段最大的区别就是大部分筹码都是亏损的。

如果一只个股的套牢盘达到 50% 左右，这时就要关注这只股票，尤其是从低位拉上来的个股。

根据之前介绍的前景理论，当股价面临下降的风险时，已经盈利的投资者倾向于卖出股票、落袋为安。因此，虽然 50% 的获利盘跟套牢盘势均力敌，但一旦有风吹草动，那获利的 50% 就会抛出手中的筹码，从而导致股价下跌。

当大盘向上，大部分股票都处于上涨态势中，根据筹码分析，此时是选择套牢盘多的个股，还是选择获利盘多的个股呢？

答案是应该选择获利盘多而套牢盘少的个股！如果套牢盘多，股价上方就会有很大的抛压，在上涨过程中就会遇到刚刚所讲的情况。而如果没有套牢盘，上涨的阻力就小，未来股价继续上涨的可能性更大！

纵观 A 股的历史，涨幅巨大的股票，通常都是没有套牢盘的。最典型的例子是贵州茅台，2017—2021 年 4 年间股价翻了近 8 倍。在这 4 年中，大部分时候都是没有套牢盘的。而这也意味着该股票回撤率小、涨势强劲、趋势向上。

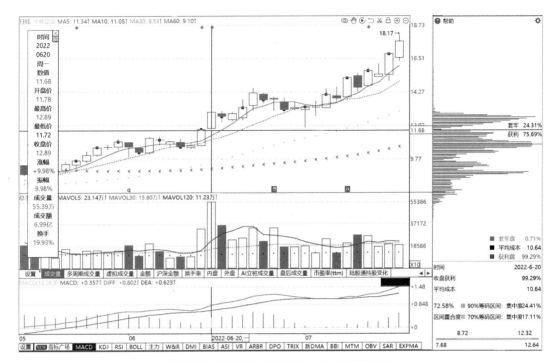

图 5-20　华峰铝业 2022 年 6 月 20 日筹码图

二、动态分析

静态分析只是对某一根 K 线对应的筹码图进行分析，缺少了时间维度。更高深一点的理论是筹码图的动态分析，也就是对某个时间区间内的筹码变化进行分析。

动态分析需要结合大量其他投资知识进行分析，下面以方正电机为例进行说明。

图 5-21 为方正电机 2021 年 10 月 29 日的筹码图，此时上方密集多峰，有大量套牢盘。近期成交量非常小，所以低位的筹码也很少。此时的筹码图不光说明上方面临着巨大阻力，还表示套牢盘短期内不想割肉。

截至 2021 年 11 月 18 日，方正电机区间累计涨幅超过 30%，但图 5-22 的筹码图与图 5-21 极为相似，成交量增大，并没有出现套牢盘解套、股票大跌的情况。这说明持仓者对后市十分看好（可根据基本面进一步判断），即之前的套牢盘并没有成为股价上涨的阻力。即使有不坚定的持仓者，也已经在这几日的阴线中出局。所以此时是买入良机。

如图 5-23 所示，2021 年 12 月 2 日，筹码峰已经开始向上转移，代表部分获利者已经出逃，持仓者对后市看法出现分歧，股价上方空间已经不大，此时宜减仓。

如图 5-24 所示，筹码峰进一步上移，并且成交量巨大，而阳线实体不多，上影线很长，代表前期的获利盘已经开始出逃。

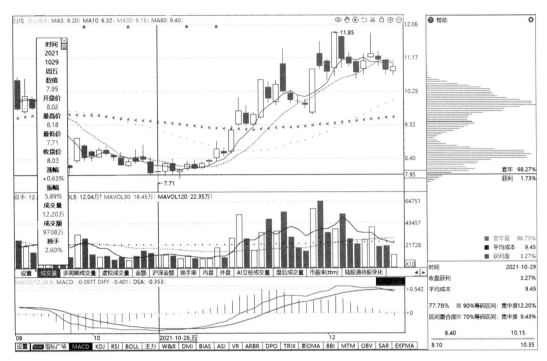

图 5-21 方正电机 2021 年 10 月 29 日筹码图

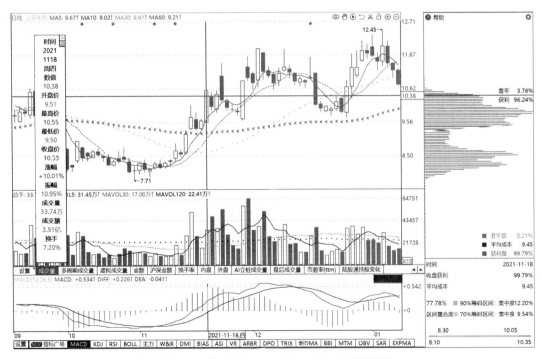

图 5-22 方正电机 2021 年 11 月 18 日筹码图

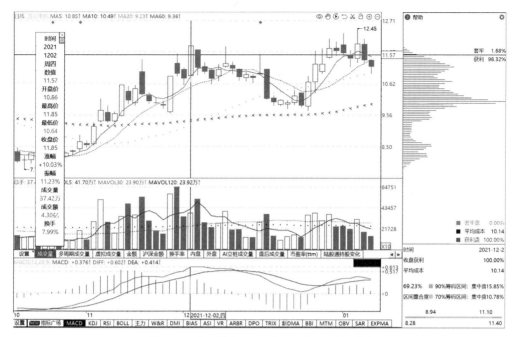

图 5-23　方正电机 2021 年 12 月 2 日筹码图

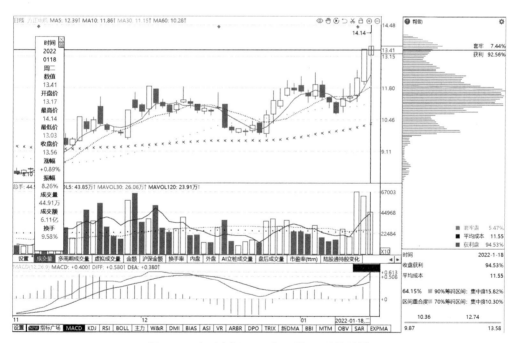

图 5-24　方正电机 2022 年 1 月 18 日筹码图

如图 5-25 所示，筹码峰出现高位密集形态，之后两根阴线强吞没了这根阳线，空头力量强劲，此时应该全仓清空。

如图 5-26 所示，方正电机回调之后突破失败，连跌了 2 个月。到 4 月 26 日，上方的套牢盘亏损超过 50%。

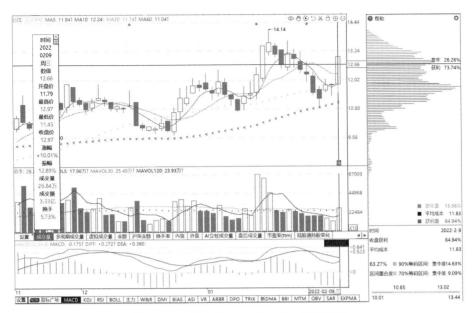

图 5-25　方正电机 2022 年 2 月 9 日筹码图

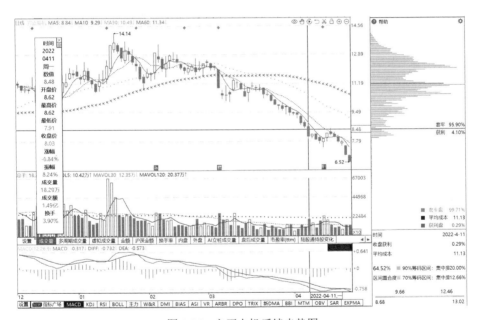

图 5-26　方正电机后续走势图

模拟实验与思考

1. 找出筹码图呈现高位密集型、低位密集型、多峰型的股票各 4 只。
2. 观察上述股票之后的走势。

3. 如图 5-27 所示，股票筹码图出现低位密集，但是其长期横盘、甚至继续下跌的原因是什么？

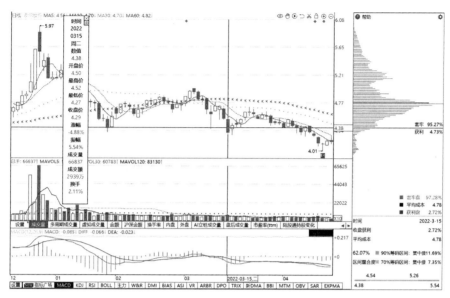

图 5-27　2022 年 3 月 15 日泰尔股份下跌走势图

4. 如图 5-28 所示，股票筹码图并未出现高位密集，但是开始下跌，原因是什么？

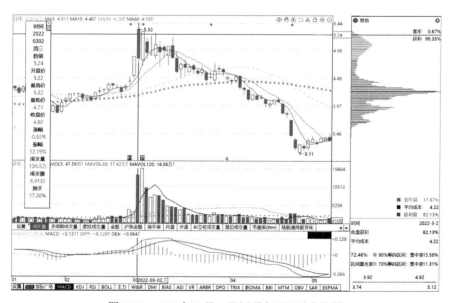

图 5-28　2022 年 3 月 2 日新联电子下跌走势图

5. 筹码分析中最重要的是什么？
6. 如何根据筹码分析技术完善自己的交易策略？

第六章 分 时 图

本章学习目标：

- 掌握我国股市的竞价规则；
- 掌握分时图的三要素；
- 掌握分时图的几种分析策略；
- 根据分时竞价技术完善自己的交易策略。

分时图，指大盘和个股的动态实时（即时）分时走势图，其在实战研判中的地位极其重要，是实时把握多空力量转化即市场变化的根本所在。分时图上可以显示最近每一笔交易引起的价格变化。在同花顺软件中，按快捷键 F5 可以在 K 线走势图和分时走势图之间切换。图 6-1 所示为启迪药业（000590）在 2022 年 8 月 11 日的分时图。

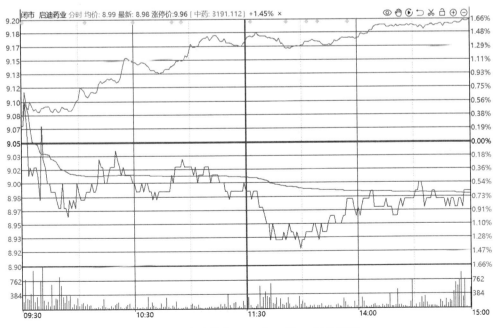

图 6-1　启迪药业 2022 年 8 月 11 日分时图

在具体讲解分时图之前，首先介绍我国股票市场的交易竞价规则。

第一节 竞价规则

股票的交易规则是一种竞价规则，具体又分为集合竞价和连续竞价。每个交易日上午9：15—9：25是集合竞价时间，集合竞价结束之后将会产生开盘价；收盘前3分钟14：57—15：00也是集合竞价，结束后产生收盘价。每个交易日上午9：30—11：30，下午13：00—14：57是连续竞价阶段。

现在沪深两市开盘价和收盘价的确定规则是一样的，但在2018年8月20日之前有所不同。之前，沪市收盘价为当日该证券最后一笔交易前一分钟所有交易的成交量加权平均价（含最后一笔交易）。当日无成交的，以前一交易日的收盘价为当日收盘价。深市的收盘价通过集合竞价的方式产生。集合竞价不能产生收盘价的，以当日该证券最后一笔交易前一分钟所有交易的成交量加权平均价（含最后一笔交易）为收盘价。当日无成交的，以前一交易日的收盘价为当日收盘价。

一、集合竞价

在每个交易日上午9：15—9：25，由投资者按照自己所能接受的心理价格自由地进行买卖申报，计算机交易主机系统对全部有效委托进行一次集中撮合的处理过程，称为集合竞价。

在集合竞价时间内的有效委托报单未成交，则自动有效进入9：30开始的连续竞价。具体来说，集合竞价是将数笔委托报价或一个时段内的全部委托报价集中在一起，根据不高于申买价和不低于申卖价的原则产生一个成交价格，且在这个价格下成交的股票数量最多，并将这个价格作为全部成交委托的交易价格。也就是说，集合竞价只有一个成交价。

（一）最大成交量原则

集合竞价遵循最大成交量原则，即以此价格成交能够得到最大成交量。高于集合竞价产生价格的买入申报全部成交；低于集合竞价产生价格的卖出申报全部成交；等于集合竞价产生价格的买入或卖出申报，根据买入申报量、卖出申报量的多少，按少的一方的申报量成交。

（二）交易规则

9：15—9：20开放式集合竞价，可以委托买进和卖出，可以撤单。个股的成交量基本上都是假的，因为实际并未成交。

9:20—9:25 可以委托买进和卖出，但不可以撤单，投资者看到的委托单是真实的，但是成交价未必是真的，因为开盘价是按照最大成交量原则确定的，真正的买入或卖出往往在最后几秒才挂出来。

9:25—9:30 不接受买卖申报和撤单。但在交易软件中，投资者仍可以下单，只是这个委托会暂时存放在券商的系统里，等到9:30之后才会传送到交易所。

14:57—15:00 在这个时间进行集合竞价形成收盘价，这个时间只接受限价买进申报和限价卖出申报，不接受市价申报，也不能撤单。

二、连续竞价

所谓连续竞价，指对买卖申报逐笔连续撮合的竞价方式。集合竞价结束后，证券交易所开始当天的正式交易，交易系统按照价格优先、时间优先的原则，确定每笔证券交易的具体价格。

连续竞价时，成交价格的确定原则如下。

（一）价格优先

买进申报时较高价格者优先，卖出申报时较低价格者优先。申买价高于即时揭示最低申卖价，以最低申卖价成交；申卖价低于最高申买价，以最高申买价成交。两个委托如果不能全部成交，剩余的继续留在单上，等待下次成交。

价格优先原则表现为：价格较高的买进申报优先于价格较低的买进申报，价格较低的卖出申报优先于价格较高的卖出申报。即价格最高的买方报价与价格最低的卖方报价优先于其他一切报价成交。例如，某股票最低卖出申报价为10元，两名投资者同时挂单买入，甲的委托价格为11元，乙的委托价格为12元，那么乙先成交；同理，某股票目前最高买入申报价10元，两名投资者同时挂单卖出，甲的委托价格为9元，乙的委托价格为8元，那么乙先成交。

（二）时间优先

买卖方向、价格相同的，先申报者优先于后申报者。先后顺序按交易主机接受申报的时间确定。在计算机终端申报竞价时，按计算机主机接受的时间顺序排列；在板牌竞价时，按中介经纪人看到的顺序排列。在无法区分先后时，由中介经纪人组织抽签决定。当然，现在大家都使用计算机系统撮合交易，板牌竞价已经是历史了。

时间优先原则表现为：同价位申报，依照申报时序决定优先顺序。计算机申报竞价时，按计算机主机接受的时间顺序排列。也就是说，同一个价位，先下委托单的先成交。

当买入价高于卖出价时，按照时间优先原则，交易价格为先申报的价格。上文价格优先原则的两个例子，成交价都是 10 元。

第二节　分时图三要素

分时图三要素分别是：分时股价、平均股价和成交量。

分时股价：分时图的纵坐标是价格，横坐标是时间，每笔成交价格连在一起得到的折线图，就是分时股价的走势。

平均股价：即分时股价按成交量加权平均后得到的价格。

成交量：分时图下面的柱状图就是成交量，它代表在对应价格和时间上成交的股票数量。

在分时图上，还可以叠加个股所在板块和大盘的分时价格走势。在同花顺分时图的右上角有一个"叠"字，单击可选择叠加板块或者大盘指数等分时价格。

在分时图的左上角有图例，可以区分不同的价格线。在本章中，实线代表分时股价，虚线代表平均股价，斜叉线代表板块指数分时价格，如图 6-2 所示。

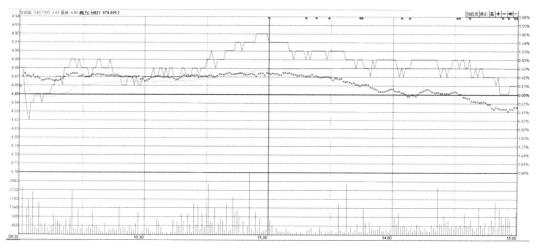

图 6-2　分时图示例图

同花顺软件支持多日分时图同列。打开股票当日的分时图，按"↑"键增加显示前一日的分时图，按"↓"键减少显示一日的分时图。

同花顺软件还支持查看历史分时图和历史重现。这一功能有助于帮助投资者复盘学习。在 K 线图上双击 K 线，就会显示当天的分时图，分时图右边是分笔成交明细，如图 6-3 所示。单击"历史重现"可以再现当天的行情演变。

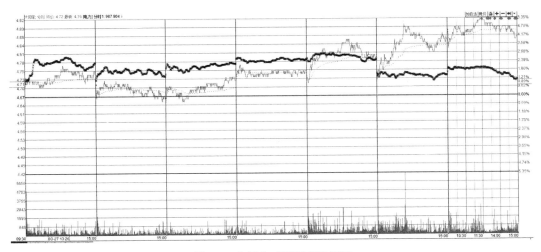

图 6-3　多日分时图同列示例图

图 6-4 就是单击历史重现的例子。

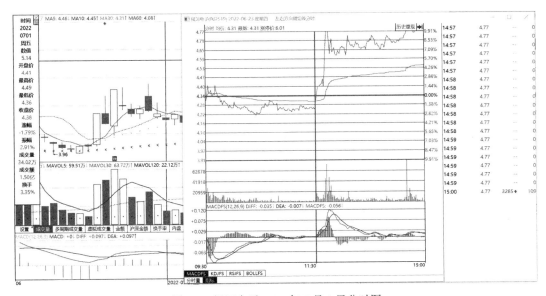

图 6-4　银河电子 2022 年 7 月 1 日分时图

第三节　分时图策略

分时图是一种短周期分析技术，所观察的周期只是盘中 4 个小时，容易出现误差，短周期技术只有建立在长周期的分析之上，才能最大限度地发挥它的威力。因此，分时图策略最好是对投资者熟悉的个股或者关注已久的个股使用。

一般而言，分时股价在平均股价之上，意味着个股比较强势。分时股价在平均股价之下，意味着个股走弱。如果分时股价与平均股价纠缠不清，则不好判断。

在分析分时股价时，叠加上个股所在板块指数进行对比分析效果更好。一般而言，个股强于所在板块指数，表示个股强势；而个股弱于板块指数，说明个股没有大涨行情。看分时图，主要是进行对比分析，与板块指数对比，与前几天的分时图对比，以找出支持投资者买进和卖出的依据和理由。

众所周知，我国股票市场是"T+1"制度，也就是说，当天买入的股票，第二天才能卖出。这样的制度减小了市场波动，保护了中小投资者的利益，但是也减少了很多交易机会。不过，这挡不住精明的投资者寻找盈利机会的步伐，"没有条件，创造条件也要上"。于是，A股"T+0"这一交易策略就诞生了。

A股"T+0"并不神秘与复杂，该策略主要应用于长线持有的股票，利用每天产生的小波动降低持有成本，从而在卖出时获得更多收益。要想实现"T+0"交易，必须提前在该股票上持有底仓。例如，某投资者经过仔细分析后，看好股票鹏辉能源（300438）的长期走势，决定在2021年7月19日以开盘价26.60元买入，持有期1年。按照此策略，到2022年7月19日，该投资者以收盘价81.40元卖出，获利206.02%。但是如果该投资者使用"T+0"策略，在买入之后的交易日里，根据分时图策略用部分仓位（一般不会太大）进行高抛低吸，同时保证收盘时底仓不变。那么，他的收益可能远远不止206.02%，有可能达到300%，甚至更高！需注意，虽然"T+0"交易可以降低持仓成本，但是股市里没有稳赚不赔的方法，使用该交易方法的投资者必须要策略熟练、盘感敏锐、反应迅捷（一般都是专业交易员），并且股票的底仓也存在着下跌的风险。一定要切记，每天收盘后底仓的仓位是不能变动的，不管盈亏！也就是说，假如当天买入了100手，那么一定要在收盘之前卖出100手；假如当天卖出了100手，也一定要在收盘之前买入100手。否则，底仓变动的话，就不是"T+0"操作了。

以下的分时图策略既可以作为短线操作的依据，也可以用来进行"T+0"操作。

一、分时突破

分时突破策略是当分时股价突破近期压力位且表现强劲时买入，如图6-5所示。

图6-6是潍柴重机2022年5月26日的分时图。可以看到在5月25日，该股票向上突破失败，留下了一根较长的影线，当日的涨幅仅为0.84%。5月26日早盘，分时股价非常平稳，一直在平均股价之上运行。上午9:35，股价突破了前日收盘价，之后回落幅度很小，又开始反弹向上，带动平均股价一起向上，这个时候就是买入良机（图6-7红色圆圈位置）。之后不到15分钟，潍柴重机涨停。

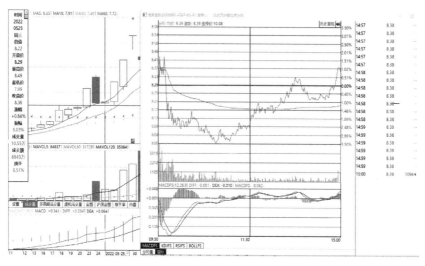

图 6-5　潍柴重机 2022 年 5 月 25 日分时图

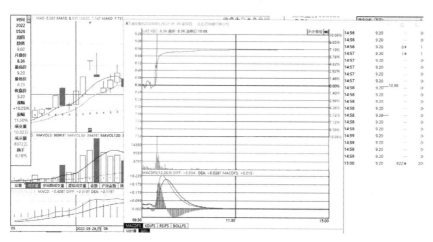

图 6-6　潍柴重机 2022 年 5 月 26 日分时图

需要提醒的是，采用该方法时要提防假突破，即突破之后不久又大幅回落。

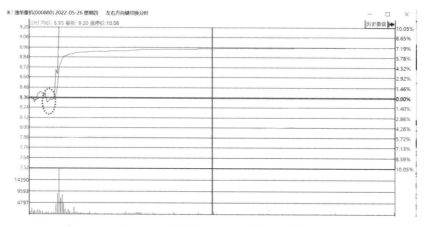

图 6-7　潍柴重机 5 月 26 日买点图

二、爆量

爆量策略是当分时股价运行平稳，成交量一直很清淡时，突然出现爆量（平均量的 5 倍以上）拉升，这个时候可以果断买入。

图 6-8 是川发龙蟒在 2022 年 6 月 8 日的分时图。可以看到，全天股价几乎没有波动，分时股价呈现横盘整理势，成交量也十分清淡。然而在收盘前半个小时，突然放了一根巨量（之前量的近 10 倍），之后又放了一根更大的量柱拉升价格，这个时候果断买入，不到 1 分钟就涨停了。

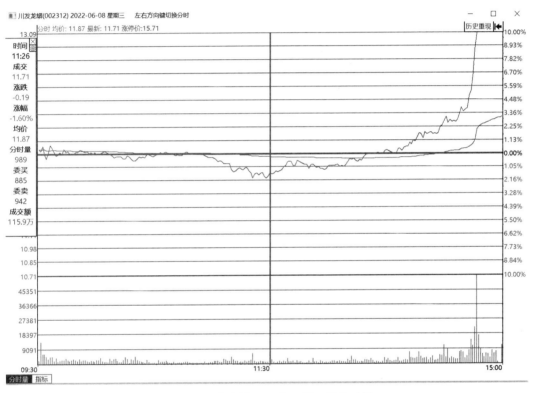

图 6-8　川发龙蟒 2022 年 6 月 8 日分时图

该策略的要点是反应要快，判断要准，当机会出现时思考的时间很少。

三、冲击峰

冲击峰策略与爆量策略相似。在分时股价运行平稳时，突然量能开始持续放大（一般是 3 倍以上），在成交量图上形成了冲击峰，如图 6-9 和图 6-10 所示。如果分时股价回落不大，可以买入。冲击峰策略与爆量策略最大的区别在于，其交易机会持续时间较长，并且冲击峰往往不止一个，多个冲击峰的存在更表明了涨势的强劲。

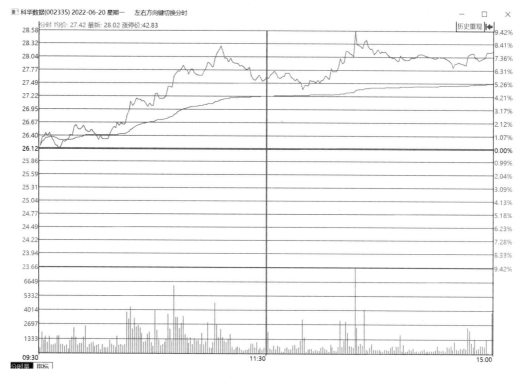

图6-9 冲击峰示例图1

需注意，如果当天高开，不久就放量冲高，此时，可能不是冲击峰而是放量出货。

图6-10 冲击峰示例图2

四、联动

当股票 A 突然暴涨拉升时,与其关联性较强的股票 B 往往也会有一波上涨。这种关联性的原因可能是板块相同、行业相关或者受到同一利好刺激等。

图 6-11 和图 6-12 分别为 2022 年 6 月 17 日东方电缆与中天科技的分时图。两者都是风电板块的强势股。当时风电板块涨势火热,可以看到东方电缆拉升后几分钟,中天科技也开始拉升。

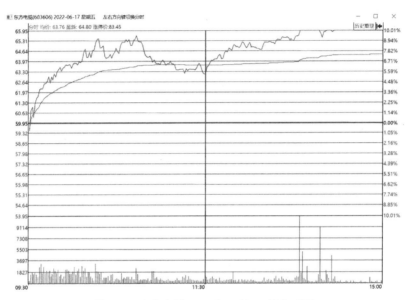

图 6-11　东方电缆 2022 年 6 月 17 日分时图

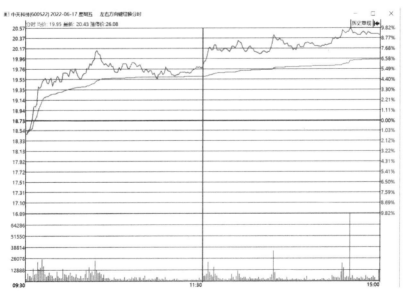

图 6-12　中天科技 2022 年 6 月 17 日分时图

联动就是要抓住个股与个股的联动、个股与板块的联动、个股与指数的联动、个股与期指的联动（期指走势一般略领先于指数，而很多个股走势跟随指数）。当板块启动时，往往很难抓住领涨的龙头股，但我们可以迅速找到该板块其他优质标的买入。联动策略的交易机会也不会持续太长时间，通常只有几分钟，因此需要投资者平时积累相关的知识。

五、接刀子

接刀子策略是一种抢反弹的策略。该策略是当大盘、板块突然暴跌时（图6-13），个股也跟随放量暴跌，这时，当个股下跌幅度减小、股价趋于平稳时，买入以博反弹。

图6-13和图6-14分别为2022年8月3日上证指数和协和电子的分时图。可以看到，上证指数在上午10：46开始急速下跌，协和电子跟随一路下跌。10：55指数开始回升，不到1个小时又一次下跌，然后回升。同时协和电子也第二次跌到之前低点附近，之后当股价开始放量回升时（图6-14中圆圈处），就是买入的时机。

采用此策略时，小盘股比大盘股效果好，跌得越急越好。注意，既然是"接刀子"，就会有"扎伤手"的危险，一定要设置止损。

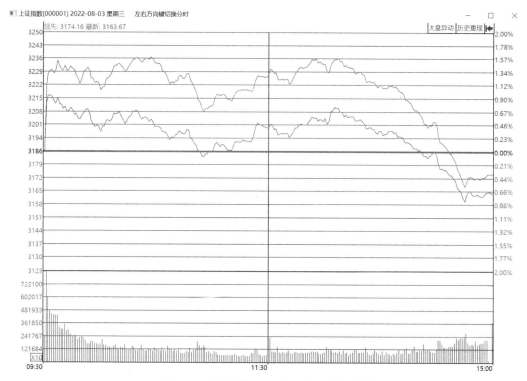

图6-13　上证指数2022年8月3日分时图

图 6-14 协和电子 2022 年 8 月 3 日分时买点图

六、水下低吸

水下低吸策略是在分时图上找到底部吸收筹码。"水下"指的是开盘之后分时股价在开盘价之下运行,"低吸"就是要在低点买入。那么如何确认买入点就是低点呢?首先投资者要清楚,开盘之后的放量下行,其实是之前的获利盘出逃造成的。根据之前介绍的前景理论,大多数投资者是拿不住利润的,尤其是短线投资者。当股票上涨超过5%时,往往会有一部分投资者选择落袋为安。所以,开盘之后价格会跳水,但是如果股票本身的题材够热够强,还有上行空间,那么不坚定的投资者走光之后,价格将会再次上攻。

图 6-15 是贵州百灵 2022 年 3 月 28 日的分时图和 K 线图。该股遇到中药板块回弹,在 3 月 25 日开盘不久涨停。可以看到在前一交易日(3 月 25 日),虽然是涨停板,但是成交量并不大。所以 28 日开盘之后的放量下行,就是之前的获利盘在出逃。但是当时中药板块整体反弹行情并没有结束,所以贵州百灵仍有上行空间,当分时图底部平台成立并且成交量缩小时,就可以低吸了。

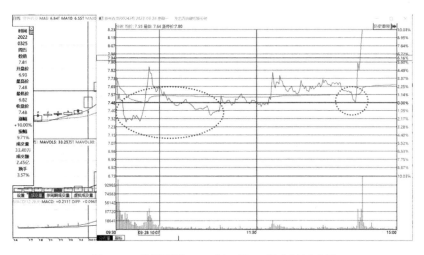

图 6-15　贵州百灵 2022 年 3 月 28 日分时买点图

七、打板

打板策略是收益最高的策略，但同时又具有巨大的风险。所谓打板，就是指在股价快涨停或者涨停的时候买入（水平够高也可以在涨幅不大时买入，也就是所谓的半路板）。因为涨幅的限制，有些本来可以拥有更大涨幅的股票只能涨到 10% 左右（视价格有所不同），要等到第二天才能继续涨。有研究表明，根据有限注意理论（即人的注意力是有限的），涨停板的股票相比其他股票更加能够吸引投资者的注意力，因此往往可以获得更高的风险溢价。

然而，如果个股开盘涨停之后股价迅速回落（即所谓的炸板），那么之后的价格大概率会继续下行，如图 6-16 所示。

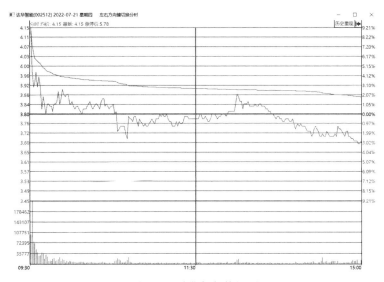

图 6-16　达华智能炸板图

2022年7月21日，达华智能以接近涨停价开盘，之后就一路跳水，如果当天采用打板策略将亏损12个点，但是，收盘时是采用水下低吸策略买入的良机。

股票在盘中涨停之后价格回落（即所谓的开板）又会如何呢？

如图6-17柘中股份开盘后即涨停，之后开始回落，截至收盘回落5个点。后面的走势如图6-18所示，非常不乐观。这是因为冲击涨停板失败是很打击多头士气的，出现这种情况往往代表多头力量已尽，股价已经到顶，投资者将会争相出逃。

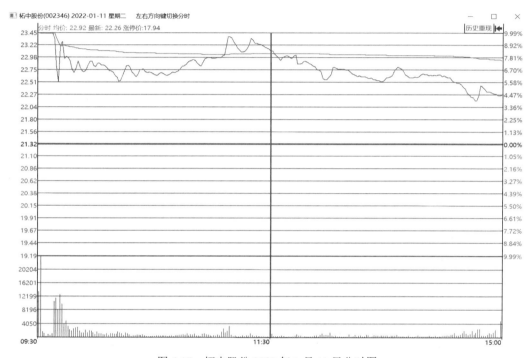

图6-17　柘中股份2022年1月11日分时图

甚至有时候，涨停到跌停也有可能（即所谓的天地板），如图6-19所示。

打板策略实际是追涨的极致。因此，操作时一定要明白这只股票为什么涨停，涨停的力度是否足够强劲，以此来判断打板能否成功。

打板策略对投资者的要求非常高，需要投资者对该股票的题材、市场热点、市场情绪、大盘情况具有很深的理解，并且在机会出现时能迅速买入。没有日常的勤奋磨炼是不可能掌握的。

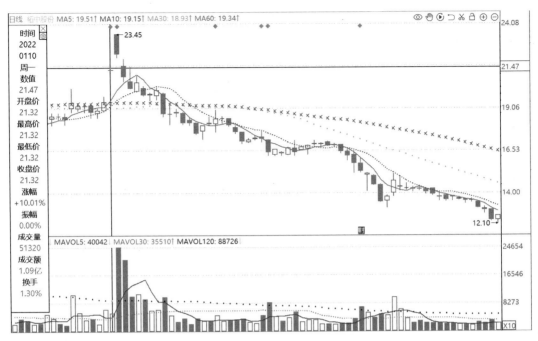

图 6-18 柘中股份 2022 年 1 月 11 日开板之后走势图

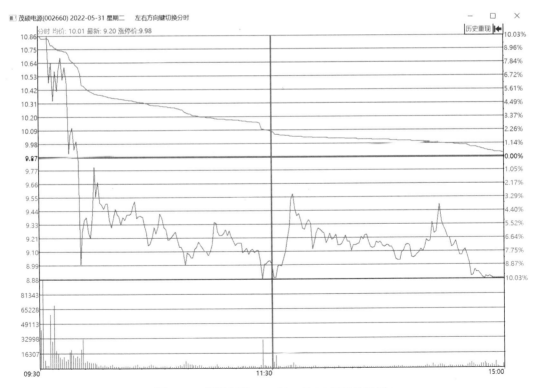

图 6-19 茂硕电源 2022 年 5 月 31 日天地板图

每只股票涨停的原因都不一样,所以打板策略也没有系统、具体的套路可循。但是其最重要的一点是,在行情来的时候做。牛市中的涨停往往不止一个,因为市场情绪高涨，投资者追涨情绪高；而在熊市中一个涨停后，大部分投资者可能就跑了，即使标的不错，短期内也没有新的机会出现。要打板就追龙头股，追不到龙头股就追次龙头，不要选择同一板块内没有人气的股票，这样的股票涨停后回落的可能性很大！而且如果这一板块内有很多人气不高、涨幅不大的股票，说明板块效应没有形成，未来情况也不乐观。

分时图策略具有高收益、高风险的特点，只有做超短线投资才会用到，买入后的持股时间很短，一般不超过 3 天，并且交易机会存在的时间很短，往往只有几分钟。所以，投资者一定要养成良好的盘感，需要在看盘时间时刻盯盘，严格执行止盈止损策略。只有专业的投资者和交易员，才能熟练掌握分时图策略。一般的投资者还是应该结合本书其他内容，进行中长线投资。

模拟实验与思考

1. 找出近几个交易日的天地板（从涨停到跌停）和地天板（从跌停到涨停）的案例分时图各 2 个。
2. 分别找出分时图 7 种策略的案例各 2 个，并且给出自己的分析（包括买卖点）。
3. 分时图策略中成功率最高的是什么？为什么？
4. 分时图策略中成功率最低的是什么？为什么？
5. 分时图上最重要的信息是什么？
6. 如果要成功使用分时图策略，最重要的是什么？
7. 分时图走势与 K 线形状有什么联系？
8. 有哪些分时图之外的信息可以辅助进行交易？
9. 如何根据分时竞价技术完善自己的交易策略？

即测即练

第七章 股票价值与价格分析

本章学习目标：

- 了解股票价值的概念和股票价值类型；
- 掌握股票价值的估值方法；
- 掌握影响股票价格的相关因素；
- 了解高送转分析的相关知识。

在证券市场中，股票的实际价格与理论价值常常是存在差异的。正确地理解和判断股票的价值，了解影响交易价格的因素，对制定自己的交易策略十分重要。本章主要介绍了股票价值的类型和基本的估值方法，以及股票价格的影响因素和高送转的相关知识。

股票是有价证券，股票的价值体现在公司资产价值及股息收入等方面。股票在市场上流通转让时，也应符合等价交换的原则。从理论上讲，股票的流通转让价格应该取决于股票的内在价值。股票的内在价值受公司资产、公司盈利状况、公司成长性、行业竞争状况、国家经济状况等多种因素的影响。同时，在二级市场上，股票的市场价格也会受到公司内外部因素的影响。这样，就会出现股票的内在价值与股票的市场价格相背离的现象。投资者在进行股票投资时，要正确理解和判断股票的价值。

第一节 股票价值

目前，理论界将股票的价值分为：票面价值、账面价值、清算价值和内在价值。股票的各种价值在不同场合有不同的含义，需要投资者加以区分。

一、票面价值

股票的票面价值又称为面值，是股份有限公司在发行股票时，在股票票面上标明的票面金额。有面额的股票才有票面价值，无面额的股票无票面价值。

票面价值的作用：一是表明每一张股票所代表的公司资本数额，即每一股份的金额及其应该缴付的股金。它是公司筹集资本的依据。在上交所和深交所流通的普通股票，其面值一般为1元。二是确定股票的认购者在股份有限公司的投资中所占的比例，即每一股份对企业财产占有权的比例。三是依照票面价值确定每一股份的红利率。四是公司首次发行股票时，将股票的面值作为发行定价的一个依据。《中华人民共和国证券法》规定："股票发行采用溢价发行的，其发行价格由发行人与承销的证券公司协商确定。"虽然股票的发行价格都会高于其面值，但是有面值股票的发行价格，一定会考虑其票面价值。

需注意，票面价值对投资者的交易并没有太多参考意义。因为，票面价值只代表公司发行股票时的每股金额，随着公司净资产的变化，票面价值与每股净资产逐渐背离，与股票的投资价值之间也没有了必然的联系。

二、账面价值

股票的账面价值又称为股票的每股净资产，是每股股票所代表公司的净资产实际价值。账面价值是一个会计概念，是使用会计统计方法计算出的上市公司的每股净资产值，在公司的财务报表中显示。每股的账面价值是由公司的总净资产值除以总股本得到的。其中公司总净资产包括注册资金、各种公积金、累计盈余等，不含公司负债。

公司的净资产是公司运营的基础，在盈利水平相同的前提下，股票收益与账面价值成正比，即账面价值越高，股票越有投资价值。账面价值是评估和分析上市公司盈利能力的重要财务指标之一，也是投资的重要依据。

三、清算价值

清算价值指公司破产清算时每一股份所代表的实际价值。投资者主要关注的是普通股的清算价值。

从理论上讲，股票的每股清算价值应与股票账面价值一致，但是实际上，清算价值一般低于账面价值。这是由于公司的多数资产只有压低价格才能变卖，同时还要支付一定的清算费用。只有当清算时实际支付的价款与财务报表上的账面价值一致时，每股的清算价值才与账面价值相等。

四、内在价值

股票的内在价值即理论价值,也是股票未来收益的现值。从理论上来讲,股票的市场价格应该由股票的内在价值决定,且围绕其上下波动。但是在实际中,股票的市场价格与股票的内在价值差别很大。有时股票的市场价格与其内在价值相差较多,这时我们称股票价值被高估或者低估。

内在价值是一种理论价值,是投资者通过对公司财务状况、公司盈利能力及影响公司利润增长的各种因素进行评估与分析之后得到的。由于未来收益及市场利率的不确定性,通过各种价值模型计算出的"内在价值"只是股票真实内在价值的估计。目前最常用的内在价值估算方法是现值估算法,其核心观点认为股票的内在价值就是将股票的本金和未来收益经过折算后的现值。

内在价值的估算具有一定的主观性,在很大程度上取决于投资者个人的看法。不同的投资者对于同一公司的股票会有不同的看法,也会采用不同的估值方法。但是在投资中,投资者总是倾向于购买内在价值大于市场价格的股票,抛售内在价值小于市场价格的股票,从而获得投资收益。

第二节 股票价值的评估

从价值投资的角度看,投资者在买卖股票之前,应该对自己可能买卖的股票的内在价值及目前该股票的市场价格是否合理做出评估。股票价值的评估过程大致可以分为3个步骤:一是估计股票的收益和风险;二是应用估值模型估计股票的内在价值;三是对估计出的内在价值与市场价格进行比较。如果投资者认为股票的内在价值超过其市场价格,表明该股票可能被低估,投资者可以考虑买进;如果股票的内在价值低于市场价格,表明股票可能被高估,投资者可以考虑卖出;如果股票的内在价值与市场价格持平,则考虑继续持有。

评估股票价值的关键是预测该股票未来可能为投资者带来的收益和投资者需要承担的相应风险。股票的收益主要来源于公司定期派发的股利(包括现金股利、股票股利、财产股利及有偿配股权等)和股票买卖获得的资本利得。而它的风险来自多个方面,包括利率风险(指市场利率变化引起股价波动,从而影响投资报酬的风险)、购买力风险(又称通货膨胀风险,指由于物价水平变动而导致的股票实际收益率的变化)、经营风险(指股票发行公司经营不善或公司所处外部环境发生不利变动导致公司盈余减少影响股利发放,或引发股价下跌使投资者蒙受损失的风险)、财务风险、政治风险等。

评估股票内在价值就是要考虑影响股票未来收益和风险的因素,在此基础上对股票未来的收益和风险做出量化的预期,然后运用某种方法进行价值评估。估值方法可以大致分为2种:绝对估值法和相对估值法。

一、绝对估值法

绝对估值法是运用贴现的方法,通过对上市公司历史、当前的基本面分析和对未来反映公司经营状况的财务数据的预测,获得上市公司股票的内在价值。其理论基础是公司价值等于公司未来的现金流量贴现值。也就是说,按照收入的资本化定价方法,投资者在未来时期所获得的现金流,按一定的贴现率折现就是股票的内在价值。常见的绝对估值法主要有股利贴现模型和自由现金流贴现模型等。

(一)股利贴现模型(dividend discount model,DDM)

股利贴现模型是最早且最具有理论意义的绝对估值模型,通过预测上市公司的未来盈利能力,进而使用贴现方法计算出上市公司的价值,即通过将公司未来各年的现金股利按投资回报率进行折现、加总后得到公司价值。其计算公式为

$$D=\sum_{t=1}^{+\infty}\frac{D_t}{(1+r)^t}$$

其中,D为股票的内在价值;D_t为第t期的股利;r为贴现率。

(二)自由现金流贴现模型(discounted free cash flow,DFCF)

自由现金流贴现模型根据市场公允的贴现率对公司未来的自由现金流进行贴现,以确定公司的内在价值。其计算公式为

$$D=\sum_{t=1}^{+\infty}\frac{CF_t}{(1+r)^t}$$

其中,D为公司的内在价值;CF_t为未来第t期的自由现金流;r为贴现率。

自由现金指扣除了公司为了维持长期竞争优势而付出的资本性支出后的税后利润,贴现率指市场正常的无风险资本回报率。此模型由于考虑了公司长期的竞争优势,具有一定的实践意义。

绝对估值法适用于有正的现金流、未来的现金流可以被估算且根据现金流特征能够确定恰当折现率的公司。如果公司陷入财务困难或拥有未被利用的资产,此类方法则无法适用。

绝对估值法拥有完整的理论模型,通过已有财务数据对未来进行预测,具有较好的说服力和可信度。在实际操作中,投资者可以查阅公司财务报表中的各项指标用以反映公司的成长性和营运能力。而对于折现率和增长率等关键参数,投资者可进行敏感性分析以得到参数的合理估值区间。综合而言,绝对估值法的评估内容为公司内在价值,所

分析的数据和使用的参数受市场短期变化和非经济因素影响较小，分析结构相对稳定。

但绝对估值法所需数据比较多，模型操作比较复杂，需要投资者对公司的未来发展有较为准确的分析，而这种分析很多时候又取决于投资者的主观判断。另外，模型所需要的关键参数，如未来股利、现金流、贴现率的确定又较为困难，会影响估值的精确性。综合而言，绝对估值法不能及时反映市场的变化，对短期交易价格的指导意义较小。

二、相对估值法

相对估值法通过对目标公司和可比公司进行对比，在可比公司估值的基础上通过分析两者差异进行估值调整，从而完成对目标公司的估值。相对估值法会根据目标企业特点选择有相似营业特征（现金流特性、成长性和风险）的可比公司，通过分别计算具有可比性的指标乘数来分析目标企业与可比公司的差异及差异来源、决定因素等，最后综合分析目标企业价值。常见的相对估值法有市盈率估值法和市净率估值法。

（一）市盈率估值法

市盈率（price earnings ratio，P/E）指一个考察期（通常为12个月）内股票的价格相对公司每股收益的比值。市盈率经济学上的意义为购买公司1元税后利润所支付的价格，其有效性取决于对公司未来每股收益的正确预期和选择合理的市盈率倍数。

通过市盈率估值法确定股票发行价格，首先应根据注册会计师审核过的盈利预测计算公司发行的每股收益，然后根据二级市场的平均市盈率、行业情况（同行业公司股票的市盈率）、公司的经营状况及其成长性等拟定发行市盈率，最后根据发行市盈率与每股收益之间的乘积确定发行价格。计算公式为

$$市盈率 = \frac{股票市场价格}{每股收益}$$

$$发行价格 = 每股收益 \times 发行市盈率$$

市盈率是一个将股票价格与当前公司盈利状况联系在一起的直观统计比率，获取渠道多且容易计算。同时由于市盈率包含了公司经营的风险、当前盈利与未来盈利的差异和不同的会计政策等内容，因此能够反映公司的风险和成长性。但是每股收益会受企业会计盈余管理的影响，因此可能会被公司管理层操纵。同时，每股收益受经济周期影响变动比较大。在实际分析中通常很难确定合理的市盈率倍数，其值为负数时并不具备参考意义。

（二）市净率估值法

市净率（price to book value radio，P/B）指每股市场价格与每股净资产之间的比率。

市净率估值法是通过资产评估和相关会计手段确定发行公司拟募股资产的每股净资产，然后根据证券市场的状况、发行人的经营情况等拟定发行市净率，最后将每股净资产乘以市净率，以此确定股票的发行价格。计算公式为

$$市净率 = \frac{股票市场价格}{每股净资产}$$

$$发行价格 = 每股净资产 \times 市净率$$

上述公式中的每股净资产又称"账面价值"，指每股股票所含的实际资产价值，是支撑股票市场价格的物质基础，也代表股东在清算时可分得的公司权益，常常被认为是股票价格下跌的底限。每股净资产的数额越大，表明公司内部积累的资本越雄厚，抵御风险的能力越强。因此，市净率反映的是相对于净资产，股票当前市场价格是处于较高还是较低水平，即市净率越大，表明股价处于较高水平；市净率越小，说明股价处于较低水平。

市净率与市盈率相比：前者更注重股票的内在价值，常被长期投资者关注；后者通常反映市场的供求关系，更被短期投资者关注。同时市盈率、市净率与净资产收益率（return on equity，ROE）存在以下关系：P/B=P/E×ROE，即当市盈率相同时，公司的股权收益率越高，该公司的市净率越高。

市净率估值法的优点在于每股净资产指标相对稳定、直观，而且适用于每股价值收益为负值或者非持续经营的公司。但是该方法也有一定的局限性：资产的准确计算比较困难，品牌价值、人力资源价值等无形资产价值尤其难以准确计量；会计处理中通常会将资产的账面价值等同于最初购买价格减去折旧，但是考虑技术更新换代及通货膨胀等因素，用市净率估值时账面价值与市场价值之间可能会有较大的差异。

（三）市值回报增长比

市值回报增长比（price earnings growth，PEG），即市盈率相对公司利润增长率的倍数，计算公式为

$$市值回报增长比 = \frac{市盈率}{增长率}$$

例如，股票当前的市盈率为10倍，其未来预期每股收益复合增长率为10%，那么这只股票的PEG就是1。当PEG等于1时，表明市场赋予这只股票的估值可以充分反映其未来业绩的成长性。当PEG大于1，说明这只股票的价值可能被高估，或市场认为这家公司未来的增长会高于市场预期。一般来说，投资者愿意给予未来可能保持高增长的成长型股票高估值，PEG会高于1，甚至在2以上。此时这样的股票就可能会有较高的市盈率。当PEG小于1时，要么是市场低估了这只股票的价值，要么是市场认为它的成长业绩要比预期差。通常而言，成长型股票的PEG会高于1，价值型股票的PEG会低于1。

三、其他估值方法

估值的方法还有很多,如现金股利收益率法、资产价值法等。

现金股利收益率,又称股利报酬率,指公司当期每股的现金股利除以市场价格。其计算公式为

$$现金股利收益率 = \frac{每股现金股利}{每股市价}$$

投资者可以通过分析某公司现金股利收益率的历史,来评估当期的股价是否合理。例如,某公司的历史正常现金股利的收益率约为4%,该公司2021年度现金股利为2元/股,通过上述公式我们可以估计每股的股价大约为50元。

资产价值法,是根据公司清算时发行在外的每一普通股可分配净资产的价值来估计股票的内在价值。这种方法评估股票内在价值是以账面价值为基础的,账面价值反映的是历史投入而非公司的未来盈利能力。由于购买股票实质上购买的是公司的未来收益,投资者不会也不应把眼光集中在公司的清算价值上,而要重视公司未来的盈利能力。

第三节　股票的交易价格

一、交易价格的含义

股票交易价格是股票的持有者和购买者在二级市场中买卖股票时形成的股票成交价格,目的是完成股票交易过程,实现股票所有权的转移。跟其他商品的价格一样,股票的价格也是由其内在的价值和外在的供求关系决定。股票交易价格在二级市场上是不断波动的,而且这种波动具有不确定性。交易双方在不同时期、不同条件下进行股票交易时,所确定的交易价格是经常变化的,这个不断变化的市场交易价格又称为瞬时价格或最新价格。

股票的交易价格总处在连续性、非间断性的变动之中,区别于其票面价值、账面价值、清算价格和发行价格。同时,股票交易价格具有市场性,即股票交易价格一般不受其发行价格制约,也不受股份有限公司的直接支配,而是取决于股票市场的供求关系,随市场供求关系的变化而变化。影响股票交易价格的因素有很多,下面从内外部因素两方面进行介绍。

二、交易价格的影响因素

（一）外部因素

外部因素是影响股票交易价格的间接因素，包括宏观因素、产业和区域因素、市场因素等。接下来，从这3个方面进行简要的分析。

（1）宏观因素。宏观因素对股票交易价格的影响是多方面且具有广泛性的，主要包括经济、政治、军事、法律、文化等因素。

首先，宏观经济因素包括但不限于经济增长或衰退、经济周期变化、利率政策、货币政策、利率、财政收支、汇率等。投资股票市场是整个金融市场体系的重要组成部分，上市企业是宏观经济运行微观基础中的重要主体，因此证券市场的股票价格理应随宏观经济运行状况的变化而变化，随宏观经济政策的调整而调整。宏观经济环境状况及其变动对股票市场价格的影响包括宏观经济运行的周期性波动、政府实施的经济政策等因素。

其次，政局是否稳定对股票市场有着直接的影响。一般而言：政局稳定则股票市场稳定运行；反之，政局不稳则常常引起股票市场价格的下跌。此外，国家的首脑更换、政权交替、社会的动荡等，也对股票市场有重大影响。与之相同，当一国国内或国与国之间、国际利益集团之间的矛盾导致军事冲突时，小则造成一个国家内部或一个地区社会经济生活的动荡，大则打破正常的国际秩序。这种军事冲突会使股票市场的正常交易遭到破坏，因而必然导致相关股票价格的剧烈动荡。例如：2014年克里米亚事件之初，世界大多数股市均呈下跌之势，随着克里米亚问题持续发酵，股市大幅振荡；受2022年俄乌冲突的影响，我国股票市场出现了大幅度波动。

再次，完善的法律法规体系和健全的监管机制，也会在很大程度上规范股票市场，减少投机性。法律不健全、监管不到位，容易滋生人为操作和不正当交易等舞弊行为，甚至股票市场会出现振荡剧烈、涨跌无序的现象。总体来说，成熟的股票市场法律法规体系比较健全，而新兴股票市场往往有很大的进步空间。

最后，国家的文化传统在很大程度上影响国民的投资和储蓄，影响股票市场资金的流动，进而影响股票市场价格。股票投资者的文化素质、投资情绪等会从投资决策方面影响股票市场。一般来说，如果股票市场参与者的文化素质较高，具备较为专业的投资知识，股票市场的交易价格会相对稳定，不容易出现暴涨暴跌的情况。

另外，突发的公共卫生事件也会影响股市运行。例如，随着新型冠状病毒的暴发，疫情的不确定性对经济运行造成了巨大的冲击，同时也造成资本市场的大幅波动，而股票的短期交易价格及长期的市场趋势也自然会受到相应的冲击。

（2）产业和区域因素。产业发展转型和区域经济发展对股票市场价格也会造成影响，它是介于宏观和微观之间的影响因素，主要对股票的交易价格造成结构性的影响。

大多数产业都有生命周期，这个周期通常分为 4 个阶段：初创期、成长期、稳定期、衰退期。处于不同生命周期阶段的产业在经营状况及发展前景上有很大不同，市场的预期也会有差异，这必然会反映在股票的交易价格上。未来发展空间巨大、蒸蒸日上的产业股票价格呈上升趋势；而夕阳产业的股票价格逐渐下落。

同时，区域经济的发展程度、对外交通与信息沟通的便利程度、区域内的投资活跃程度等方面的区别，也会导致分属于不同区域的股票价格存在差异。经济发展较快、交通便利、信息化程度高的地区，由于投资活动频繁，投资者对股票价格则会有较好的预期；相反，经济进展迟缓、交通不便、信息闭塞的地区，其股票价格总体上呈平淡下跌趋势。

（3）市场因素。市场因素主要指影响股票市场价格的各种股票市场操作。例如，看涨与看跌、买空与卖空、追涨与杀跌、获利平仓与解套或割肉等行为，不规范的股票市场中还存在诸如串谋、内幕交易等违法违规操纵行为。一般而言：如果股票市场的做多行为多于做空行为，则股票价格上涨；反之，如果做空行为占上风，则股票价格趋于下跌。由于股票市场操作行为主要是短期行为，因而市场因素对股票市场价格的影响具有明显的短期性。

（二）内部因素

公司的内部因素是决定股票价格的直接因素，包括公司的经营业绩、公司增资与减资、公司重组与并购、股息政策等。

（1）公司的经营业绩。经营业绩主要体现在公司的盈利水平、成长性、净资产的增长、销售收入的增长、领导者的管理能力等方面。首先，公司的盈利水平决定公司净资产值及股息水平，可以直接影响公司股票的价格。其次，投资者买股票就是买公司的未来，注重的是公司的成长潜力。最后，公司主要领导者的管理能力和决策水平是企业发展的基石，人才决定企业的出路和发展。

（2）公司增资与减资。当公司增加资本金能体现广大股民的所有者权益时，股价就会上涨。当实力强、发展潜力大的公司把资本金投向新的项目时，会产生新的利润增长点，从而促使股价上升。当公司减少资本金时，不论什么原因都会导致公司股价的大幅度下跌。目前，多数减少资本金的公司，都是因为公司出现了问题，如生产经营亏损、股权纠纷等。净资产的增减是影响股价变动的主要原因。

（3）公司重组与并购。公司的重组与并购行为会引起公司股价的剧烈波动。对于购入方来说：如果斥巨资购入的上市公司能改善本公司目前的经营状况，就能促使股价上升；如果购入后造成负债压力增大，股价就会下跌。对于被购公司来说，注入资本后，是否改善了公司经营，是股价波动的关键。

（4）股息政策。公司的股价不但受公司股息水平的影响，而且还受公司分红派息政策的影响。公司股息派发政策的制定需要考虑不同时期、不同投资项目、公司现实资金需求及投资者偏好等因素的综合影响。一般来说，公司的股息政策稳定有利于公司股价的稳定，一个好的股息政策对公司股价的上升具有刺激作用。

第四节　高送转分析

一、高送转的含义与动机

股利分配政策是上市公司对盈利进行分配或留存用于再投资的决策问题，关系公司未来的长远发展、股东对投资回报的要求和资本结构的合理性。合理的股利分配政策，一方面可以为企业规模扩张提供资金来源；另一方面可以为企业树立良好形象，吸引潜在的投资者，实现公司价值和股东财富的最大化。

高送转是高比例送股和转增股本的简称。"送"指上市公司用公司股票作为红利分配给股东而代替现金分红；"转"指上市公司将资本公积金转增为股本；"高"指送股或转增股的比例很大，一般每10股送或者转10股及以上。资本公积金只能提取或者转增给股东，未分配利润可以分红、送股给股东。因此，每股资本公积金和每股未分配利润直接决定了个股高送转的潜力。高送转之后，投资者持有的股票数量增加，公司股价也随之变低。

二、高送转的关键节点

高送转的几个关键时间节点为：预案公告日、股东大会公告日、分红实施公告日、股权登记日、除权除息日。

一般而言，高送转预案会随着半年报、年报进行公告，一般是由董事长或者控股股东提议。提议高送转后要召开股东大会表决，一般都会顺利通过。股东大会召开时会决定分红实施的具体日期，也就是要确定股权登记日和除权除息日。股权登记日指在这一天或之前买入公司的股份持有到这一天收盘的股东都有权得到分红或者高送转。除权除息日一般是股权登记日的后一个交易日。一般来说，高送转的收益随着高送转的时间节点呈现逐渐降低的趋势。也就是说，越早买入高送转的个股预期收益越高。

三、上市公司实施高送转的动机

（一）国外股票分析

欧美国家资本市场起步较早，股票市场的高送转现象并不多见，但其股票分拆和中国的高送转在本质上是一样的。国外股票分拆的原因概括起来主要有以下几个方面。

1. 信号传递

信号传递理论认为，由于上市公司和投资者之间存在信息不对称，因此，股票股利和股票分拆是表达公司对未来前景和盈利状况的一种乐观预期信号，表明管理层对公司未来业绩快速增长有信心。在美国市场中，股票分拆后公司业绩一般都会有明显的提升（Kalay 和 Kronlund，2007）。

2. 股利"迎合"

股利"迎合"是建立在投资者非理性而管理层理性的基础之上。Baker 等人研究发现，管理层对公司的真实价值和投资者的偏好有较好的了解（Baker 等，2009），而市场中部分投资者偏好低价股，因此，管理层为实现自身利益最大化，会通过股票分拆等手段降低股价，主动迎合投资者的非理性需求（Baker 等，2013）。在不同国家的股票市场中，都有管理层对投资者股利偏好的专门迎合（Neves 等，2011）。

3. 最优价格区间

受投资者的心理和自身资金实力的影响，大多投资者偏好低价股，对高价股比较恐惧。股票存在一个最佳的交易价格区间。

4. 流动性假说

该假说认为公司通过股票分拆重塑股价，会吸引更多的投资者参与，使市场关注度增加，从而促进股票的流动。

（二）国内高送转

部分国内学者对中国股票市场高送转现象也进行了研究。概括起来，学者们认为国内上市公司实施高送转的动机有如下几个方面。

1. 信号传递效应

陈浪南和姚正春（2000）对中国403家A股上市公司年度分配预案的研究说明，实施高送转可以传递出公司经营状况良好的信息，从而获得股民青睐，进而公司获得高额回报。钱智通和孔刘柳（2016）发现，A股上市公司高送转存在着信号传递和增加流动性的动机，并且其有效程度会因为高送转比例的高低而不同。

2. 低价股偏好

越来越多的学者指出，在我国证券市场，股价相对较低的股票更为投资者所偏好

（翟伟丽 等，2010）。李心丹等人（2014）证明我国投资者不仅对低价股有着非理性偏好，并愿意为低价股支付更多的溢价。上市公司通过高送转使单位股票价格降低，让投资者产生"价格幻觉"，误认为上市公司股价被低估而购买该股票，进而带动股票价格上涨（何涛和陈小悦，2003）。实质上，除权后的股票只是名义价格发生了变动，其公司价值与投资者的实质利益并没有发生任何改变。

3. 股本扩张

中国企业上市门槛高，上市后再融资受上市时间和股本规模的限制，所以公司上市后有强烈的扩张股本动机。由于在中国证券市场增发股票和配股需要满足一系列严格的条件，而资本公积金转增股本和送股的法律要求相对没有那么严格，因此，高送转是迅速增大股本的一种最便捷而有效的方式，上市公司可以通过高送转避开烦琐的再融资审批程序，隐性地实现股本扩张（薛祖云和刘万丽，2009）。熊义明等（2012）根据2006—2010年实施高送转公司的样本，说明股本扩张和最优价格是上市公司选择高送转的主要原因。

4. 配合增发

中国上市公司股票增发方式一般为定向增发，即只向特定投资者进行增发。根据证监会的要求，参与上市公司定向增发的机构投资者一般需要有1年的锁定期。作为机构投资者，在认购上市公司股份时最担心的就是上市公司的股价在锁定期内出现破发的现象。一旦发生，机构投资者将会面临巨大的亏损。如果上市公司不能消除或减轻机构投资者的忧虑，机构投资者参与公司增发的积极性便会下降，公司的股票增发便可能难以进行。因此，为了定向增发事项能顺利进行，上市公司可能会通过高送转政策刺激股价上升，从而保证参与增发的机构投资者能获得一定的回报退出（朱红军 等，2008）。

5. 内部人股票减持

上市公司的参与者、管理者及实控者等内部人在计划减持公司股票时，可能会通过高送转改变股票的名义价格，利用资本市场对股票的错误定价而产生的超额收益来进行减持套利（曾庆生和张耀中，2012）。谢德仁等人（2016）通过研究中国上市公司有决策权的内部人股票减持行为和公司"高送转"之间的因果关系，发现为内部人股票减持和增加减持收益创造条件，不仅是实施高送转的重要动机，而且内部人的股票减持计划对上市公司高送转政策产生了非常大的影响。近年来越来越多的新闻报道上市公司管理层通过高送转来迎合投资者对高股利的需求、吸引投资者的关注，从而提高股价并实现自身利益，主要体现在为增发护航和掩护解禁股减持套现等方面（宋元东，2012）。

四、如何寻找高送转潜力股

高送转对上市公司的盈利能力和经营能力并没有任何实质性的影响，本质上是股东权益的内部结构调整。但由于股民有炒作高送转的习惯，上市公司为了迎合市场，也乐于推出高送转方案。主力资金会借此机会完成吸筹、拉升、派发、回落4个过程。

高送转往往是上市公司盈利能力强、发展能力好的表现。那么，实施高送转的上市公司有什么特点呢？一般而言有这样4个特点：三高一低。"三高"指每股资本公积金高、每股未分配利润高和股价高，一般每股资本公积金高于2元，每股未分配利润高于1元，股价高于30元。"一低"指总股本较低，一般少于5亿股。当然，如果按照这4个特点去挑选具有高送转潜力的上市公司，我们能找出不少上市公司。但真正实施高送转的公司未必4个条件都符合，而且这4个条件都符合的公司也不一定会实施高送转。

那么，如何才能挑选出具有高送转潜力的上市公司呢？接下来本文采用网络分析法（analytic network process，ANP）（Saaty，1996）进行分析。ANP是一种适用于非独立递阶层次结构的决策方法，是解决多准则决策问题的方法，被广泛应用于工程方案选择、资源优化配置、股票投资等多个领域。ANP基于专家或决策者的经验和判断，将定性与定量相结合进行科学决策。

（一）指标的选择及其相互关系分析

根据现有研究成果及上市公司高送转动机选取高送转甄选指标，如表7-1所示。

表7-1 高送转甄选指标

准则	指标
低价股偏好（C_1）	股价（C_{11}）
	换手率（C_{12}）
股本数（C_2）	总股本（C_{21}）
	流通股比例（C_{22}）
配合增发（C_3）	新投资项目（C_{31}）
	股票定向增发（C_{32}）
信号传递（C_4）	净资产收益率（C_{41}）
	净利润增长率（C_{42}）
	每股留存收益（C_{43}）
	每股净现金流量（C_{44}）

（1）低价股偏好。偏好低价股这一动机首先涉及的就是股票价格。股票价格的高低对投资者的决策有很大影响，中小投资者由于资金有限，同时风险承受能力一般，往往偏好价格较低的股票。较低的股票价格能够增加股东数量和股票交易次数，降低买卖价差，使得该股票的市场关注度增加，股票的流动性增强。因此，ANP还选取了能够表现股票活跃度的换手率这一指标。

（2）股本数。股本规模过小限制了上市公司的发展。上市公司常常为了扩张股本而实施高送转，从而提高竞争力，为以后的再融资需求打基础。这一过程会使得总股本数和流通股比例增加，这样高送转前的总股本数和流通股比例是重要影响因素，因此选取了总股本和流通股比例2个指标。

（3）配合增发。在我国，上市公司一般采取定向增发，即只向特定投资者进行增发。在定向增发过程中，上市公司往往希望机构投资者能参与从而确保定向增发顺利完成。一般来说，上市公司都是有好的投资项目，急需资金才会进行股票增发，上市公司可能通过实施高送转来向外传达其留存收益充足等信息，以增强投资者信心，吸引投资者购买其股票，拉动股价上升，从而在股价上升后帮助其完成定向增发的机构投资者获利退出。因此上市公司是否会实施高送转与其是否面临新的投资项目和是否计划进行股票定向增发密切相关，所以选取了股票定向增发和新投资项目2个指标。

（4）信号传递。高送转能够传递出上市公司经营状况的信息，包括公司的运营能力、偿债能力、盈利能力和成长能力等，而股民最关注的是与盈利能力和成长能力相关的财务指标。盈利能力强、成长能力高的公司未来能给股东带来的潜在收益较大，因而选取净资产收益率、净利润增长率、每股留存收益、每股净现金流量作为分析指标。

接下来对评价指标之间的互相影响和相互作用关系进行分析和判断。本文采用德尔菲法，由3位证券分析师进行判断分析，经过问卷调查，最后得到评价指标间的相互关系，如表7-2所示，表中"√"说明这两个指标之间存在相互作用关系。

表 7-2　指标间的相互作用关系

因素		C_1		C_2		C_3		C_4			
		C_{11}	C_{12}	C_{21}	C_{22}	C_{31}	C_{32}	C_{41}	C_{42}	C_{43}	C_{44}
C_1	C_{11}			√	√	√		√	√	√	√
	C_{12}			√	√			√	√	√	√
C_2	C_{21}					√		√	√	√	√
	C_{22}					√		√	√	√	√
C_3	C_{31}	√	√	√	√			√	√	√	√
	C_{32}	√	√					√	√	√	√
C_4	C_{41}	√	√			√			√	√	√
	C_{42}	√	√			√		√		√	√
	C_{43}	√	√			√		√	√		√
	C_{44}	√	√			√		√	√	√	

（二）甄选高送转上市公司的 ANP 模型

1. 建立 ANP 网络结构

根据表7-2中指标的相互作用关系，可以得出甄选高送转上市公司的ANP网络结构，如图7-1所示。其中：股本数受低价股偏好和配合增发2个因素集的影响；低价股偏好受信号传递和配合增发2个因素集的影响；信号传递除了受其他3个因素集影响，还存在内部依赖关系;配合增发同样受其他3个因素集的影响,同时也存在内部依赖关系。

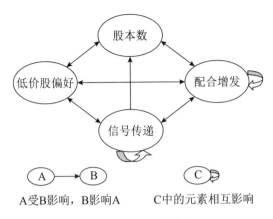

图 7-1 ANP 网络结构

2. 建立判断矩阵

根据图 7-1,建立两两比较的判断矩阵。两两比较的相对重要程度采用托马斯·萨蒂(T. L. Saaty)提出的 1—9 标度法。由专家打分得出的三级指标比较矩阵,结果如表 7-3 所示(列出了在基准 C_{11}、C_{12}、C_{21} 和 C_{22} 下的偏好信息),二级指标比较矩阵如表 7-4 所示。

表 7-3 三级指标比较矩阵

基 准	指 标	C_{11}	C_{12}	C_{21}	C_{22}	C_{31}	C_{32}	C_{41}	C_{42}	C_{43}	C_{44}
C_{11}	C_{31}					1	1/7				
	C_{32}					7	1				
	C_{41}							1	3	9	5
	C_{42}							1/3	1	5	3
	C_{43}							1/9	1/5	1	1/3
	C_{44}							1/5	1/3	3	1
C_{12}	C_{31}					1	7				
	C_{32}					1/7	1				
	C_{41}							1	3	9	5
	C_{42}							1/3	1	5	3
	C_{43}							1/9	1/5	1	1/3
	C_{44}							1/5	1/3	3	1
C_{21}	C_{11}	1	5								
	C_{12}	1/5	1								
	C_{31}					1	1/5				
	C_{32}					5	1				

续表

基准	指标	C_{11}	C_{12}	C_{21}	C_{22}	C_{31}	C_{32}	C_{41}	C_{42}	C_{43}	C_{44}
C_{22}	C_{11}	1	5								
	C_{12}	1/5	1								
	C_{31}					1	1/5				
	C_{32}					5	1				

表 7-4 二级指标比较矩阵

基准	准则	C_1	C_2	C_3	C_4	C_3	C_4
C_1	C_3					1	1/3
	C_4					3	1
C_2	C_3					1	1/7
	C_4					7	1
C_3	C_1	1	3	1/3	1/4		
	C_2	1/3	1	1/5	1/9		
	C_3	3	5	1	1/3		
	C_4	4	9	3	1		
C_4	C_1	1	3	1/3	1/4		
	C_2	1/3	1	1/5	1/9		
	C_3	3	5	1	1/3		
	C_4	4	9	3	1		

3. 判断矩阵的一致性检验

判断矩阵体现了专家或决策者的偏好意见。在判断矩阵构造过程中,由于受个人认识程度差异、客观事物复杂性及分析所用标度不同等因素的影响,判断矩阵并无法实现完全的一致性。因此,需要对判断矩阵进行一致性检验。特征根法可用来计算指标的局部权重,同时还可以对判断矩阵的一致性进行检验。一般而言,如果一致性比例小于 0.1,可认为判断矩阵具有较好的一致性,否则就需要重新调整判断矩阵,直到满足一致性要求为止。对三级指标和二级指标构成的判断矩阵进行一致性检验,直到全部通过一致性检验。

4. ANP 模型运算结果

判断矩阵的局部权重采用超级决策(super decision,SD)软件进行计算。SD 软件是一个经典的 ANP 计算软件,操作简单,能较方便地计算出局部权重、一致性指标和全局权重等。

根据 SD 软件的计算结果和图 7-1 所示指标之间的相互作用关系,构造出未加权超矩阵,如表 7-5 所示。未加权超矩阵反映了各元素组之间及其内部的相互影响关系。

表 7-5 未加权超矩阵

	C_{11}	C_{12}	C_{21}	C_{22}	C_{31}	C_{32}	C_{41}	C_{42}	C_{43}	C_{44}
C_{11}	0.0000	0.0000	0.8333	0.8333	0.8333	1.0000	0.8333	0.8333	0.8333	0.8333
C_{12}	0.0000	0.0000	0.1667	0.1667	0.1667	0.0000	0.1667	0.1667	0.1667	0.1667
C_{21}	0.0000	0.0000	0.0000	0.0000	0.1667	0.1667	0.8333	0.8333	0.8333	0.8333
C_{22}	0.0000	0.0000	0.0000	0.0000	0.8333	0.8333	0.1667	0.1667	0.1667	0.1667
C_{31}	0.1250	0.8750	0.1667	0.1667	0.8750	1.0000	0.8333	0.8333	0.8333	0.8333
C_{32}	0.8750	0.1250	0.8333	0.8333	0.1250	0.0000	0.1667	0.1667	0.1667	0.1667
C_{41}	0.5806	0.5806	0.0000	0.0000	0.5806	0.5806	0.0000	0.1047	0.6370	0.6370
C_{42}	0.2554	0.2554	0.0000	0.0000	0.2554	0.2554	0.6370	0.0000	0.2583	0.2583
C_{43}	0.0499	0.0499	0.0000	0.0000	0.0499	0.0499	0.1047	0.6370	0.0000	0.1047
C_{44}	0.1141	0.1141	0.0000	0.0000	0.1141	0.1141	0.2583	0.2583	0.1047	0.0000

将未加权超矩阵的列随机化,得到加权超矩阵。由加权超矩阵若干次自乘后得到稳定的极限超矩阵。极限超矩阵和加权超矩阵一样,都是考虑了子系统内部指标对于整个系统的影响,但极限超矩阵体现的是指标的全局权重,而加权超矩阵不够稳定。极限超矩阵如表 7-6 所示。

表 7-6 极限超矩阵

	C_{11}	C_{12}	C_{21}	C_{22}	C_{31}	C_{32}	C_{41}	C_{42}	C_{43}	C_{44}
C_{11}	0.0915	0.0915	0.0915	0.0915	0.0915	0.0915	0.0915	0.0915	0.0915	0.0915
C_{12}	0.0154	0.0154	0.0154	0.0154	0.0154	0.0154	0.0154	0.0154	0.0154	0.0154
C_{21}	0.0305	0.0305	0.0305	0.0305	0.0305	0.0305	0.0305	0.0305	0.0305	0.0305
C_{22}	0.0108	0.0108	0.0108	0.0108	0.0108	0.0108	0.0108	0.0108	0.0108	0.0108
C_{31}	0.1989	0.1989	0.1989	0.1989	0.1989	0.1989	0.1989	0.1989	0.1989	0.1989
C_{32}	0.0937	0.0937	0.0937	0.0937	0.0937	0.0937	0.0937	0.0937	0.0937	0.0937
C_{41}	0.1966	0.1966	0.1966	0.1966	0.1966	0.1966	0.1966	0.1966	0.1966	0.1966
C_{42}	0.1661	0.1661	0.1661	0.1661	0.1661	0.1661	0.1661	0.1661	0.1661	0.1661
C_{43}	0.1040	0.1040	0.1040	0.1040	0.1040	0.1040	0.1040	0.1040	0.1040	0.1040
C_{44}	0.0925	0.0925	0.0925	0.0925	0.0925	0.0925	0.0925	0.0925	0.0925	0.0925

根据 SD 软件,计算得出准则权重和指标的局部权重和全局权重,结果如表 7-7 所示。

表 7-7 准则权重和指标的局部权重和全局权重

准　　则	准则权重	指　　标	局部权重	全局权重
C_1	0.1069	C_{11}	0.8558	0.0915
		C_{12}	0.1442	0.0154
C_2	0.0413	C_{21}	0.7376	0.0304
		C_{22}	0.2624	0.0108
C_3	0.2927	C_{31}	0.6797	0.1989
		C_{32}	0.3203	0.0937

续表

准　则	准则权重	指　标	局部权重	全局权重
C_4	0.5591	C_{41}	0.3516	0.1966
		C_{42}	0.2971	0.1661
		C_{43}	0.1860	0.1040
		C_{44}	0.1654	0.0925

五、结果分析

根据计算结果不难发现，在甄选高送转上市公司的过程中，首先是信号传递动机对上市公司来说最为重要，权重约为55.91%，因此投资者应重视这个动机。其次是上市公司配合增发的动机，权重约为29.27%。再次是上市公司迎合股民低价股偏好的动机，权重约为10.69%。最后是上市公司自身的股本数，权重约为4.13%。

具体而言：在迎合股民低价股偏好动机时，股价的局部权重为85.58%，显然比局部权重为14.42%的指标换手率重要；在信号传递效应中，4个指标的重要性次序为：净资产收益率、净利润增长率、每股留存收益和每股净现金流量，局部权重分别为35.16%、29.71%、18.60%和16.54%；而对于上市公司股本扩张前的股本数而言，总股本明显比流通股比例更应受到关注，因为总股本73.76%的局部权重远大于流通股比例26.24%的局部权重；在上市公司为配合增发而实施高送转时，相对于上市公司近期是否增发过股票，更重要的是公司是否面临新的投资项目而需要融入资金，新投资项目67.97%的局部权重远大于股票定向增发的32.03%的局部权重。

最后，可按重要程度把三级指标分为3个不同的级别：①非常重要，包括上市公司是否有新的投资项目、净资产收益率和净利润增长率，全局权重分别为19.89%、19.66%和16.61%；②比较重要，包括每股留存收益、股票定向增发、每股净现金流量和股价，全局权重依次为10.40%、9.37%、9.25%和9.15%；③一般重要，包括总股本、换手率和流通股比例，全局权重依次为3.04%、1.54%和1.08%。在甄选高送转上市公司时，应根据指标重要程度的不同有所侧重和区分。

六、案例分析

假设，每10股赠送或转增10股及以上的上市公司是实施高送转的上市公司。随机选取了50家于2017年已实施高送转的上市公司，其送转股都在每10股送转10股以上，并且在同花顺软件中按财务排名，每隔300名左右选取了未实施高送转的10家上市公司，提取了这60家上市公司相应的数据。为减少偶然误差，实施了高送转的上市公司股价取的是高送转预案公告日前1个月的月均收盘价，换手率选取高送转预案公告日前

1 个月的月均换手率。由于大多上市公司都会随半年报或年报公布股利分配方案，因此未实施高送转的上市公司股价、换手率采用了 2017 年上半年的平均数据。总股本和流通股比例一般较稳定，因而对于高送转上市公司两者都选取了预案公告日前一天的数据，而未实施高送转上市公司采用 2017 年半年报数据。60 家上市公司在近 1 年内有股票定向增发的取值 1，没有的为 0。同样，近 1 年内有新投资项目的该指标值取为 1，没有的为 0。其余的财务指标数据采用了 2016 年年度财务报表数据。整理好原始数据之后，按下列最大最小极值法对非逻辑型数据进行了标准化处理，数据处理结果如表 7-8 所示。

$$C_{ij} = [C_{ij} - \min(C_{ij})] / [\max(C_{ij}) - \min(C_{ij})]$$
$$C_{ij} = [\max(C_{ij}) - C_{ij}] / [\max(C_{ij}) - \min(C_{ij})]$$

表 7-8　样本数据处理结果

股票代码	C_{11}	C_{12}	C_{21}	C_{22}	C_{32}	C_{31}	C_{41}	C_{42}	C_{43}	C_{44}
300376	0.4510	0.9961	0.9888	0.9992	1	1	0.4718	0.0067	0.2708	0.6069
603636	1.0000	0.9994	0.9989	0.9980	0	1	0.1141	0.0011	0.4573	0.3788
300304	0.5292	0.9965	0.9963	0.9936	1	1	0.1683	0.0058	0.2378	0.5783
300398	0.6823	0.9980	0.9989	0.9979	1	1	0.1916	0.0000	0.4573	0.4293
300534	0.6666	0.9935	0.9993	0.9997	0	1	0.2069	0.0009	0.2935	0.4655
002281	0.8259	0.9992	0.9966	0.9923	1	1	0.2285	0.0034	0.6576	0.6389
002596	0.2741	0.9994	0.9942	0.9956	1	1	0.0522	0.0016	0.2184	0.5000
002747	0.4337	0.9972	0.9952	1.0000	1	1	0.1772	0.0044	0.1308	0.5177
300319	0.4109	0.9975	0.9961	0.9960	1	1	0.2703	0.0088	0.1889	0.7660
603030	0.3082	0.9991	0.9973	0.9986	1	1	0.2139	0.0036	0.3185	0.6221
603239	0.9716	0.9982	0.9992	0.9997	0	1	1.0000	0.0068	0.4232	0.8805
300017	0.5305	0.9975	0.9839	0.9956	1	1	0.5017	0.0055	0.4289	0.4596
300495	0.4727	0.9993	0.9960	0.9985	1	1	0.3921	0.0079	0.3163	0.4630
002206	0.1897	0.9992	0.9907	0.9951	1	1	0.2287	0.0042	0.1980	0.4865
300377	0.3222	0.9992	0.9948	0.9955	1	1	0.1176	0.0091	0.1468	0.7348
002383	0.1524	0.9673	0.9959	0.9969	1	1	0.0752	0.0060	0.2241	0.6010
600892	0.1427	0.9602	0.9981	0.9977	1	1	0.2062	1.0000	0.0000	0.0194
002783	0.3349	0.9425	0.9994	0.9971	0	1	0.1752	0.0030	0.9261	0.0000
002668	0.2610	0.9869	0.9963	0.9963	1	1	0.3693	0.0032	1.0000	0.7997
002620	0.1537	0.9634	0.9980	0.9956	1	1	0.1225	0.0052	0.3902	0.6305
002131	0.0143	0.9896	0.9668	0.9967	1	1	0.1946	0.0118	0.1388	0.4790
300562	0.4876	0.6385	0.9999	0.7484	0	0	0.6908	0.0061	0.4141	0.8106
002354	0.2519	0.9879	0.9949	0.9970	1	1	0.2225	0.0055	0.5472	0.4352
300507	0.7008	0.9324	0.9997	0.9997	1	1	0.3535	0.0038	0.6564	0.5320
300569	0.5771	0.9363	0.9994	0.9997	1	1	0.5059	0.0022	0.8020	1.0000
300502	0.2918	0.9735	0.9995	0.9969	1	1	0.2750	0.0031	0.7144	0.5446
300194	0.0766	0.9750	0.9926	0.9982	1	1	0.1601	0.0177	0.1934	0.4899
300021	0.0556	0.9760	0.9943	0.9970	1	1	0.1208	0.0022	0.1365	0.5783

续表

股票代码	C_{11}	C_{12}	C_{21}	C_{22}	C_{32}	C_{31}	C_{41}	C_{42}	C_{43}	C_{44}
603528	0.1921	0.9736	0.9967	0.9997	0	1	0.6834	0.0023	0.4699	0.6145
300352	0.0454	0.9805	0.9887	0.9956	1	1	0.1733	0.0031	0.1126	0.6481
603066	0.1525	0.9721	0.9990	0.5437	1	1	0.2366	0.0036	0.3993	0.4613
002239	0.0249	0.9960	0.9772	0.9964	1	1	0.2302	0.0086	0.1229	0.4958
603021	0.1325	0.9908	0.9985	0.9970	1	1	0.0928	0.0024	0.4300	0.4832
603600	0.2015	0.9853	0.9990	0.9980	1	1	0.4792	0.0043	0.4016	0.4621
603766	0.0568	0.9951	0.9830	0.9923	1	1	0.3520	0.0030	0.5563	0.4731
300487	0.2024	0.9452	0.9994	0.9981	0	1	0.9767	0.0036	0.4016	0.5303
300546	0.4059	0.9723	1.0000	0.9997	0	1	0.3748	0.0031	0.6542	0.9327
002456	0.1513	0.9880	0.9778	0.9926	1	1	0.2381	0.0055	0.3174	0.4571
300493	0.1449	0.9787	0.9986	0.9970	1	1	0.2334	0.0035	0.1661	0.5017
300422	0.1771	0.9537	0.9981	0.9973	1	1	0.2621	0.0023	0.2150	0.6692
603007	0.2221	0.9054	0.9983	0.9997	0	1	0.2874	0.0027	0.3049	0.6170
300356	0.0850	0.9897	0.9976	0.9948	0	1	0.0851	0.0062	0.2446	0.5328
002429	0.0090	0.9969	0.9623	0.9933	1	1	0.1488	0.0028	0.2241	0.4705
300403	0.2031	0.9805	0.9983	0.9978	0	1	0.3465	0.0041	0.5154	0.6136
603009	0.1397	0.9389	0.9983	0.9925	1	1	0.1215	0.0035	0.2537	0.6153
600337	0.0408	0.9825	0.9873	0.9921	1	1	0.2309	0.0029	0.3220	0.4756
603077	0.0000	0.9976	0.9150	0.9938	1	1	0.0752	0.0043	0.1001	0.4781
002537	0.1308	0.9964	0.9889	0.9969	1	1	0.1606	0.0162	0.1627	0.8106
002148	0.0794	0.9796	0.9956	0.9943	0	1	0.1547	0.0349	0.1775	0.5185
300520	0.3567	0.9377	0.9991	0.9998	0	1	0.3431	0.0041	0.2617	0.8485
600371	0.1066	0.9588	0.9963	0.9921	0	0	0.3054	0.0575	0.1251	0.5396
600751	0.0378	0.9724	0.9390	0.9942	0	1	0.0337	0.0042	0.0148	0.4992
601818	0.0184	0.9908	0.0000	0.9936	0	0	0.3106	0.0024	0.2537	0.6987
603628	0.2222	0.0000	0.9953	0.9997	0	1	0.2475	0.0014	0.1661	0.4419
000541	0.0757	0.9559	0.9739	0.0000	0	1	0.4988	0.1237	0.2435	0.5194
000968	0.1352	0.9169	0.9804	0.9995	1	0	0.3483	0.0052	0.1433	0.4705
002272	0.0490	0.8838	0.9921	0.9947	0	0	0.0000	0.0100	0.0671	0.4874
002573	0.1825	0.9036	0.9781	0.9921	1	1	0.5448	0.0052	0.2241	0.5429
002886	0.2566	1.0000	0.9995	0.9997	0	0	0.3842	0.0015	0.4152	0.5118
300264	0.0727	0.9374	0.9923	0.9944	0	1	0.0238	0.0080	0.0683	0.4487

将表 7-8 中处理后的样本数据与表 7-7 中各指标的全局权重分别相乘并求和，得出每个上市公司的综合得分。计算公式为

样本综合得分

$= 0.0915 \times C_{11} + 0.0154 \times C_{12} + 0.0304 \times C_{21} + 0.0108 \times C_{22} + 0.1989 \times C_{31} + 0.0937 \times C_{32} + 0.1966 \times C_{41} + 0.1661 \times C_{42} + 0.1039 \times C_{43} + 0.0924 \times C_{44}$

按样本得分进行降序排列，结果如表 7-9 所示。由此可知：得分前 10 名都是高送转

上市公司，得分全部大于 0.54；得分前 43 名中只有一家未实施高送转的上市公司，得分全都大于 0.44；而最后 7 名全为未实施高送转的上市公司，得分小于 0.32。这个结果在很大程度说明了本文采用的甄选高送转上市公司的方法是科学有效的，选取的用来甄选高送转上市公司的指标也是恰当合理的。当然，通过 ANP 计算得出的各指标全局权重也是基本准确的。

表 7-9　样本得分情况

序　号	股票代码	高送转情况	得　分
1	603239	10 转 20 股派 6 元	0.6676
2	002668	10 送 10 股转 18 股派 2.5 元	0.6239
3	300017	10 转 19.954760 股派 2.494345 元	0.5840
4	300569	10 转 20 股并派现	0.5831
5	600892	10 转 30 股	0.5702
6	300376	10 转 30 股派 0.9 元	0.5683
7	300487	10 转 15 股派 1.4 元	0.5567
8	300502	10 转 20 股派 3.5 元	0.5548
9	603600	10 转 15 股派 6 元	0.546 9
10	300495	10 转 15.001185 股派 1.5 元	0.5466
11	002573	—	0.5453
12	300398	10 转 25 股派 1 元	0.5366
13	300319	10 转 20 股派 1.4 元	0.5318
14	603766	10 送 5 股转 10 股派 5 元	0.5252
15	300546	10 转 15 股派 5 元	0.5208
16	002354	10 转 20 股	0.5138
17	603528	10 送 10 股转 10 股派 5 元	0.5131
18	603030	10 转 20 股派 0.6 元	0.5107
19	300304	10 转 28 股派 1 元	0.5098
20	300507	10 转 20 股派 3 元	0.5062
21	002281	10 转 20 股派 5 元	0.5039
22	300422	10 转 15 股派 0.6 元	0.5009
23	603066	10 转 20 股	0.4892
24	002537	10 转 12 股派 0.5 元	0.4870
25	002620	10 转 15 股派 2.5 元	0.4866
26	300377	10 转 15 股派 3 元	0.4865
27	002747	10 转 20 股派 2 元	0.4859
28	002456	10 转 15 股派 1.1 元	0.4852
29	002206	10 转 15 股派 5 元	0.4776
30	600337	10 转 13 股派 3 元	0.4757
31	300493	10 转 15 股派 1.5 元	0.4723
32	603021	10 转 16 股派 2 元	0.4693
33	603009	10 转 15 股	0.4688

续表

序 号	股票代码	高送转情况	得 分
34	300520	10 转 12 股派 1.2 元	0.4611
35	300352	10 转 15 股派 0.4 元	0.4590
36	002383	10 转 20 股派 1 元	0.4573
37	002239	10 转 18 股	0.4561
38	300194	10 转 20 股派 2 元	0.4556
39	002596	10 转 20 股派 0.3 元	0.4537
40	300403	10 转 15 股派 2.5 元	0.4530
41	603636	10 转 30 股派 1.6 元	0.4523
42	002131	10 转 25 股派 0.37 元	0.4484
43	002429	10 转 15 股派 0.25 元	0.4454
44	000541	—	0.4422
45	300534	10 送 3 股转 22 股派 1 元	0.4309
46	603007	10 转 15 股派 1.45 元	0.4201
47	603077	10 送 2 股转 10 股派 0.1 元	0.4168
48	002783	10 转 15 股派 8 元	0.4166
49	603628	—	0.3674
50	002148	10 转 12 股派 1.1 元	0.3650
51	300356	10 转 15 股派 0.3 元	0.3556
52	300021	10 转 20 股派 1 元	0.3519
53	300562	10 转 22 股派 2 元	0.3478
54	300264	—	0.3156
55	600751	—	0.3117
56	000968	—	0.2886
57	002886	—	0.2464
58	600371	—	0.1981
59	601818	—	0.1802
60	002272	—	0.1128

七、启示与建议

本文基于中国股市特点及上市公司基本情况，利用 ANP 对如何甄选潜在高送转上市公司进行了研究。研究结论有如下几个方面。

（1）上市公司实施高送转的动机主要有 4 个方面：迎合大多数投资者对低价股票的偏好，有扩张股本的需求，配合股票定向增发和公司向外传达其经营状况良好的信号。

（2）以上 4 个动机的重要程度由高到低依次为：信号传递、配合增发、低价股偏好、股本扩张。

（3）根据以上 4 个动机，设计了甄选高送转上市公司的一系列指标。根据计算结果，这些指标在甄选潜在高送转上市公司中的重要程度由高到低依次为：新投资项目、净资产收益率、净利润增长率、每股留存收益、股票定增、每股净现金流量、股价、总股本、换手率和流通股比例。

（4）选取50家已实施高送转的上市公司和10家未实施高送转的上市公司进行比较分析，结果表明：前10名为实施高送转上市公司且得分大于0.54，得分大于0.44的上市公司很有可能实施高送转。

基于以上研究结论，可得出以下启示与建议。

第一，投资者在甄选潜在高送转上市公司时最应关注上市公司的财务状况，尤其是本文选取的4个财务指标。其中，首先最重要的是公司的净资产收益率，其次是净利润增长率，再次是每股留存收益，最后是每股净现金流量，这些指标值越高，上市公司越可能实施高送转。因为这样的公司盈利能力强，发展前景好，更倾向于实施高送转来向投资者传达这些信号。

第二，要看上市公司是否面临新的投资项目。这一项指标十分重要，在收集数据的过程中发现，绝大多数高送转上市公司在公布高送转预案的当天也公告了公司近期要进行的新投资项目，而面临新投资项目的公司往往通过定向增发股票来筹集项目资金，因此上市公司是否有股票定向增发计划和定向增发预案也很重要。

第三，是看上市公司的股价、总股本和流通股比例等，这些因素也会对公司是否实施高送转产生影响。

最后提醒投资者，本文目的是探讨上市公司实施高送转的动机，以及如何甄选将来可能实施高送转的上市公司。如果投资者打算投资高送转上市公司，还需要根据自身资金情况和风险承受能力决定是否要参与，以及如何退出等问题。

八、高送转的机会与陷阱

送股指上市公司将本年的利润留在公司里，发放股票作为红利，从而将利润转化为股本。送股后，公司的资产、负债、股东权益的总体结构并没有发生改变，但总股本增大了，同时每股净资产降低了。转增股本指公司将资本公积转化为股本。这么做并没有改变股东的权益，但增加了股本的规模，反映在股本结构上的实际效果与送股相接近。转增股本与送红股的本质区别在于：红股来自公司的年度税后利润，只有在公司有盈余的情况下，才能向股东送红股；而转增股本来自资本公积金，它可以不受公司本年度可分配利润多少的限制。

下面对海润光伏的高送转事件进行解读[①]。

---

① 资料来源：http://finance.sina.com.cn/stock/s/20150128/013421412870.shtml。

海润光伏披露"高送转"预案的当天（2015年1月23日）股价应声涨停。然而令追高买入者始料未及的是，海润光伏接下来迎来的是连日的大跌。海润光伏"高送转"利好披露前股价为何连续大涨，这一异动引起了市场各方甚至是上交所的关注。在"高送转"预案公布前14天时间，海润光伏股价已逆势暴涨40%，而在此期间多次有网友发帖称将"高送转"。

2015年1月23日，海润光伏发布公告称，公司前三大股东杨怀进、九润管业、紫金电子提议，公司2014年利润分配及资本公积金转增股本预案为：以资本公积金向全体股东每10股转增20股。除了"高送转"预案本身以外，海润光伏公布利好之后股价的大起大落，也引发各方的关注。其实，在海润光伏披露股东提议"高送转"之前，公司股价就表现得极为强势。进入2015年1月，海润光伏股价一扫此前的颓势，最大涨幅超过50%。在2014年12月31日，海润光伏的股价触及了6.69元/股的近期低点，此后缓步上涨。然而在1月14日，海润光伏突然放量大涨6.35%，盘中一度冲击涨停，公司股价表现非常强势。1月14日至"高送转"预案披露前一日（2015年1月22日），海润光伏股价持续放量上涨，走出了"七连阳"的壮观走势，累计涨幅接近30%，而同期上证指数涨幅仅为3%。在预案公布前一天，海润光伏下午开盘后还出现了明显拉升。此外，海润光伏1月以来的走势不仅强于整个大盘，也明显强于拓日新能、东方日升等光伏行业上市公司。

需要特别提出，在海润光伏披露"高送转"预案之前，在某财经类股吧中曾多次出现关于公司将"高送转"的传闻。比如，在1月21日，有2个帖子明确提出海润光伏将要推出"高送转"方案。此外，上交所对海润光伏提议股东筹划利润分配的具体过程，以及公司所有董事、监事和高管知悉上述利润分配提议的具体时间也进行了问询。

根据海润光伏披露，2015年1月22日，杨怀进与紫金电子、九润管业方面沟通后于当日8点50分，以邮件方式通知公司董事会秘书关于联合紫金电子、九润管业提议公司2014年度利润分配预案事宜。海润光伏董秘于9点10分，以邮件方式通知公司证券事务代表落实该事宜并按照相关要求履行信息披露义务。而后，海润光伏证券事务代表在当日12点半左右联系相关提议股东，问询未来12个月的减持计划及承诺事宜，并在14点左右以邮件、电话的方式向各位董事征询意见。

海润光伏2013年亏损逾2亿元，2014年前三季度又出现近4200万元的亏损，似乎许久没有公布过让投资者心潮澎湃的利好消息。正因为此，其曝光的"高送转"预案赚足了市场各方的眼球，当日海润光伏股价强势涨停。然而，令不少追高买入者始料未及的是，10转20的"高送转"预案对股价的刺激远不及预期，海润光伏在涨停后的第二个交易日就下跌3.39%，后一交易日再次下挫8.63%，位居A股跌幅榜第二位。面对股价如"过山车"一般的走势，海润光伏23日公告中的一个细节也引起了越来越多的关注。在这份《2014年度利润分配预案预披露公告》中，有一个关于"其他事项"的提示，内容是股东杨怀进计划自 2015 年 1 月 22 日起的未来 12 个月内，减持海润光伏股份将不超过 3453 万股，而九润管业和紫金电子自 1 月 22 日起未来 12 个月内将通过协议转让、大宗交易、二级市场交易等方式全部减持所持股份。

实际上，对于从 2013 年开始就深陷亏损泥潭的海润光伏来说，如今股价仅是个位数、每股净资产尚不足 4 元，股东提出 10 转 20 的"高送转"预案，这本身就存在诸多可疑之处。再加上携手提议该预案的 3 位股东恰恰计划在未来大额减持上市公司股份。面对这样的"巧合"以及由此引发的股价剧烈波动，相信不少投资者心中都会出现一个同样的疑问：股东提议"高送转"是否正是为将来的巨额减持"护航"？

上交所也关注到海润光伏出现的上述"巧合"现象。海润光伏公告称，公司收到上交所监管一部下发的《关于对海润光伏科技股份有限公司利润分配等事项的问询函》，内容就包括"请提议股东说明提出上述利润分配议案的原因，以及与股份减持行为是否存在相关考虑"。对此，海润光伏回复称，公司股东杨怀进、九润管业和紫金电子考虑到公司 2014 年实际经营状况，为了积极回报股东，与所有股东分享公司未来发展的经营成果而提议 2014 年利润分配及资本公积转增股本预案。公司股东的股份减持行为则是基于各自战略发展的需要。其中，杨怀进的股份减持行为是考虑到其个人的资金需求，九润管业是考虑到其未来发展的资金需求，紫金电子则是考虑到其战略转型及公司发展的资金需求。

除了上述"巧合"问题，引起各方关注的现象还包括 3 位股东做出的投票承诺。根据公告，杨怀进、九润管业、紫金电子承诺在海润光伏有关董事会和股东大会审议上述 2014 年度利润分配及资本公积金转增股本预案时投赞成票。根据相关程序，只有在年报正式公布之后，年度利润分配预案才会提请股东大会审议，而后才进入真正实施阶段。而根据上交所披露的信息，海润光伏年报预约披露时间为 2015 年 4 月 30 日，还有近 3 个月的时间。结合海润光伏公告披露的情况来看，3 位提出"高送转"预案的公司股东，在审议相关方案的股东大会召开前，就可能已经开始实施具体的减持计划，甚至不排除全部减持的可能。

海润光伏表示，股东杨怀进在审议利润分配提议的股东大会召开前，预计减持海润光伏股份数量为 0～3453 万股，九润管业和紫金电子在股东大会召开前，分别预计减持海润光伏股份数量为 0～11 414 万股和 0～8500 万股。也就是说，九润管业、紫金电子存在着全部减持其持有的海润光伏股票的可能性，在股东大会召开之时，股东将按照持有股份进行投票。对此海润光伏提示，考虑到九润管业、紫金电子或全部减持所持有的公司股票，存在着无法在审议上述利润分配提议的股东大会上投赞成票的可能性，因此，上述利润分配的议案能否在股东大会上审议通过存在着不确定性。

模拟实验与思考

1. 影响股票价格的因素有哪些？
2. 高市盈率反映了投资者对公司未来状况的什么预期？
3. 简述你选择目标股票的理由（可从市盈率、市场价格、流通股本等方面考虑）。
4. 根据表 7-1 高送转甄选指标和表 7-7 指标权重，结合上市公司半年报或者年报，提取指标相应数据，找出最有可能实施高送转的中小板、创业板、科创板或沪深主板前 10 家上市公司（建议分组完成）。

即测即练

第八章 证券研究报告分析

本章学习目标：

- 了解证券研究报告的框架和结构；
- 掌握宏观经济分析的主要方法；
- 掌握行业分析的主要方法；
- 掌握上市公司和行业研究报告撰写的规范格式和要求；
- 根据基本面分析技术完善自己的交易策略。

对于看重基本面的投资者而言，他们可能不看报纸、不听新闻，但绝对不可能不看研究报告。由于证券研究报告覆盖了绝大部分证券标的且可以公开取得，无论是机构投资者还是个人投资者，都希望能从研报中获取有价值的信息，而证券研究报告在这个过程中起引导资金流向的作用。因此，对证券投资者而言，能够读懂证券研究报告是十分重要的。本章主要介绍了证券研究报告的定义与分类、宏观经济分析、行业分析和上市公司分析的思路和方法。

第一节 证券研究报告的定义与分类

一、证券研究报告的定义

证券研究报告指证券公司、证券投资咨询公司基于独立、客观的立场，对证券及证券相关产品的价值或者影响其市场价格的因素进行分析，含有对具体证券及证券相关产品的价值分析、投资评级意见等内容的文件。美国纽约证券交易所（New York Stock Exchange，NYSE）将证券研究报告定义为：它是以书面或者电子方式的信息交流，包括个体公司或者行业股票的分析，提供负责任的信息，从而足以据此来进行决策。

发布证券研究报告，是证券投资咨询业务的一种基本形式，指证券公司、证券投资咨询机构对证券及证券相关产品的价值、市场走势或相关影响因素进行分析，形成证券估值、投资评级等投资分析意见，制作证券研究报告并向客户发布的业务行为。证券研究报告主要包括涉及证券及证券相关产品的价值分析报告、行业研究报告、投资策略报告等。报告可采用书面或电子文件形式。

报告的撰写、发布、提供、刊载都负有一定的法律责任，所以证券研究报告应当载明以下事项。

（1）"证券研究报告"字样。

（2）证券公司、证券投资咨询机构名称。

（3）具备证券投资咨询业务资格的说明。

（4）署名人员的证券投资咨询执业资格证书编号。

（5）发布证券研究报告的时间。

（6）证券研究报告采用的信息和资料来源。

（7）使用证券研究报告的风险提示。

除此之外，还可包含目录、附表、附件等可选项，具体情况如表 8-1 所示。

表 8-1　证券研究报告的构成

部　件	选　择	备　注
首页	必选项目	一般有严格的规定格式
投资故事	可选项目	首页不能充分表达故事时必选
目录	可选项目	正文超过一定页数时必选
正文	可选项目	首页和投资故事无法充分说明时必选
附表	可选项目	资产负债表、现金流量表和利润表三表或简易利润表
附件	可选项目	根据具体情况自行确定
尾页	必选项目	按照规定含评级说明和法律声明

一般证券研究报告的读者既包含投资机构，如基金公司、银行、财富管理机构、上市公司等，又包含个人投资者。证券分析师通过他们的研究分析帮助投资者明确未来的趋势，即该投资对象或者领域未来的投资价值走向。

对于证券研究报告的撰写者而言，需要注意报告的简约性、亮点突出、及时性，以及牢记客户都是专业人士。高盛资产管理公司的董事长吉姆·奥尼尔（Jim O'Neill）（"金砖四国"概念的提出者）在伦敦卡斯商学院（Cass Business School）发表演讲，提出一个普适性的公式：

$$Q \times A = E$$

其中，Q 的是某种观点的质量；A 代表可接受性，即这个观点是否具有卖出价值，最后它们的乘积 E 才是这个观点的有效性。

要撰写一份完整的研究报告，需要做如下准备工作。

（1）了解公司。了解公司包括清楚公司的会计项目、生产与服务项目、公司管理者信息、产品售卖方式、主要客户、与供应商的关系、公司核心业务及研发部门等。

（2）了解行业。了解行业既要定位消费群体、识别竞争者，也要了解国内外行业格局、把握行业发展趋势。

（3）了解政府政策。了解政府政策主要是了解政府当年及未来对该行业或者相关公司未来的前景规划和政策扶持力度，包括税务、环境影响评估等一系列国家有关政策概念。

（4）了解市场心理和客户需求。了解市场对该行业或者相关公司的看法及客户想要看到的信息。

对于证券研究报告的阅读者而言，在阅读报告时需警惕有些机构会因保护雇主的投资银行业务而不提出建议，并且时常会提供带有不确定性的建议以明哲保身，避免提出和他人一致意见相反的建议，所以在阅读时仅作参考，要有自己的判断，不能盲目全信。

二、证券研究报告的分类

按研究内容分类，一般有宏观研究、行业研究、策略研究、公司研究、量化研究等；按研究品种分类，主要有股票研究、基金研究、债券研究、衍生品研究等。

（一）宏观研究

宏观研究就是从国家的整个经济、贸易、政策导向、就业率和失业率及国民生产总值等方面综合地进行概括分析，以整个国民经济活动作为考察对象，研究各个方面有关的总量及其变动，特别是研究国民生产总值和国民收入的变动及其与社会就业、经济周期波动、通货膨胀、经济增长等之间的关系。

（二）行业研究

行业研究指以"产业"为研究对象，研究产业内部各企业间相互作用关系、产业本身发展、产业间互动联系及空间区域中的分布等。目前，产业研究主要集中于细分市场研究和产业内细分产品研究两方面。

行业研究的核心是：研究行业的生存背景、产业政策、产业布局、产业生命周期、该行业在整体宏观产业结构中的地位，以及各自的发展演变方向与成长背景；研究各个行业市场内的特征、竞争态势、市场进入与退出的难度及市场的成长性；研究各个行业在不同条件下及成长阶段中的竞争策略和市场行为模式，给企业提供一些具有操作性的建议。

（三）策略研究

策略研究是自上而下地进行研究，大体上分为大势研判、行业轮动、主题投资 3 个方向，从中国乃至全球宏观、政策、利率开始，逐级向下，落实到行业及主题推荐。策略研究的核心是判断未来一段时间内股市的涨跌及热门行业的选择。简单来说，行业研究研究的是战略问题，策略研究则研究的是战术问题。

（四）公司研究

公司研究是在深入分析公司的经营发展状况、财务数据表现的基础上，结合股东及管理人的背景，对目标公司的优劣势及未来发展趋势进行客观分析，并以对目标公司进行评级的方式帮助读者准确掌握相关公司情报，从而使读者能够制定有效的风险应对措施，帮助读者在赚取最大利润的同时尽可能规避风险。

（五）量化研究

量化研究指用数学工具对金融市场进行数量的分析，也称定量研究。目前市场上有很多量化研究策略，包含量化选股、量化择时、统计套利等方法。

分类汇总表见表 8-2。

表 8-2　研究报告的分类汇总表

研究报告分类	研究内容
宏观研究	世界经济、国民经济、财政金融、国家政策、产业经济、宏观专题
策略研究	大势研判、资产配置（大类、行业、风格等）、主题策划
行业研究	深度研究、行业点评
公司研究	深度报告、调研报告、点评报告、新股定价、预测评级
量化研究	量化策略、对冲策略

第二节　宏观经济分析

宏观经济分析可以帮助投资者把握市场的总体变动趋势，判断整个证券市场的投资价值，并且分析宏观经济政策对证券市场的影响力度和方向。

一、全球经济分析

（一）事件分析

事件分析法是一种实证研究方法，最早运用于金融领域，借助金融市场数据分析某一特定事件对该公司价值的影响。由于事件分析法具有研究理论严谨、逻辑清晰、计算过程简单等优点，已被学者运用到越来越多的领域来研究特定事件对组织行为的影响。

举例来说，人民币贬值有正反两方面的影响。人民币贬值，从好的一方面来说，外国货币购买力上升，有利于外贸出口和旅游业的发展。另外，由于本国货币在国外的购买力下降，因此还可以刺激本国消费，拉动内需。从坏的一方面来说，外国货币升值不利于进口，进而会影响以进口为主的企业，同时也会导致出国留学和旅游的费用上升。另外，因为本国货币倾向于在国内消费，会拉升国内物价，可能会导致通货膨胀。而就投资而言，国际热钱也会迅速外流，会影响国内金融市场的稳定性。

（二）指标分析

全球重要经济数据的掌握有助于从信息面帮助投资者作一定的盘面趋势判断，经济学家经过多年研究，发现了一些具有代表性的宏观经济指标，表 8-3 中介绍几种常用的宏观经济指标。

表 8-3 常用宏观经济指标汇总表

指标名称	说 明
国内生产总值增长率	国内生产总值是最受关注的宏观经济统计数据，是衡量国民经济发展情况的重要指标。国内生产总值增速越快表明经济发展越快，增速越慢表明经济发展越慢，国内生产总值负增长表明经济陷入衰退
央行利率决议	一国中央银行公布的央行基准利率数据及对当下货币政策的声明，一般包括公布数据和新闻发布会 2 个内容，数据包括利率、再贴现率、存款准备金率等。利率决议的公布是外汇市场普遍影响比较大的事件，目前主要的几大经济体央行的利率决议是影响行情的最大要素之一，主要是美联储、欧洲央行银行、英国央行及日本央行等。利率决议都存在重大的政策调整空间，带来的潜在行情波动比较大，央行利率决议公布的时间点对整个汇市的影响甚至远远超过了一些经济数据公布造成的波动
通货膨胀率	通货膨胀率是货币超发部分与实际需要的货币量之比，用以反映通货膨胀、货币贬值的程度。在经济学上，通货膨胀率为物价平均水平的上升幅度（以通货膨胀为准），或者说，通货膨胀率为货币购买力的下降程度
失业率	失业率指一定时期在满足全部就业条件的就业人口中仍未有工作的劳动力与总劳动力之间的比率，旨在衡量闲置中的劳动产能，是反映一个国家或地区失业状况的主要指标
债务负担率	债务负担率是当年债务余额占国内生产总值的比重，是国际上确立的公认的政府债务警戒线。国内生产总值反映了一个国家或地区的偿债能力，是最终的偿债基础，西方国家和国际经济组织经常使用这一指标。 国际经验表明，发达国家的债务负担率一般在 45% 左右，它与发达国家财政收入占国内生产总值的比重为 45% 左右有关，即当债务余额与财政收入的数值相当时，也就达到了适度债务规模的临界值，超过此界限就意味着债务危机或债务风险
贸易差额	贸易差额指一定时期内一国出口总额与进口总额之间的差额，用以表明一国对外贸易的收支状况

续表

指标名称	说　明
经常账户占国内生产总值比例	经常账户指反映一国与他国之间实际资产的流动，与该国的国民收入账户有密切联系，也是国际收支平衡表中最基本、最重要的部分。包括货物、服务、收入和经常转移4个项目。简单来说，经常账户余额是贸易顺差，是国内生产总值的一部分，它占国内生产总值的比重说明了经济体对出口的依存度，即在没有出口的情况下经济增长的损失量

除此之外，宏观研究也有很多供分析研究的参考指标，表8-4是各个类别的宏观研究参考指标汇总。

表8-4　宏观研究各类指标汇总表

方　面	相关指标
市场	商品、货币、10年期政府债券、股市
劳动力	就业人数、就业人数变化、就业率、全职工作、首次申请失业救济人数、职业空缺、劳动力参与率、劳力成本、长期失业率、最低工资、非农就业数据、兼职就业、人口、生产率、男退休年龄、女退休年龄、失业人员、失业率、工资增长、工资、制造业工资、青年失业率
价格	居民消费价格指数、核心消费者物价指数、核心通货膨胀率、出口价格、食品通货膨胀、国内生产总值平减指数、消费物价协调指数、进口价格、通货膨胀率、生产者价格、生产者价格指数变化
金融	银行资产负债表、存款准备金率、央行资产负债表、存款利率、外汇储备、银行间同业拆借利率、利率、贷款利率、贷款增长、私营部门贷款、货币供应量M0、货币供应量M1、货币供应量M2、货币供应量M3
贸易	贸易差额、资本流动、原油产量、经常账户、经常账户占国内生产总值比例、出口、外债、外国直接投资、黄金储备、进口、汇款、贸易条款、恐怖主义指数、旅游收入、入境旅游人数
国内生产总值	国内生产总值、国内生产总值年增长率、不变价国内生产总值、农业国内生产总值、国内生产总值建设、制造业国内生产总值、矿业国内生产总值、公共管理国内生产总值、服务业国内生产总值、运输业国内生产总值、公共事业国内生产总值、国内生产总值增长率、人均国内生产总值、人均国内生产总值（以购买力平价计算）、固定资本形成总额、国民生产总值
政府	庇护申请、信用评级、财政支出、政府预算、政府预算值、政府债务、债务负担率、政府收入、政府支出、政府支出占国内生产总值、假期
住房	建筑许可证、建筑工程产值、自置居所比率、住房指数、新屋开工
商业	破产企业数量、商业信心指数、产能利用率、汽车生产、车辆注册、水泥生产、库存变化、竞争力指数、竞争力排名、综合采购经理人指数、企业利润、腐败指数、腐败排名、营商环境、电力生产、工业订单、工业生产、互联网速度、互联网协议地址、领先经济指标、制造业采购经理指数、制造业生产、矿业生产、新订单指数、服务业采购经理指数、小企业信心、钢铁生产、汽车总销量、ZEW经济景气指数
消费	银行贷款利率、消费者信心指数、消费信贷、消费支出、个人可支配收入、汽油价格、家庭债务占国内生产总值、家庭债务与收入、个人储蓄、个人消费、私人部门信贷、零售销售
税种	企业所得税率、个人所得税、销售税率、社会保障覆盖率、企业社会保障覆盖率、员工社会保障覆盖率
气候	污染物、温度

二、国内宏观经济

一般来说，描述一国宏观经济的关键经济变量有国内生产总值、就业（employment）数据、通货膨胀（inflation）数据、利率（interest rate）、政府预算赤字（budget deficit）、国民心理因素（sentiment）等。

做行业分析时，分析师最关心的也是常常分析预测的非宏观经济走势莫属，影响宏观经济走势的主要因素有经济周期和政府宏观经济政策。

（一）经济周期

经济周期（business cycle）也称商业周期、景气循环，经济周期一般指经济活动沿着经济发展的总体趋势所经历的有规律的扩张和收缩。它是国民总产出、总收入和总就业的波动，是国民收入或总体经济活动扩张与紧缩的交替或周期性波动变化。过去把它分为繁荣、衰退、萧条和复苏4个阶段，表现在图形上叫衰退、谷底、扩张和顶峰更为形象，也是现在普遍使用的名称。如图8-1所示，中国国内生产总值增长率就呈现出明显的经济周期。

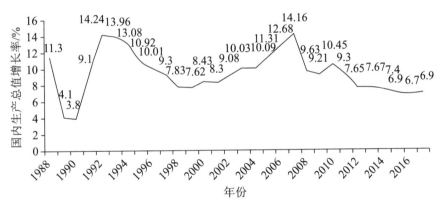

图 8-1　30 年中国国内生产总值增长率

（数据来源：国家统计局。）

当经济处于经济周期的不同阶段时，不同行业之间的业绩可能会表现各异。通常，在经济萧条期，大宗消费品的需求量会上扬（黄金、白银）；在经济复苏初期，金融产品的需求会大幅上升；在经济复苏的后期，原材料、能源及其他投资品的需求上涨；在经济繁荣期，奢侈品的需求较高。

分析师预测经济周期使用的指标分为一般指标和先行指标。一般指标包括工业产量、销售量、资本借贷量、物价水平、利息率、利润率、就业量。先行指标包括股市的价格指数、货币供应量、制造业厂家的货物新订单、厂房设备的合同与订单增加、房地产业土地拍卖价格等。

（二）政府宏观经济政策

政府宏观经济政策是政府宏观经济调控中最常用的经济手段。宏观经济政策与各种经济杠杆相结合，并通过经济杠杆发挥调节作用。宏观经济政策是一个包含着许多具体经济政策的体系，其主要内容有：财政政策、货币政策、产业政策、价格政策、收入分配政策等。

财政政策，指政府在一定时期内为实现特定的政治经济任务和战略目标而调整财政收支规模与收支平衡的指导原则及其相应的措施。财政政策的内容主要包括财政收入政策和财政支出政策，其中财政收入政策主要指由税种和税率所构成的税收政策，财政支出政策主要指财政投资政策、财政补贴政策等。按财政政策在调节总供给和总需求方面功能的不同，财政政策又可具体分为平衡性财政政策、紧缩性财政政策和扩张性财政政策3种类型。平衡性财政政策是财政支出根据财政收入的多少来安排，既不要有大量结余，又不要有较大赤字，保持财政收支基本平衡，从而对总需求不产生扩张或紧缩的影响。紧缩性财政政策是通过增加税收、压缩财政支出以达到抑制或减少社会总需求的目标。扩张性财政政策则是通过减税而减少财政收入，或通过扩大财政支出的规模来刺激社会总需求。

货币政策是中央银行代表中央政府，为实现宏观经济调节目标而制定的，用于调节货币供应量及货币供应量与货币需要量相互关系的指导原则和行为准则。货币政策的基本目标是稳定币值与发展经济。根据社会总需求与社会总供给相矛盾的状况，与财政政策相配套，货币政策可具体分为3种类型，即均衡性货币政策、紧缩性货币政策和扩张性货币政策。均衡性货币政策是保持货币供应量与经济发展对货币需求量的大体平衡，以实现总供给与总需求的基本平衡。紧缩性货币政策是通过提高利率、紧缩信贷规模、减少货币供应量，以抑制社会总需求过度增长。扩张性货币政策是通过降低利率、扩大信贷规模、增加货币供给量，以刺激社会总需求增长。货币政策的目标是通过货币政策工具的运用实现的。货币政策工具主要有3个，即法定存款准备金率、公开市场业务和再贴现率。

产业政策指政府为实现一定的经济和社会发展目标，调整产业结构、产业组织结构和产业布局，从增加有效供给方面促使社会总需求与社会总供给平衡而采取的政策措施及手段的总和。产业政策由产业布局政策、产业结构政策、产业技术政策和产业组织政策等组成。一项完整的产业政策，包括政策主体、政策目标、政策手段3个构成要素。政策主体指政策的制定者。政策目标即政府根据经济社会发展的要求、趋势及某些特定的目的而确定的发展目标，主要有：规划产业结构演进的方向、步骤及各产业发展顺序；确定支持什么产业，限制什么产业；选择重点产业、主导产业、支柱产业；妥善处理各产业之间的关系，最终促使国民经济各产业部门按比例协调发展。政策手段指为了实现政策目标，从实际出发所采取的各种措施。例如，在税收、财政拨款、信贷、投资、价格等方面对不同产业给以优惠或限制，以及采取相关的工商行政管理和市场调节措施。

价格政策指国家通过对市场总供求的干预来影响价格总水平，以及用各种直接或间接的手段对重要商品和劳务的价格形成施加影响，以理顺供求关系，保证宏观经济运行的稳定和协调的政策与措施的总和。

收入分配政策是对国民收入初次分配和再分配进行调节的政策，是政府调节收入分配的基本方针和原则。收入政策包括政策目标选择和具体实施措施两个部分。收入政策目标选择可分为收入结构政策目标选择和收入总量政策目标选择。前者是政府考虑收入差距的可接受程度，在公平与效率之间作出选择。当社会成员之间的收入差距过分悬殊、影响社会稳定时，政府的收入结构政策就侧重于缩小收入差距，增进公平；反之，如果劳动者缺乏积极性，经济效率低下，政府的收入结构政策侧重于提高经济效率。为了促进收入政策目标的实现，需要采取实施措施，一般有以下几种。

（1）以法律形式规定最低工资标准。这是为了保障社会成员的最低生活水平，维持社会稳定。

（2）税收调节。税收是实施收入政策的重要手段，政府在实行有利于调动劳动者积极性、提高效率的分配政策的同时，对个人收入征收累进所得税，征收高额财产税和遗产税等，可抑制一部分人收入过高，有利于实现分配的社会公平，防止收入分配差距的过分拉大。同时，将征收的税收用于公共投资，也有利于增加就业、降低失业率，以及提高某些个人和阶层的收入。

（3）实施工资和物价管制。这是政府在特定情况下为实现收入政策目标而实行的非常措施。

（4）增加转移支付和其他各种福利措施。例如，政府对贫困地区拨付扶贫款，对科技专家支付政府津贴，对失业者和低收入阶层发放失业补助金和救济金等。

第三节 行业分析

行业分析是进行投资价值分析的前提和基础，以行业的眼光去判断公司，发现投资价值和投资机会。企业和其所在行业之间的关系是点和点所在面的关系，企业的价值取决于企业现在和未来的收益，而行业的现状和发展趋势在很大程度上决定了行业内企业现在和未来的收益。

一、行业分类

行业类别的划分除了按照具体的行业职能划分之外，如电力行业、服务行业、煤炭行业等，还可以按照经济周期和生命周期进行划分。

（一）行业与经济周期

根据行业变动与经济周期变动的关系程度，可以把行业类型划分为成长型行业、防御型行业、周期型（或称敏感型）行业，具体情况如表8-5所示。

表8-5 行业与经济周期分类表

行为模式	特　征
成长型	销售和利润独立于经济周期而超常增长
防御型	在经济周期的上升与下降阶段经营状况都很稳定
周期型/敏感型	收益随经济周期的变化而变化，通常夸大经济的周期性

举例来说：无论宏观经济环境表现如何，计算机软件行业均因市场对该技术的需求而增长迅速，是成长型行业的一个典型例子；再如电力、煤炭、食品、烟草、啤酒、交通、商业等行业，为人们生活的衣食住行这些刚性需求提供服务，无论经济周期是上升还是下降趋势，它们的营业状况都是十分稳定的；但是，有些行业，如汽车、重型机械设备生产、水泥等制造行业，钢铁、石化、有色金属等资本品行业，因为价格弹性很高，就受到经济周期的很大影响，甚至有时还会夸大经济的周期性。

（二）行业生命周期

行业的生命周期指行业从出现到完全退出社会经济活动所经历的时间。行业的生命周期主要包括4个发展阶段：幼稚期、成长期、成熟期、衰退期，如图8-2所示。行业的生命周期曲线忽略了具体的产品型号、质量、规格等差异，仅仅从整个行业的角度考虑问题，具体分类情况如表8-6所示。

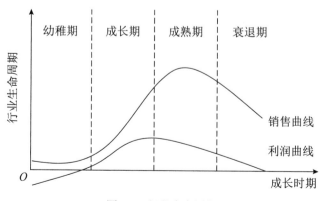

图8-2 行业生命周期

表 8-6 行业生命周期分类表

发展阶段	发展描述	市场情况
幼稚期	新产品试制成功，投放市场试销阶段	产品刚进入市场，尚未被客户接受，销售额缓慢增长；生产批量很小，试制费用很大，产品成本较高；用户对产品不了解，广告等销售费用较高；产品在市场上一般没有同业竞争
成长期	新产品试销成功之后，转入批量生产并扩大市场销售的阶段	销售额迅速增长；产品设计和工艺基本定型，进入批量生产，产品成本显著下降；广告等销售费用大幅度下降；企业开始转亏为盈，利润上升；其他企业开始进入市场，仿制产品、竞争逐步激烈
成熟期	产品进入大批量生产、市场竞争最激烈的阶段	市场需求逐渐饱和，销售量已达到最高点；销售增长缓慢；生产批量大，产品成本低，利润也将达到最高点；众多同类产品进入市场，竞争十分激烈
衰退期	产品已经逐渐老化，转入产品更新换代的阶段	除少数名牌产品外，市场销售量日益下降；市场竞争突出地表现为价格竞争；部分厂商开始退出竞争；新产品进入市场，代替老产品

识别行业生命周期所处阶段的主要指标有市场增长率、需求增长率、产品品种、竞争者数量、进入壁垒及退出壁垒、技术变革、用户购买行为等。

二、外部因素

外部因素指行业自身难以把握和不可控的变化因素。它是一个复杂的、多层次的、多主体的立体结构系统。各行业的企业高层管理可以利用从外部环境获得的信息进行战略思考与决策。获得成功的公司往往能够按照环境大趋势，不断地评估行业内发生的各种变化，以便根据自身状况，对外部环境及时做出反应。外部因素包括政治环境、社会环境、技术分析和经济环境。

（一）政治环境

政治环境对企业的影响具有直接性、难预测性和不可控制等特点，这些因素常常制约、影响企业的经营行为，尤其是影响行业中较长期的投资行为。除此之外，政府行为对行业的销售和盈利有直接的重大影响，新管理条例的颁布或旧法律的恢复都会对行业的销售和盈利产生冲击。在某些情况下，政府的政策还能促进新行业的形成。

（二）社会环境

社会环境指人口、居民的收入或者购买力，居民的受教育程度等。生活方式的改变使许多行业繁荣起来。比如说，分析人员还密切关注人口结构变化，因为人口老龄化会给医疗服务行业股票以有力的支撑。

（三）技术分析

技术分析是要分析本行业内与产品有关的科学技术的现有水平、发展趋势及发展速度，跟踪掌握新技术、新材料、新工艺、新设备，分析对产品生命周期、生产成本及竞争格局的影响。比如，成熟期行业会面临行业本身是否会因新技术的产生而趋于没落，而采用新技术的幼稚期行业面临的问题是该创新能否被市场接受。

（四）经济环境

经济环境包括宏观经济形势、世界经济形势、行业在经济发展中的地位及企业的直接市场等。其中，企业的直接市场是与企业关系最密切、影响最大的经济环境因素，具体包括销售市场、供应市场、资金市场和劳务市场等。

那具体应当如何进行外部因素分析呢？下面以医疗服务行业为例进行简单分析。

从技术层面说，国内外医疗技术的进步延长了人类寿命，除此之外，中药行业正在积极地拓展国外市场，所以说，老年护理和医疗销售收入即将增加；从政策层面来说，随着国家经济水平不断提高，医疗保险的全面覆盖可能会增加看病频率，医疗行业市场逐渐变大；从社会和经济的层面来说，随着经济发展，人均国内生产总值也在不断提高，人们生活日渐富裕，生活需求已不再是单纯地追求温饱，而是更加注重运动健康和绿色食品，该社会倾向或会减少医疗行业的销售额。

三、需求分析

首先，找出影响行业销售的特定宏观经济变量，理想的情况是当收益与某一经济统计数字密切相关时，就不必再寻找多个作为预测的依据变量。例如，对水泥的需求和经济增长速度的关系。其次，将行业按照周期进行分类，给需求预测提供基本框架。例如：食品行业是"成熟期行业"，因而单位销售额应与国内生产总值和人口同步增长；互联网行业是"成长型行业"，决定了它将超出一般水平的销售增长率。最后，再对外部因素进行把握。许多外部因素稳定，容易预测。但还有一些外部因素不断变化，给分析带来不确定性，具体分析时要仔细区分，分别对待。

通过以上3个方面研究，分析人员为行业确定未来的销售额。不过在大多情况下，这一销售趋势由过去的历史趋势推断。预测行业的总需求是有裨益的，但要彻底了解主导行业收益的因素，只能通过对客户的详尽研究。一旦做出趋势预测，分析人员下一步就是研究行业产品的用户。需求从何而来？谁在购买行业产品？为什么购买？

以下以水泥行业为例，进行客户分析。

如图8-3所示，在进行行业分析时，分析人员把大部分时间花在研究需求趋势上，实际上，对供给端进行研究也可以得到好的信息。

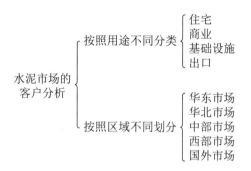

图 8-3　水泥行业客户分析

从经济学的均衡角度来说，通常假设商品的供给方可以自动调节使供求均衡。该均衡模型长期看是正确的，只是在短期或中期的适用程度随行业的不同存在差异。临时服务业与古典模型吻合，由于它主要使用低技术水平的工人，可以很快找到新员工，能够在短时间内增加供给。资本密集型行业恰好相反，钢铁工业和包装业需要花费 3～5 年的时间建立新工厂以扩大生产能力。软件业等使用高技术工人的行业，在短期内的生产能力受到限制。

供给由未利用的生产能力与增加新的生产能力共同决定，准确分析这两个变量并做出合理预测十分困难，这也是分析师很少会尝试做的原因。如果供给预测与需求预测吻合，则分析师认为未来市场处于均衡状态。如果供给预测与需求预测不吻合，除非供给方及时调整自己的行为，否则这一行业产品的价格将发生变动。

当行业存在有限竞争者，并以可计量的生产能力提供产品时，供给预测是最容易进行的。如果行业经济学显示进口成本过高，客观上限制了进口，则分析人员可以忽略国外生产能力，从而简化供给预测。

四、定价因素

大部分行业都在利用品牌、声誉或服务来区别不同的产品。集中程度高的行业很少出现价格波动。假设供求均衡，主要市场参与者有运用垄断能力的动机，那么人为的高价可以通过单一价格、秘密协议或其他途径实现。因此，进入行业的难易程度，是决定价格变动是否符合自由市场模型的关键变量。

除此之外，某些行业的生产依赖于一两种材料，这些原材料价格的变化会影响产品成本和公司的获利能力。在某些情况下，行业可以把增加的成本转化为更高的价格，以渡过难关。但在其他一些情况下，竞争的压力使企业不能这么做。所以，在这种情况下，原材料进价也会在很大程度上影响产品定价。

五、竞争分析

竞争分析也称竞争战略分析，其主要目的在于了解竞争对手的经营状况，了解目标客户的未来需求，以及发现新的消费点和新的客户群，最终达到在未来市场竞争活动中占据主导位置的目标。通过竞争分析之后，才能制定竞争战略。"竞争战略"一词是由美国学者迈克尔·波特（Michael E. porter）于 1980 年在其出版的《竞争战略》一书中提出的，属于企业战略的一种，它指企业在同一使用价值的竞争上采取进攻或防守的长期行为。波特为商界人士提供了 3 种卓有成效的竞争战略，它们是总成本领先战略、差别化战略和专一化战略。

企业进行战略选择，应当考虑企业所处产业的吸引力和决定企业在产业内竞争地位的主要因素这两个基本问题。目前最常用的分析模型是波特五力分析模型。波特五力分析模型是由迈克尔·波特提出的，它可以有效地分析客户的竞争环境，对企业战略的制定产生全球性的深远影响。该模型分析的 5 个因素分别是：供应商的议价能力、购买者的议价能力、潜在竞争者的威胁、替代品的威胁、行业内竞争者现在的竞争能力。它们的不同组合与变化会导致行业利润潜力的变化，总体如图 8-4 所示。

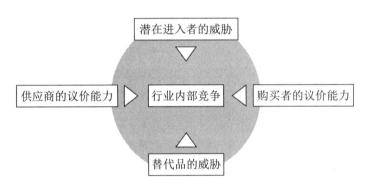

图 8-4　波特五力分析模型

（一）供应商的议价能力

供方主要通过提高投入要素价格与降低单位价值质量的能力，来影响行业中现有企业的盈利能力与产品竞争力。供方力量的强弱主要取决于他们所提供的是什么投入要素，当供方所提供的投入要素的价值构成了买主产品总成本的较大比例，对买主产品生产过程非常重要，或者严重影响买主产品的质量时，供方对于买主的潜在讨价还价能力就大大增强。一般来说，满足如下条件的供方集团会具有比较强大的讨价还价能力。

- 供方行业为一些具有比较稳固市场地位而不受市场激烈竞争困扰的企业所控制，其产品的买主很多，以至于每一单个买主都不可能成为供方的重要客户。
- 供方各企业的产品各具有一定特色，以至于买主难以转换或转换成本太高，或者很难找到可与供方企业产品相竞争的替代品。
- 供方能够方便地实行前向联合或一体化（产业链纵向延伸的能力），而买主难以进行后向联合或一体化。

（二）购买者的议价能力

购买者主要通过其压价与要求提供较高的产品或服务质量的能力，来影响行业中现有企业的盈利能力。一般来说，满足如下条件的购买者可能具有较强的讨价还价能力。

- 购买者的总数较少，而每个购买者的购买量较大，占了卖方销售量的很大比例。
- 卖方行业由大量相对来说规模较小的企业组成。
- 购买者所购买的基本上是一种标准化产品，同时向多个卖主购买产品在经济上也完全可行。
- 购买者有能力实现后向一体化，而卖主不可能前向一体化。

（三）潜在竞争者的威胁

潜在竞争者在给行业带来新生产能力、新资源的同时，也希望在已被现有企业瓜分完毕的市场中赢得一席之地，这就有可能会与现有企业发生原材料与市场份额的竞争，最终导致行业中现有企业盈利水平降低，严重的话还有可能危及这些企业的生存。潜在竞争者威胁的严重程度取决于两方面的因素：新领域的障碍大小与现有企业对于潜在竞争者的反应情况。

进入障碍主要包括规模经济、产品差异、资本需要、转换成本、销售渠道开拓、政府行为与政策、不受规模支配的成本劣势、自然资源、地理环境等方面，这其中有些障碍是很难借助复制或仿造的方式来突破的。预期现有企业对潜在竞争者的反应情况，主要是采取报复行动的可能性大小，取决于有关厂商的财力情况、报复记录、固定资产规模、行业增长速度等。

总之，新企业进入一个行业的可能性大小，取决于潜在竞争者主观估计进入所能带来的潜在利益、所需花费的代价与所要承担的风险这三者的相对情况。

（四）替代品的威胁

两个处于同行业或不同行业中的企业，可能会由于所生产的产品互为替代品，从而在它们之间产生相互竞争行为，这种源自于替代品的竞争会以各种形式影响行业中现有企业的竞争战略。

第一，现有企业产品售价及获利潜力的提高，将由于存在着能被用户方便接受的替代品而受到限制；第二，由于替代品生产者的侵入，使得现有企业必须提高产品质量，或者通过降低成本来降低售价，或者使其产品具有特色，否则其销量与利润增长的目标就有可能受挫；第三，源自替代品生产者的竞争强度，受用户转换成本高低的影响。总之，替代品价格越低、质量越好、用户转换成本越低，其所能产生的竞争压力就强；而这种来自替代品生产者的竞争压力的强度，可以具体通过考察替代品销售增长率、替代品厂家生产能力与盈利扩张情况来加以描述。

（五）行业内部竞争

大部分行业中的企业，相互之间的利益都是紧密联系在一起的。作为企业整体战略一部分的各企业竞争战略，其目标都在于使得自己的企业获得相对于竞争对手的优势，所以在竞争战略的实施中就必然会产生冲突与对抗现象，这些冲突与对抗就构成了现有企业之间的竞争。现有企业之间的竞争常常表现在价格、广告、产品介绍、售后服务等方面，其竞争强度与许多因素有关。一般来说，如果行业进入障碍较低，市场趋于成熟，用户需求增长缓慢，竞争者企图用降价等手段促销，退出障碍较高，就说明行业中现有企业之间竞争加剧。

第四节 上市公司分析

上市公司分析包含两个方面：业务分析和财务报表分析。它们一起组成了财务预测的基础。其中，业务分析指对公司的经营业务和经营环境进行分析。财务报表分析是通过对公司报表的有关数据进行汇总、计算和对比，综合分析公司的财务状况和经营业绩。公司财务报表提供的仅仅是静态信息，分析者需要定期收集新的信息，更新分析结论。

一、业务分析

分析师要分析一家公司怎样增加销售收入和获得利润，商业战略家称之为寻找这一公司的"持续竞争优势"（sustainable competitive advantage，SCA）。没有一个持续竞争优势，公司的客户将会丧失，竞争者将逼近，该公司的最终生存将成问题。管理学者将持续竞争优势归于3个基本策略：成本领先战略、差异化战略和专一化战略。图8-5为一般的业务分析框架图。

二、财务报表分析

财务报表的分析方法一般有比率分析法、比较分析法和趋势分析法。其中，比率分析法是通过一些比率指标来反映公司的流动状况、营运效率、风险程度、成长率和盈利的能力等。比较分析法则是通过简单数值比较或者共同基准的方法来对公司数据来进行比较分析。趋势分析法则是通过一系列的分析手段，如回归，来对具体项目或是财务比率进行趋势分析，得到数据的预测结果。

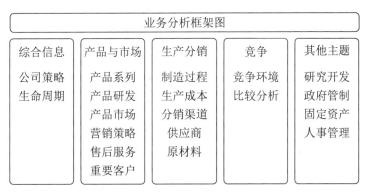

图 8-5　业务分析框架图

财务报表分析具有三大逻辑切入点，分别是：盈利质量、资产质量和现金流量。具体情况如图 8-6 所示。

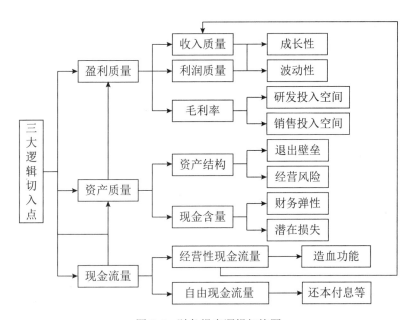

图 8-6　财务报表逻辑架构图

收入质量分析侧重于观察企业收入的成长性和波动性。成长性越高，收入质量越好，说明企业通过主营业务创造现金流量的能力越强；相反地，波动性越大，收入质量越差，说明企业现金流量创造能力和核心竞争力越不稳定。分析成长性和波动性最有效的办法就是编制趋势报表。对于利润质量来说，成长性越高，波动性越小，利润质量也就越好。除了利润质量之外，对毛利率的分析也十分重要。毛利率等于销售收入减去销售成本与销售税金之和，得数与销售收入之比。毛利率的高低不仅直接影响了销售收入的利润含量，而且决定了企业在研究开发和广告促销方面的投入空间。

资产质量分析可以从资产结构和现金含量这两个角度进行分析。资产结构指各类资产占资产总额的比例。一般而言，固定资产和无形资产占资产总额的比例越高，企业的退出壁垒就越高，企业自由选择权就越小。资产指企业因过去的交易、事项和情况而拥有或控制的能够带来未来现金流量的资源。所以，评价企业资产质量的方法之一就是分析资产的现金含量。资产现金含量越高，资产质量越好；反之亦然。

现金流量分析主要依靠的是现金流量表，分为三大部分：经营活动产生的现金流量、投资活动产生的现金流量和筹资活动产生的现金流量。现金流量可以从经营性现金流量和自由现金流量两个角度进行分析。经营活动产生的现金流量相当于企业的"造血功能"，即不靠股东注资、银行贷款或是变卖非流动资产获得现金流量，企业通过其具有核心竞争力的主营业务就能够独立自主地创造企业生存和发展的现金流量。如果经营性现金流入显著大于现金流出，表明其"造血功能"较强，对股东和银行的依赖性较低，反之则说明依赖性较高。从定量的角度来看，自由现金流量等于经营活动产生的现金流量减去维持现有经营规模所必需的资本性支出，即更新改造固定资产的现金流出。这是因为固定资产经过使用必然会陈旧老化，经营活动产生的现金流量首先必须满足更新改造固定资产的现金需求，剩余部分才可用于还本付息和支付股利。将自由现金流量与企业还本付息、支付股利所需的现金流出进行比较，就可评价企业创造现金流量的真正能力。

综上所述，从财务的角度来看，盈利质量、资产质量和现金流量是系统有效地分析财务报表的三大逻辑切入点。任何财务报表，只有在这个逻辑框架中进行分析，才不会发生重大的遗漏和偏颇。除此之外，盈利质量、资产质量和现金流量是相互关联的。盈利质量的高低受资产质量和现金流量的直接影响。只有"真金白银"的利润流入，才能真正给企业带来价值的增长。

模拟实验与思考

1. 请选取自己喜欢的个股或者行业，撰写相应的个股或行业分析报告。要求要有基本面和技术面分析，要做出短期（3个月内）、中期（3个月到1年）和长期（1年以上）走势的判断。

2. 请根据本章内容对自选股中的股票进行简要点评，包括它的基本面和技术面情况，加深理解，培养市场敏感度。

3. 如何从基本面（包括宏观经济分析、行业分析、上市公司分析）完善自己的交易策略？

即测即练

第九章 投资者情绪分析

本章学习目标：

- 掌握投资者情绪的定义与度量；
- 了解媒体报道对投资者情绪的影响；
- 了解基于直觉模糊网络分析法的投资者情绪指数构建方法；
- 掌握投资者情绪对交易策略的影响。

衡量投资者情绪的常用方法是构建投资者情绪指数。投资者情绪指数分为直接指数和间接指数，大量实证结果表明直接指数的可靠性不足，而间接指数仅仅反映了一定视角下的投资者情绪。本章主要讨论如何构建全面衡量投资者情绪的综合指数，并进行实证分析。

近年来，我国国内生产总值持续增长，但我国股票市场并非一路上扬，相反地，大量的蓝筹股呈现低迷不振状态，投资者亏损较多，股市的回报与国际资本市场同类股票相比明显不佳。传统的金融理论对现有金融现象解释的无力要求我们寻求新的理论，学者们打破传统金融学"理性人"的假设束缚，开始从投资者心理及行为层面解释这些现象，为行为金融学的发展奠定了基础。经过近20年的快速发展，行为金融学对现实金融市场的解释力越来越强。行为金融学研究的是人们在竞争市场中为何不能有效利用信息、持有何种信念和偏好，以及如何做出非理性决策的理论，有2个理论基础：有限套利和投资者心态分析。投资者心态分析的主要对象就是投资者情绪。

投资者情绪直接指数的可靠性不足，而间接指数仅仅反映了一定视角下的投资者情绪，这些都表明了寻找合适的能全面衡量投资者情绪的综合指数是十分必要的，尤其是我国证券市场还处于发展阶段，在很多方面都还不成熟，投资者情绪对我国股市的影响更为显著。因此，对我国股票市场投资者情绪综合指数的设计与应用进行研究，具有重要的理论与现实意义。

第一节 投资者情绪的定义与度量

一、投资者情绪的定义

目前，关于投资者情绪还没有统一的定义。熊市情绪指数（the bearish sentiment index）于 1963 年在美国《投资者智慧》杂志上首次被提出，投资者情绪（sentiment index）也被首次使用。此后，Zweig（1973）定义投资者情绪为投资者对于证券价值未来预期的偏差。Lee 等（1990）认为投资者情绪是投资者基于心理情感而产生的一种对市场的判断，这种判断的根源在于投资者心理因素的非理性导致的认知上的某种偏差。Wurgler（2012）指出以往关于投资者情绪的定义仅仅只是衍生于传统金融，其所指代的界限并不十分清晰。Bandopadhyaya（2016）用投资者情绪来分析短期资产价格的变化情况。

国内学者对投资者情绪研究较晚，对投资者情绪的定义一般沿用国外学者的定义，大多是从投资者的认知偏差出发。饶育蕾和刘达锋（2003）将投资者情绪视为投资者对资产价格的某种带有偏差的预期，国内持相同或相似定义的还有李小哈、王宇（2012）等学者。胡昌生和池阳春（2012）认为，无论学者们从何种角度来定义投资者情绪，它最终都会反映到资产价格的变化上来，引起资产价格偏离其基本价值。高大良（2013）和李昊洋等人（2017）认为，投资者情绪本质上是投资者对资产价格的某种带有系统性偏差的预期。

综上所述，从国内外学者对投资者情绪的定义可以看出，投资者情绪的定义不管是从心理学出发还是从金融学出发，基本上大同小异。本文认为投资者每天都接受许多关于股票市场价值信息的刺激，由于投资者自身对市场的系统性认知偏差或信息处理能力的不同导致的对市场的不同理解，从而形成对股票市场的一种预期，这种看涨或看跌的预期就是投资者情绪。

二、投资者情绪的度量

目前对投资者情绪的研究基本上是利用代理变量表征投资者情绪，从而可以量化投资者情绪，进而分析情绪与股票市场间的相互关系。不同的研究者通常选择不同的市场变量作为投资者情绪的代理变量，对于这些变量，目前没有统一的分类。本文将其分为 3 类。第一类是投资者情绪的主观指标，多是机构采用问卷调查这种比较直接的方式获取并统计、编制投资者情绪指标。这类方法不仅能够直接反映投资者对市场未来的态度是乐观还是悲观，还能够针对不同的投资者群体编制不同的投资者情绪指标。例如：调查对象为机构投资者则为机构投资者情绪指标；调查对象为个人投资者则为个人投资者情绪指标；调查对象为市场整体投资者则为综合投资者情绪指标。该类指标的特点是具有较强的预测性和直观性，但主观性太强，属于事前指标。第二类是投资者情绪的客观指标，这类指标一般选用证券市场上的公开交易数据等，然后运用一定的统计方法计算得出投资者情绪指标。同样地，该类投资者情绪指标也可以分为机构投资者情绪指标、个人投资者情绪指标及综合投资者情绪指标。该类指标的特点比较客观，需要进行一定的统计分析，属于事后指标。第三类指标是影响情绪的其他非经济变量的隐形指标，任何影响人的情绪的事情或者影响投资者当时决策的指标都属于此类。比较常用的有天气类的变量，如气温、气压、云量、降雨、降雪、湿度等，还有其他如噪声、日照时间长短和体育比赛等。这类指标的特点是与金融市场相关程度不大，内在的影响机制难以阐述。常用的各类型指标具体如表9-1所示。

表 9-1 常见的投资者情绪度量指标

指标类型	国外常用的指标	国内常用的指标
主观指标	（1）投资者智能指数：发起者对超过百家报纸的股评者进行对市场看涨、看跌和看平3种市场预期的问卷调查，得到可以在一定程度上反映投资者情绪的指数，进行相关研究的学者有 Fisher 和 Statman（2000）、Lee 和 Indro（2002）、Brown 和 Cliff（2004）等 （2）华尔街分析家指数：该指数以股票在卖方分析师推荐的资产配置中所占的比例来作为投资者情绪的度量指标，进行相关研究的学者有 Bernstein 和 Pradhuman（1994）、Fisher 和 Statman（2000）等 （3）友好指数：由哈达迪公司根据主要报刊、基金及投资者机构每周的买卖建议，通过打分评估它们的乐观或悲观程度。进行相关研究的学者有 Solt 和 Statman（1998）、Sander, Irwin 和 Leuthold（1997）等 （4）美国个体投资者协会指数：美国个体投资者协会每月采用问卷调查投资者对未来6个月行情的判断，主要反映的是个体投资者情绪的变化。进行相关研究的学者有 Fisher 和 Statman（2000）、Brown 和 Liff（2004）	（1）央视看盘指数：由中央电视台的"央视看盘"栏目对我国60家券商和咨询机构关于后市的看法进行问卷调查，该指数有日数据和周数据2种。进行相关研究的学者有饶育蕾和刘达峰（2003）、刘超和韩泽县（2006）、杨阳和万迪昉（2010）、王一茸和刘善存（2013）等 （2）华鼎多空民意调查数据：该指数由《中国证券报》公布的对大中小型投资者的仓位情况及对未来走势的涨跌看法进行调查，并进行分析处理得出，涉及该指数的国内学者有王美今和孙建军（2007）、余佩琨和钟瑞军（2009）、晏艳阳等（2010）、方勇（2012）等 （3）好淡指数：是国内最早连续公布投资者情绪的调查指数，由《股市动态分析》杂志社每周五通过对机构投资者关于市场后期走势的看法进行调查，并分为短期好淡指数和中期好淡指数。运用或涉及该指数研究的学者有王朝阵和李心丹（2008）、陆江川和陈军（2013）、汤益成（2015）等

续表

指标类型	国外常用的指标	国内常用的指标
客观指标	（1）封闭式基金折价率：由于封闭式基金无法在一级市场进行申购和赎回等特征，出现了所谓的"封闭式基金折价之谜"，即封闭式基金的价格与其净资产值长期处于背离状态，价格低于净资产值这种情况经常出现，Lee等人（1990）最早采用投资者情绪理论来解释封闭式基金折价之谜，认为封闭式基金折价率能够表征个人投资者情绪的学者还有Swaminathan（1996）、Neal和Wheatley（1998）、Baker和Wurgler（2006）。然而，也有学者如Elton、Ruber和Busse（1998）、Brown和Cliff（2005）认为封闭式基金折价率不能够表征个人投资者情绪 （2）换手率：股票的成交量与其流通市值的比值，通常会反映出股票流动性的高低及投资者参与投资交易的活跃程度。Jones（2002）研究发现，换手率能用来预测1年或者更长区间的股市收益，高的换手率预示着未来的低收益。Baker和Wurgler（2006）指出，换手率指标反映市场上股票流动性的强弱及投资者参与交易意愿的强烈程度，是度量投资者情绪的有效指标 （3）首次公开募股数量：首次公开募股市场的火热程度往往能够反映出整个股票市场投资者情绪的乐观程度。不过该指标具有争议，Bayless和Chaplinsky（1996）认为其不能表征投资者情绪，但Brown和Cliff（2005）、Baker和Wurgler（2006）认为可以表征投资者情绪 （4）腾落指标：该指标反映了股票市场上人气的盛衰，以股票每天上涨或下跌的家数为基础编制而成。Brown和Cliff（2004）对该指标进行了研究，他们发现月度腾落指标可以很好地预测小市值股票的未来收益，且显著性水平非常高，但是该指标对大市值股票没有预测作用	（1）封闭式基金折价率：在我国，自2000年之后，保险公司等机构占据封闭式基金的份额比例较大，与国外基金大多由个人持有不一样，所以，能否代表个人投资者情绪还需进一步的实证研究。研究该指标的相关学者包括顾娟（2001）、张俊喜和张华（2002）、刘煌辉和熊鹏（2004）、黄少安和刘达（2005）、朱伟弊和张宗新（2008）、杨元泽（2010）等。伍燕然和韩立岩（2007）利用投资者情绪解释了封闭式基金折价之谜，并且论证了投资者情绪是资产定价的重要因素。王春峰等（2007）结合现代市场微观结构理论，建立了非对称信息环境下投资者情绪与新股价格行为关系模型 （2）换手率：国内学者很少单独采用该指标进行研究，一般跟其他代理变量结合并构建综合投资者情绪指数进行研究，如杨阳和万迪昉（2010）、方援（2014）、易志高和茅宁（2009）等学者在研究中把换手率指标作为反映投资者情绪指数的一个因素 （3）首次公开募股首日收益率：首次公开募股首日收益率即股票上市第一天的涨跌幅。一般情况下，当投资者情绪高涨时，股票价格相对较高，上市公司选择此时发行新股，会给公司带来更大的利益。运用或涉及该指数研究的学者有韩立岩和伍燕然（2007）、周孝华（2008）等 （4）新增开户数或开户增长率：代表未进入市场人士对股市未来的看法，若新增开户数或开户增长率增加，表示投资者对市场后市看涨，反之则不然。进行相关研究的学者有张强和杨淑娥（2009）、李学峰和曹晨旭（2010）等
隐形指标	（1）Hirshleifer和Shumway（2003）研究了天气晴朗与否与股票收益之间的相关关系，研究表明两者之间有很强的正相关关系 （2）Kamstra等（2000）将日照时间长短跟股票收益联系起来，结果表明两者之间存在较高的正相关关系。另外他们（2003）采用季节性情绪失调来表征投资者情绪，研究表明该指标与股票收益存在显著的相关关系 （3）Cao和Wei（2005）将气温高低和股票收益联系起来，结果表明两者之间存在负相关关系，气温越低，股票收益率较高 （4）体育比赛的输赢也会影响股票的收益。例如，Edmans等（2007）的研究表明两者存在相关关系	（1）韩泽县（2005）研究了深沪两市1997—2002年之间天气与股指日收益率之间的关系，研究表明两者之间存在稳定且显著的相关性 （2）李小晗（2009）采用月向变化来表征投资者情绪的周期性波动，研究表明投资者情绪会随着月相变化呈现周期性波动，导致其投资决策行为模式的变化，进而影响股票价格的运行轨迹，发现股票价格运行轨迹与投资者情绪周期波动轨迹相同

三、投资者情绪与市场的关系

投资者情绪对股市的影响主要体现在两个方面：先导作用与放大作用。

投资者情绪与股市运行趋势之间是一个相互促进的交互过程，两者之间形成一种反馈环机制。索罗斯（George Soros）提出的著名"反身性理论"可以很好地描述这种反馈环现象，展示二者的相互作用机制。简单来说，反身性理论指的是投资者与金融市场的互动关系。在股市中，首先投资者会根据自身掌握的相关信息（投资者不可能获得所有信息）和对市场的认知（投资者之间会存在认知差异）形成对市场的预期，当投资者认为自己的这种预期能够实现时，他会付诸行动。而投资者的这种行动将会对市场原有发展趋势产生影响，市场形态会有所改变，也就是说，投资者的行为反映一种新的市场形态，从而形成新的信息。这种新的信息又会让投资者产生新的投资信念，并继续改变金融市场的走向。二者在这种相互影响的过程中不断强化自身趋势，当投资者中偏见的力量越来越大，并在群体中产生影响时就会产生"蝴蝶效应"，市场此时将无法支撑原有状态，股市就会开始调整并将会偏离均衡状态。

国外学者在对股市的研究中发现，这种正反馈交易特征还是比较明显的。当这种偏见的趋势很大时，会导致股票价格偏离其价值。当投资者情绪正向作用时，可能加长牛市的持续时间，即对牛市有一种支撑作用；但是当投资者情绪反向作用时，将会扩大市场的下跌幅度，对股市造成灾难性影响。

投资者情绪的放大作用体现在市场趋势的形成过程中，虽然投资者情绪从来都不是主要因素，但是它对市场趋势有着另外一方面的影响，投资者情绪会强化原有的市场趋势，使市场趋势的波动幅度增大和持续时间加长。在市场出现触底反弹之后，投资者受市场上涨趋势的影响，在财富效应的作用下，他们会产生新的投资冲动，为市场注入新的活力，当"羊群效应"出现时，会推动股市进一步上涨；反之，会推动股市进一步下跌。

第二节 媒体报道对投资者情绪的影响

媒体（media）一词来源于拉丁语"medius"，音译为媒介，意为两者之间。根据百度百科对媒体的定义，媒体指传播信息的媒介。它指人借助用来传递信息与获取信息的工具、渠道、载体、中介物或技术手段，也可以把媒体看作实现信息从信息源传递到受信者的一切技术手段。媒体有两层含义，一是承载信息的物体，二是储存、呈现、处理、传递信息的实体。传统媒体的四大代表类型分别为电视、广播、报纸、周刊（杂志）。此外，还有户外媒体，如公交站的灯箱广告位等。随着科学技术的发展，社会逐渐衍生出新的媒体，如交互式网络电视、电子杂志、微博、微信等，它们在传统媒体的基础上发展起来，但与传统媒体又有着质的区别。

媒体是提供新闻信息的重要途径。证券市场是一个高度信息不对称的市场，投资者所需的信息大部分是从金融媒体获得。媒体可以是信息的公开者，可以是市场变化的预测者，可以是重大事件的调查者，可以是公司丑闻的揭露者，还可以是某种观点的支持者。它是一个信息媒介，大大降低了公众搜索信息的成本；但它又不仅仅是信息媒介，媒体信息同样左右着人们的投资决策判断。

股票收益的变动必然来自投资者的行为，媒体影响股票收益率也是媒体作用在投资者身上，使投资者行为发生了变化。行为金融学认为，媒体通过引起投资者关注和改变投资者情绪，改变了投资者投资行为，如投资者的参与程度、投资类型及收益预期等，最终反映到资产价格中。投资者注意力是引起一系列投资行为的触发点，而投资者情绪是决定投资者行为决策的基础和前提。因此，我们接下来研究媒体报道对投资者情绪的影响。

一、基于媒体报道的投资者情绪综合指数

投资者情绪指投资者基于对资产未来的现金流量和投资风险的预期而形成的一种信念，但这一信念并不能完全反映当前已有事实。简单来说，投资者情绪是投资者对未来市场情况乐观或悲观的判断，具有不确定性。鉴于投资者自身的知识经历、社会背景、投资经验、相关信息、自身个性、风险偏好等方面的限制，不同的投资者对同一资产会有不同的"情绪"，是投资者基于主观信念和客观条件的综合评估。

（一）投资者情绪综合指数构建

情绪是人的一种心理反应，无法直接观测量化，包括每个人对自身情绪也不能很好地度量，但是股票价格的涨跌与投资者情绪是紧密相关的：投资者情绪高涨，股价上升；投资者情绪低迷，股价下降。所以，建立投资者情绪指标的一种思路是该指标能够反映股价的波动趋势。

基于这个思路，许多学者利用不同指标建立了个股投资者情绪综合指数。Kumar和Lee利用买方与卖方交易量的平均差构建了买卖不均衡指标（bullish sentiment index，BSI）指数。张强指出个股换手率与个股投资者情绪紧密相关。杨淑娥等证明了个股换手率变动趋势能够较好地符合股票变动趋势。Mustafa和Hamid以土耳其统计研究所出版的土耳其每月消费者信心指数（Türkiye consumer confidence index，TCCI）表征个股投资者情绪，并结合宏观经济风险因素将个股投资者情绪分为理性与非理性两部分。

由于我国证券市场情况和统计数据不同于国外市场，本文主要借鉴国内研究成果，

选取个股换手率、个股交易金额增长率、调整后的买卖不均衡指标及上涨下跌平均天数比指标（rise-fall ratio，RFR）来描述个股投资者情绪。

1. 个股换手率

换手率为当期成交股数与市场流通总股数的比值。买方市场的乐观和卖方市场的悲观都会导致较高的换手率，也就是说高换手率不一定代表投资者持看涨态度。因此，本文使用当月个股开收盘价对换手率的正负做出定义：如果当月末收盘价大于月初开盘价，则换手率为正；反之为负。

2. 个股交易金额增长率

投资者情绪变化不仅反映在交易量上，还带来交易价格的变化，也就是引起个股交易金额的变化，用个股交易金额增长率（amount growth rate，AGR）来表示，计算公式为

$$\text{AGR}_{i,t} = \frac{A_{i,t} - A_{i,t-1}}{A_{i,t-1}} \tag{9-1}$$

其中，$A_{i,t}$ 指股票 i 在 t 时期的个股交易金额；$A_{i,t-1}$ 指股票 i 在 t 时期的滞后一期个股交易金额。

同样地，大量的买入与卖出反映到市场上都是较高的交易金额。因此本文对个股交易金额增长率也做出调整，即月末收盘价大于月初开盘价增长率为正；反之为负。此时，个股交易金额增长率数值越大，则说明投资者情绪越高涨。

3. 调整后的买卖不均衡指标

传统的买卖不均衡指标是通过主动买入量和主动卖出量来构建的，反映投资者对某只股票的需求程度，但主动买入量和主动卖出量需要使用分笔成交金额的高频数据。由于数据获取比较复杂，本文利用资金流入量和资金流出量构建该指标，计算公式为

$$\text{BSI}_{i,t} = \frac{\text{INFLO}_{i,t} - \text{OUTFLO}_{i,t}}{\text{INFLO}_{i,t} + \text{OUTFLO}_{i,t}} \tag{9-2}$$

其中，$\text{INFLO}_{i,t}$ 指股票 i 在 t 时期的区间资金流入量；$\text{OUTFLO}_{i,t}$ 指股票 i 在 t 时期的区间资金流出量；$\text{BSI}_{i,t}$ 大于 0 则说明股票 i 在 t 时期的资金流入量大于资金流出量，代表投资者情绪高涨；$\text{BSI}_{i,t}$ 小于 0 则说明投资者情绪低迷。

4. 上涨下跌平均天数比指标

股票投资者情绪可以通过股票价格的上涨和下跌直观体现。当投资者对某只股票普遍看涨时，该股票价格偏向于上涨；反之亦然。因此，本文借鉴其他指标的计算方法，利用交易期间内个股股票价格上涨和下跌的波动变化构造了上涨下跌平均天数比指标，计算公式为

$$\text{RFR}_{i,t} = \frac{\text{RD}_{i,t} - \text{FD}_{i,t}}{\text{RD}_{i,t} + \text{FD}_{i,t}} \tag{9-3}$$

其中，$RD_{i,t}$指股票i在t时期内的上涨天数；$FD_{i,t}$指股票i在t时期内的下跌天数；$RFR_{i,t}$大于0表示投资者对股票i在t时期内是看涨的，反之为看跌。

本文采用随机抽样的方式选取90只A股股票作为样本。根据研究需要，对样本进行进一步处理：①剔除2016年后上市的公司18家；②剔除2012版证券会行业分类Ⅰ类（即金融保险类）公司4家；③剔除ST与*ST公司5家；④剔除无法获取完整财务数据及股票数据的公司8家；⑤剔除股票面值为10元的公司2家。此外，如果一家上市公司除A股外，还有B股、H股等，则只研究A股数据。一家公司如果被打上ST与*ST标记，则说明其经营状况出现了异常，它的财务指标与正常类公司存在较大差异，因此剔除。剔除Ⅰ类上市公司是因为与非金融类上市公司相比，它们通常进行高杠杆经营，也就是高杠杆率是常态。而对于非金融类上市公司，高杠杆率意味着该公司经营状况面临很大风险，两者不具有可比性。剔除股票面值为10元的公司是考虑到股票面值对股票数据造成的可能影响，有研究价值，但是本文不予考虑。对原始样本处理后最终获得有效样本53家，其中上交所样本21家，深交所样本32家，样本时间区间为2016年1—12月。本文先对所有数据进行标准化处理，以消除变量间的量纲差异，分别对2016年1—12月的数据进行主成分分析，按照特征值大于1的原则选取主成分，建立个股投资者情绪综合指数：

$$SENT_{i,t}=\alpha_1 TR_{i,t}+\alpha_2 AGR_{i,t}+\alpha_3 BSI_{i,t}+\alpha_4 RFR_{i,t} \tag{9-4}$$

其中，$SENT_{i,t}$表示股票i在t时期的投资者情绪，该值越大说明投资者情绪越高涨，该值越小说明投资者情绪越低迷；$TR_{i,t}$表示股票i在t时期经过调整的换手率；$AGR_{i,t}$表示股票i在t时期调整后的交易金额增长率；$BSI_{i,t}$表示股票i在t时期的需求程度；$RFR_{i,t}$表示股票i在t时期的上涨下跌平均天数比；$\alpha_1 \sim \alpha_4$分别表示提取到的主成分系数。

利用SPSS 17.0进行主成分分析，按照特征值大于1的原则，提取结果如表9-2所示。KMO（Kaiser-Meyer-Olkin）检验统计量是用于比较变量间简单相关系数和偏相关系数的指标。当所有变量间的简单相关系数平方和远远大于偏相关系数平方和时，意味着变量间的相关性越强，原有变量越适合作因子分析，此时KMO值接近1；KMO值越接近于0，意味着变量间的相关性越弱，原有变量越不适合作因子分析。本文KMO值均大于0.500，说明适合做因子分析。除1月与3月外，巴特利球度检验（Bartlett's test）其对应的相伴概率值均小于5%的显著性水平，说明样本数据还是适合做主成分分析的。本文所选取的4个指标在构建主成分时并无统计意义上的不足。为了排除可能的异常行为干扰，本文不使用未通过巴特利球度检验的月份情绪数据，即本文将样本时区修改为2016年5—12月。

表 9-2 主成分分析提取结果

月 份	KMO 值	巴特利球度检验		提取主成分个数/个	累计方差/%
		近似卡方	Sig.		
1	0.567	10.399	0.109	2	64.095
2	0.658	54.365	0.000	1	57.255
3	0.596	6.672	0.352	1	36.234
4	0.611	28.540	0.000	1	46.837
5	0.554	43.780	0.000	1	50.731
6	0.710	29.029	0.000	1	50.277
7	0.683	31.231	0.000	1	50.716
8	0.477	22.105	0.001	2	67.076
9	0.678	78.899	0.000	1	60.613
10	0.610	32.959	0.000	1	48.820
11	0.732	61.140	0.000	1	60.618
12	0.560	57.045	0.000	1	50.086

(二) 投资者情绪影响股票收益率分析

从经济意义上来讲，情绪水平及情绪的变化都有可能会影响股票收益率，但是可能在影响的大小及方式上存在差异。得到每只样本股票的综合情绪指标后，建立投资者情绪与股票收益率之间的模型。为了尽可能全面地刻画股票收益率，本文以资本资产定价模型（capital asset pricing model，CAPM）为基础，在回归分析中包含市场风险（$R_{m,t}-R_{f,t}$）、公司规模（$\ln(MV_{i,t})$）、账面市值比（$BM_{i,t}$）、流动因子（$LI_{i,t}$）作为解释变量，股票收益率（R_i）作为因变量。

$$R_{i,t}-R_{f,t}=\alpha_{i,t}+\beta_1(R_{m,t}-R_{f,t})+\beta_2\ln(MV_{i,t})+\beta_3 BM_{i,t}+\beta_4 LI_{i,t}+\beta_5 SENT_{i,t-n}+e_{i,t} \quad (9\text{-}5)$$

$$R_{i,t}-R_{f,t}=\alpha_{i,t}+\beta_1(R_{m,t}-R_{f,t})+\beta_2\ln(MV_{i,t})+\beta_3 BM_{i,t}+\beta_4 LI_{i,t}+\beta_5 \Delta SENT_{i,t}+e_{i,t} \quad (9\text{-}6)$$

其中，$R_{i,t}$ 表示股票 i 在 t 时期的收益率；$R_{f,t}$ 表示 t 时期的无风险收益率，本文选用中国人民银行公布的 3 个月定期存款基准利率折算出的月利率；$R_{m,t}$ 表示 t 时期的市场收益率，本文选用沪深 300 指数月收益率进行描述；$\ln(MV_{i,t})$ 表示股票 i 在 t 时期取自然对数的总市值；$BM_{i,t}$ 表示股票 i 在 t 时期的账面市值比；$LI_{i,t}$ 表示股票 i 在 t 时期的流动性，本文采用个股月换手率进行衡量，即月成交股数与月个股流通股数的比值；$SENT_{i,t-n}$ 为股票 i 滞后 n 期的个股投资者情绪，因为本期媒体报道只对下一期个股收益率产生影响，为了研究时期的一致性，在此只研究当期及上期个股投资者情绪对本期股票收益率的影响，故 n 取值为 0 和 1；$\Delta SENT_{i,t}$ 表示股票 i 在 t 时期的个股投资者情绪变化值，即 $\Delta SENT_{i,t} = SENT_{i,t-1} - SENT_{i,t}$；$\alpha_{i,t}$ 是截距项；$\beta_1 \sim \beta_5$ 分别表示对应变量的系数；$e_{i,t}$ 表示随机误差项。

本文利用最小二乘法对两个模型进行回归，结果如表 9-3 所示。

表 9-3 个股投资者情绪与股票收益率

变量	模型 1		模型 2		模型 3	
	系数	t统计量	系数	t统计量	系数	t统计量
X1	−0.911	−18.738***	−0.905	−18.130***	−0.899	−18.606***
MV	0.113	3.985***	0.110	3.615***	0.125	4.247***
BM	−0.224	−3.635***	−0.272	−4.418***	−0.260	−4.292***
LI	0.001	12.173***	0.001	21.005***	0.001	15.695***
SENT	0.019	5.769***				
SENT1			−0.003	−1.093		
DSENT					0.008	4.090***
拟合度（R-squared）	0.813		0.802		0.811	
调整后的拟合系数（Adjusted R-squared）	0.784		0.771		0.781	
F 统计量（F-statistic）	27.998		26.048		27.523	
概率（Prob.）	0.000		0.000		0.000	
自相关检验（D.W.）值	2.040		1.951		1.956	

SENT 表示本期投资者情绪对股票收益率的回归结果，SENT1 表示上一期投资者情绪对股票收益率的回归结果，DSENT 表示本期投资者情绪变化量对股票收益率的回归结果。结果表明，在 1% 显著性水平上，本期个股投资者情绪水平和本期个股投资者情绪变化量显著影响个股投资者收益率，上一期个股投资者情绪影响不是十分显著，说明投资者情绪在短期内没有延续性，即上一期投资者情绪不会影响到本期股票收益率，但随后的情绪变化量和本期投资者情绪会影响本期股票收益率。因此，可以认为：投资者是"健忘"的，他们会根据当期情绪的转变及当期情绪买卖股票，而非考虑到上一期情绪，情绪具有一定的时效性。本期投资者情绪水平和本期投资者情绪变化量与股票收益率呈正相关，上一期个股投资者情绪水平负向影响本期股票收益率，即上一期投资者情绪的高涨会引起本期股票的低收益，本期投资者情绪的高涨会引起股票的高收益率。这与 Chan（2003）的结论一致，即投资者情绪高涨买入股票，推高股票价格，相应的股票收益增加，但接下来股票价格会向其基本面价值回归，从而使股票收益率下降。本期投资者情绪变化量与股票收益率之间的系数为正，说明当投资者情绪由高到低或由低到高时，相应的股票收益率会下降或上升，这也是符合股票市场规律的。

除上一期个股投资者情绪水平外，由 t 检验结果可知，各变量均在 1% 的统计水平上显著，Prob（F-statistic）=0.000[①] 说明方程的总体线性关系显著成立，可决系数 R^2 皆超过 0.8 说明方程拟合程度好，所选取的指标能够充分解释被解释变量，模型设定是合理的。规模因子和流动因子对股票收益率起正向影响，市场风险因子和账面市值比因子对股票收益率起负向影响。

---

① Prob（F-statistic）代表 F 统计量的伴随概率。

二、媒体报道影响投资者情绪的实证分析

媒体报道对股票收益的影响是通过投资者情绪作用的,但因为上一期媒体报道会影响本期股票收益率,因此从2个方面进行检验:①投资者情绪水平($SENT_{i,t-1}$和$SENT_{i,t}$),检验上一期媒体报道数量对上一期投资者情绪及本期投资者情绪的影响;②投资者情绪本期变化量($\Delta SENT_{i,t}$),检验上一期媒体报道数量对投资者情绪本期变化量的影响。影响个股投资者情绪的因素有很多:宏观方面,如经济形势、利率水平、价格指数、外汇走势等;微观方面,如个股利好利空消息、公司重大事件、行业相关政策等因素。为了更加准确地研究媒体报道对个股投资者情绪的影响,本文选择沪深300指数波动率作为控制变量,选择个股上期收益率及本期收益波动率作为控制变量,并分别建立如下模型:

$$SENT_{i,t-n}=\alpha_{i,t}+\beta_1\ln(MN_{i,t-1})+\beta_2 HSI_t+\beta_3 Return_{i,t-1}+\beta_4 Flu_{i,t}+e_{i,t} \quad (9-7)$$

$$\Delta SENT_{i,t}=\alpha_{i,t}+\beta_1\ln(MN_{i,t-1})+\beta_2 HSI_t+\beta_3 Return_{i,t-1}+\beta_4 Flu_{i,t}+e_{i,t} \quad (9-8)$$

其中,$SENT_{i,t-n}$为股票i滞后n期的个股投资者情绪;$\Delta SENT_{i,t}$表示股票i在t时期的个股投资者情绪变化量;$\ln(MN_{i,t-1})$表示股票i在$t-1$时期取自然对数的媒体报道数量;HSI_t表示t时期的沪深300指数波动率;$Return_{i,t-1}$表示股票i在$t-1$时期的收益率;$Flu_{i,t}$表示股票i在t时期的收益波动率;$\alpha_{i,t}$是截距项;$\beta_1 \sim \beta_4$分别表示对应变量的系数,$e_{i,t}$表示随机误差项。

利用最小二乘法对模型进行回归,结果见表9-4。

表9-4 媒体报道与个股投资者情绪

变量	模型1 系数	模型1 t统计量	模型2 系数	模型2 t统计量	模型3 系数	模型3 t统计量
MN1	−0.134	−3.220***	0.066	1.884*	−0.233	−4.131***
HSI	−26.023	−5.618***	0.816	0.217	−26.810	−4.195***
RET1	−0.661	−2.268**	5.274	16.536***	−5.557	−10.254***
FLU	15.578	11.727***	3.874	3.574***	10.419	5.526***
拟合度(R-squared)	0.375		0.548		0.307	
调整后的拟合系数(Adjusted R-squared)	0.279		0.479		0.201	
F统计量(F-statistic)	3.929		7.949		2.905	
概率(Prob.)	0.000		0.000		0.000	
自相关检验(D.W.)值	2.290		2.429		2.747	

由表9-4显示,在不区分媒体报道内容的情况下,上一期媒体报道数量对上一期投资者情绪水平的影响不显著,对本期投资者情绪水平及本期投资者情绪变化量影响显著。另外,实证结果中变量t检验及方程的F检验均通过,这表明本文所选取的控制变量:沪深300指数波动率(HSI_t)、上一期股票收益率($Return_{i,t-1}$)及个股本期收益波动率($Flu_{i,t}$)显著且方程总体线性关系成立,对投资者情绪水平及情绪的解释能力较强。综

合两个模型来看,对情绪水平及情绪变化量影响最为显著的首先是个股本期收益波动率,其次是上一期股票收益率,再次是上一期媒体报道数量,最后是沪深300指数波动率。这说明在不区分媒体报道内容的情况下,投资者对未来股票收益做出预测时会慎重考虑股票当前的收益波动情况及上一期收益状况,并结合新闻情况和市场整体收益波动做出判断,这也与现实情况相吻合。

第三节　基于直觉模糊网络分析法的投资者情绪综合指数

一、情绪指标的选择与处理

上节讨论了媒体报道对投资者情绪的影响,本节拟考虑影响投资者情绪的全部因素,来构建投资者情绪综合指数。本文选取反映市场状况和符合中国证券市场特征的客观数据来构建投资者情绪综合指数。共选取13个客观指标的代理变量,剔除了主观指标的代理变量,原因主要有以下两点:第一,主观变量往往采取调查问卷的形式,得出投资者对未来一段时间市场的情绪,然而随着网络的发展,信息更新的速度日新月异,各种噪音信息时刻在影响投资者对市场的判断,投资者认知上的偏差和心理活动影响投资者情绪,进而影响到最终的买卖决策,投资者很有可能不会按照其调查时的看法进行投资,尤其是在波动剧烈的情况下,市场更是流传着"一根阳线改变情绪,二根阳线改变预期,三根阳线改变理念"的说法。第二,调查样本选取的时效性随着时间也可能渐渐减弱。例如,央视看盘指数选择市场上50家证券机构对未来的看法,即使这50家证券机构不存在第一点的问题,但随着中国资本市场的发展,私募基金及外资机构的不断增加,这50家证券机构对市场的影响也会逐渐减弱。因此,本文认为金融市场的客观交易数据已经包含了市场所有投资者的特征,用这些客观交易数据来表征投资者情绪更加准确。这里将13个指标分成4类,分别为市场活跃度指标、盈利能力指标、市场表现指标和市场扩容指标。

(一)市场活跃度指标

市场活跃度与投资者情绪相互影响,成正相关关系。当市场非常活跃时,投资者情绪也越发高涨;反之,当市场低迷时,投资者情绪低落。反映市场活跃程度的指标主要有成交量、换手率、融资余额、银行间同业拆借利率等。当投资者情绪高涨时,市场一般买卖比较活跃,成交量和换手率也较高;反之,成交量和换手率就比较低。因此,市场换手率表示一定时间内市场转手买卖的频率,在一定程度上反映了市场流动性和市人气。换手率越高，说明市场参与股票交易越热情，可以较好地反映投资者对后市的一种态度。市场成交量反映的是投资者股票的买卖数量。成交量越大，表示投资者的认可程度越大。

融资余额指投资者每日融资买进与归还借款间的差额的累积，即银行等机构通过融通资金方式带来的资金融通的数量。当融资余额在一定时期内呈现上升情况时，此时市场中的投资者对于证券市场后市持乐观态度，证券的整体交易状况也呈现出一片繁荣景象，称为强势市场；而当融资余额在一段时间内处于下降状态时，市场中多呈现出一片看空的景象，投资者的买入股票的意愿降低，整个证券市场称为弱势市场。融资余额的变化，反映着证券市场中的投资者对于市场后市变化的预期：在市场上涨初期，若出现融资余额的快速上涨，则体现着投资者高涨的投资兴趣，大量资金涌入市场也将助力股票市场的抬升；当证券市场到达一定高位时，融资余额不再增加甚至下降，表明了投资者对后市的悲观情绪，预示股票市场可能迎来下跌。

银行间同业拆借利率：利率的变化也会影响投资者对股市的预期。理论上讲，利率变化与股价涨跌成反比，即利率上升，股价下跌。银行间同业拆借利率的变化，反映了短期资金面的紧张程度。同业拆借利率升高，短期资金成本增加，会引发投资者对市场的流动性担忧，对投资者来说是利空信号，特别是在行情不好时，会增加投资者的恐慌情绪；同业拆借利率降低，短期资金成本减少，市场流动性充裕，对投资者来说是利好信号。本文采用7天银行间同业拆借利率。

（二）盈利能力指标

盈利能力指企业在一定时期内赚取利润的能力。利润率越高，盈利能力就越强。对于经营者来讲，通过对盈利能力的分析，可以发现经营管理环节出现的问题。对于投资者来说，通过对盈利能力的分析，可以提高投资回报率。能够反映盈利能力的指标主要包括营业利润率、成本费用利润率、盈余现金保障倍数、总资产报酬率、净资产收益率和资本收益率6项。一般而言，经常采用市盈率、市净率、每股净资产等指标评价上市公司的盈利能力。

市盈率表示股票价格除以每股年化收益。市盈率高的股票说明市场对公司未来收益增长期望很高，但过高的市盈率也意味着市场中投机性较高。我国股票市场市盈率的水平与其他成熟市场相比明显较高，市场中投机行为较多，因此我国股票市场风险相对较大。投资者偏向于投资高市盈率的公司，因为相对较高的市盈率说明市场对该股票具备投资热情，可能短期内该股票的价格能够上涨，给投资者带来投资收益。

市净率指股票市场价值除以股票的账面价值。市净率是衡量股票成长性或财务状况是否良好的指标。较高的市净率一般来自企业的高成长性和高盈利能力。市净率高说明企业成长性和盈利能力高，因此，投资者也会通过观察市净率的高低来判断企业的经营状况和未来发展能力。但如果企业成长性或盈利能力没有达到投资者的预期水平，投资者对该企业的信心就会相应打折扣而变得悲观，转而抛售持有的股票，股票价格就会下跌。

首次公开募股首日溢价率＝（首日收盘价－发行价）/发行价。周孝华（2017）分析投资者情绪对首次公开募股价格形成机理的影响并进行了数值分析。当投资者很乐观时，投资者的情绪是比较稳定的，发行人和承销商通常都会提高首次公开募股的发行价格，也会有更多的公司通过首次公开募股来募集资金，这就会形成"热市"。当投资者很悲观时，发行人和承销商会降低首次公开募股的发行价格来吸引投资者，这就形成了"冷市"。"热市"和"冷市"是首次公开募股时机选择问题。

（三）市场表现指标

市场表现主要指股市每日收盘后的具体情况，如市场的涨跌、涨跌的幅度等。目前市场的具体情况会影响投资者的情绪，从而改变其对未来的预期，做出卖出、买入或持续持有的决策。

涨跌比是计算股市一段时间内的涨跌股票数量的比例，涨跌比＝上涨股票数/下跌股票数。它主要推断股票市场多空双方力量的对比，用来反映市场人气的盛衰，进而判断出股票市场的实际的总体情况。

相对强弱指标是根据股票市场上供求关系平衡的原理，相对强弱指标＝上涨3%的股票数/下跌3%的股票数。通过比较一段时期内相对强弱指标来分析判断市场上多空双方买卖力量的强弱程度，也在一定程度上反映了投资者的情绪。

流入资金减去流出资金，如果是正值表示资金净流入，负值则表示资金净流出，用来描述资金流向。指数处于上升状态时产生的成交额是推动指数上涨的力量，这部分成交额被定义为资金流入；指数下跌时的成交额是推动指数下跌的力量，这部分成交额被定义为资金流出；当天两者的差额，即当天两种力量相抵之后剩下的推动指数上升的净力，这就是该板块当天的资金净流入。资金流向测算的是推动指数涨跌力量的强弱，反映了人们对该板块看空或看多的程度到底有多大。刘晓星（2016）指出投资者情绪对市场流动性的影响是正向的，投资者情绪越高，市场流动性越强。

（四）市场扩容指标

市场扩容指标反映股票市场是否扩张，不仅指股票市场中的股票数量是否增多，还考察股市参与者即投资者是否增加，这里的投资者包括个人投资者和机构投资者。

每周首次公开募股数量指每周新上市的股票数量。新股上市通常会引起投资者的购买欲望，进而对新股收益率产生重要影响，因此每周首次公开募股数量能够反映投资者的情绪变化。

发行新股比例指在每周市场上新发行股权募集的资金与市场上新发行公司债发行金额的比值，即新股发行比例 = 每周新发行股票募集资金总额 / 每周公司债的发行金额，因为股权类证券有高风险、高收益性质，所以这个比例越高，说明投资者情绪越乐观。

每周新开交易账户数指每周新增的股票交易账户数。其数量的变化能直接反映投资者的投资意愿及对股市的预期。当投资者预期股市继续上涨时，投资者情绪乐观，此时会有更多新的投资者涌入市场，导致新开交易账户激增；反之则减少。鲁训法（2015）使用每周新开交易账户数的增长比率为代理变量构建了投资者情绪指数。

（五）数据提取与处理

本文选取 2015 年 5 月到 2017 年 12 月全部 A 股数据（由于每周新开交易账户数是从 2015 年 5 月开始统计），提取上述 13 个指标的相关数据，数据来源是锐思数据库和 Wind 数据库。本文选取的时间段中首次公开募股有几次暂停，为了使分析结果更贴近市场真实情况，暂停期间的相关数据用零填充。由于不同指标的统计口径不同，其计量单位也有所不同，故所得的数据不具备可比性，同时数值的大小也往往存在较大差距，为了便于比较，采用标准化方法将指标值变换到 0～1 之间。本文将指标数据分为成本型指标和效益型指标，效益型指标的数值越大越好，成本型指标则是越小越好，标准化的公式如下：

若指标 i 是成本型指标，

$$z_{ij} = \frac{x_i^{\max} - x_{ij}}{x_i^{\max} - x_i^{\min}}$$

若指标 i 是效益型指标，

$$z_{ij} = \frac{x_{ij} - x_i^{\min}}{x_i^{\max} - x_i^{\min}}$$

其中，$x_i^{\max}$ 和 $x_i^{\min}$ 分别代表数据的最大值和最小值。

本文除银行间同业拆借利率是成本型指标，其余 12 个基础指标均为效益性指标。

二、基于直觉模糊网络分析法的投资者情绪综合指数构建

（一）构建 ANP 网络结构

本文考虑了各指标之间及指标与准则之间的相互作用和相互影响关系，构建了投资者情绪的网络指标体系，如图 9-1 所示。例如，平均换手率（u_{11}）不仅会影响高一级别的指标市场活跃度（U_1）指标，同时还会影响同级别的成交量（u_{13}）等。以往的研究没有考虑这些指标之间的相互关系，显然不符合实际情况。

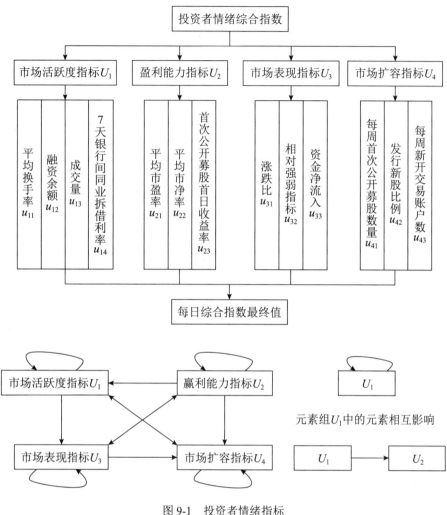

图 9-1 投资者情绪指标

（二）建立直觉模糊偏好关系

由于决策过程中的不确定性和模糊性，在建立投资者情绪综合指数时很难用一个精确的数字来表示决策者的偏好。由于直觉模糊集能从支持、反对和弃权 3 个方面表示决策者的偏好信息，本文采用直觉模糊偏好关系（intuitionistic fuzzy preference relation，IFPR）来表示决策的偏好。将评语集分为 9 个等级，如表 9-5 所示。需要指出的是，根据实际情况可以分为不同的级别，如五级、七级、十一级等。在进行相对重要度评价时，还有一种方法就是投票制，与直觉模糊集的投票模型解释相一致。在人员较多且不便于统一意见的情况下，可以采用投票制。在对元素进行两两比较时，统计投票人支持、反对和弃权的票数，然后除以投票总人数，即可得到一个直觉模糊集 $A=(\mu_A, v_A, \pi_A)$，其中，μ_A= 支持票数 / 总票数，v_A= 反对票数 / 总票数，π_A= 弃权票数 / 总票数。

表 9-5　语言变量与直觉模糊集转换对应表

语言变量	数字标度	直觉模糊集	犹豫度
绝对不重要（v_1）	1	(0, 1, 0)	0
非常不重要（v_2）	2	(0.1, 0.8, 0.1)	0.1
不重要（v_3）	3	(0.2, 0.6, 0.2)	0.2
较不重要（v_4）	4	(0.35, 0.55, 0.1)	0.1
同等重要（v_5）	5	(0.5, 0.5, 0)	0
较重要（v_6）	6	(0.55, 0.35, 0.1)	0.1
重要（v_7）	7	(0.6, 0.2, 0.2)	0.2
非常重要（v_8）	8	(0.8, 0.1, 0.1)	0.1
绝对重要（v_9）	9	(1, 0, 0)	0

假设在总目标下，分别对指标 U_1、U_2、U_3 和 U_4 进行两两比较。例如，U_1 比 U_2 重要，U_1 比 U_3 较重要，以此类推，两两比较后可以得到一个用语言变量表示的判断矩阵。接着根据表 9-5，将语言变量转换为对应的 IFPR，得到如下直觉模糊判断矩阵。

$$R = \begin{bmatrix} (0.5, 0.5) & (0.6, 0.2) & (0.55, 0.35) & (0.8, 0.1) \\ (0.2, 0.6) & (0.5, 0.5) & (0.2, 0.6) & (0.55, 0.35) \\ (0.35, 0.55) & (0.6, 0.2) & (0.5, 0.5) & (0.6, 0.2) \\ (0.1, 0.8) & (0.35, 0.55) & (0.2, 0.6) & (0.5, 0.5) \end{bmatrix}$$

根据图 9-1 所示指标之间的相互关系，共得到 45 个 IFPR 矩阵。

（三）计算指标权重

根据 IFPR 矩阵计算指标的权重可以分为三步。

第一步：计算未加权超矩阵 W。

对基于 IFPR 的权重计算方法，目前已有最小二乘法、目标线性规划法等。采用 Liao（2017）等提出的 OPO 模型，并使用 Matlab 软件编程计算。OPO 模型如下：

$$Max\ \tau$$

$$s.t. \begin{cases} 1 - \dfrac{p_l w}{t_1} \geqslant \tau, \ l=1, 2, \cdots, m. \\ m = n(n-1) \\ 0 \leqslant w_i \leqslant 1, \ i=1, 2, \cdots, n \\ \sum_{i=1}^{n} w_i = 1 \end{cases}$$

OPO 模型得到的最佳解 w^* 为基于 IFPR 下的局部权重，τ^* 是最优目标函数值，可以看作测量决策者评估的一致性指标。当 $\tau^* \geqslant 1$ 时，IFPR 满足一致性要求；当 $0 < \tau^* < 1$ 时，

IFPR 不满足一致性要求。如果不满足一致性要求，可参考 Xu 和 Liao（2014）提出的公式对其进行修正。求出所有直觉模糊判断矩阵的局部权重之后，根据指标间的网络结构构造未加权超矩阵 W，如表 9-6 所示。

表 9-6　未加权超矩阵

	u_{11}	u_{12}	u_{13}	u_{14}	u_{21}	u_{22}	u_{23}	u_{31}	u_{32}	u_{33}	u_{41}	u_{42}	u_{43}
u_{11}	0	0.6618	0.8068	0.4578	0.2395	0.2338	0.4673	0	0	0	0.5133	0.1407	0.4716
u_{12}	0.2593	0	0.1594	0.2169	0.3605	0.4293	0.1611	0	0	0	0.1773	0.576	0.1529
u_{13}	0.6296	0.3043	0	0.3253	0.2395	0.2226	0.2683	0	0	0	0.0932	0.1511	0.2735
u_{14}	0.1111	0.0338	0.0338	0	0.1606	0.1143	0.1033	0	0	0	0.2162	0.1322	0.102
u_{21}	0	0	0	0	0	0.85	0.6	0.3253	0.3253	0.2105	0	0	0
u_{22}	0	0	0	0	0.6	0	0.4	0.2169	0.2169	0.1403	0	0	0
u_{23}	0	0	0	0	0.4	0.15	0	0.4578	0.4578	0.6491	0	0	0
u_{31}	0.5601	0.3012	0.4578	0.5601	0.2105	0.2921	0.4578	0	0.85	0.6	0	0	0
u_{32}	0.2921	0.2452	0.3253	0.2921	0.1403	0.1478	0.3253	0.6	0	0.4	0	0	0
u_{33}	0.1478	0.4535	0.2169	0.1478	0.6491	0.5601	0.2169	0.4	0.15	0	0	0	0
u_{41}	0.5601	0.4578	0.4578	0.5601	0.5601	0.5601	0.4578	0.4578	0.4578	0.5601	0.4	0.6	0.85
u_{42}	0.1478	0.2169	0.2169	0.1478	0.1478	0.1478	0.2169	0.2169	0.2169	0.1478	0.6	0	0.5
u_{43}	0.2921	0.3253	0.3253	0.2921	0.2921	0.2921	0.3253	0.3253	0.3253	0.2921	0	0.4	0

第二步：计算加权超矩阵 $\overline{W}$。未加权超矩阵仅考虑了元素和元素之间的关系。因此，将总目标下的各准则（即 U_1、U_2、U_3、U_4）间的相对重要性组成加权矩阵 a_{ij}，与未加权超矩阵相乘得到加权超矩阵 $\overline{W}$，如下式所示：

$$\overline{W} = (a_{ij} \times W)_{m \times n}, \quad i, j = 1, 2, \cdots, n$$

第三步：计算极限超矩阵 W^∞。在加权超矩阵中，每一列都要进行归一化处理，即它每一列的和都为 1。为了使加权超矩阵 $\overline{W}$ 保持稳定，可通过计算加权超矩阵的极限得到，即极限超矩阵。极限超矩阵的任一行元素值都相同，因此可以任取一列作为基础指标的最终权重。

结果如表 9-7 所示。

$$W^\infty = \lim_{k \to \infty} \frac{1}{N} \sum_{k=1}^{N} \overline{W}^k$$

表 9-7　极限超矩阵

	u_{11}	u_{12}	u_{13}	u_{14}	u_{21}	u_{22}	u_{23}	u_{31}	u_{32}	u_{33}	u_{41}	u_{42}	u_{43}
u_{11}	0.1628	0.1628	0.1628	0.1628	0.1628	0.1628	0.1628	0.1628	0.1628	0.1628	0.1628	0.1628	0.1628
u_{12}	0.0857	0.0857	0.0857	0.0857	0.0857	0.0857	0.0857	0.0857	0.0857	0.0857	0.0857	0.0857	0.0857
u_{13}	0.1117	0.1117	0.1117	0.1117	0.1117	0.1117	0.1117	0.1117	0.1117	0.1117	0.1117	0.1117	0.1117
u_{14}	0.0411	0.0411	0.0411	0.0411	0.0411	0.0411	0.0411	0.0411	0.0411	0.0411	0.0411	0.0411	0.0411

续表

	u_{11}	u_{12}	u_{13}	u_{14}	u_{21}	u_{22}	u_{23}	u_{31}	u_{32}	u_{33}	u_{41}	u_{42}	u_{43}
u_{21}	0.0367	0.0367	0.0367	0.0367	0.0367	0.0367	0.0367	0.0367	0.0367	0.0367	0.0367	0.0367	0.0367
u_{22}	0.0256	0.0256	0.0256	0.0256	0.0256	0.0256	0.0256	0.0256	0.0256	0.0256	0.0256	0.0256	0.0256
u_{23}	0.0515	0.0515	0.0515	0.0515	0.0515	0.0515	0.0515	0.0515	0.0515	0.0515	0.0515	0.0515	0.0515
u_{31}	0.1447	0.1447	0.1447	0.1447	0.1447	0.1447	0.1447	0.1447	0.1447	0.1447	0.1447	0.1447	0.1447
u_{32}	0.1067	0.1067	0.1067	0.1067	0.1067	0.1067	0.1067	0.1067	0.1067	0.1067	0.1067	0.1067	0.1067
u_{33}	0.0818	0.0818	0.0818	0.0818	0.0818	0.0818	0.0818	0.0818	0.0818	0.0818	0.0818	0.0818	0.0818
u_{41}	0.0769	0.0769	0.0769	0.0769	0.0769	0.0769	0.0769	0.0769	0.0769	0.0769	0.0769	0.0769	0.0769
u_{42}	0.0330	0.0330	0.0330	0.0330	0.0330	0.0330	0.0330	0.0330	0.0330	0.0330	0.0330	0.0330	0.0330
u_{43}	0.0412	0.0412	0.0412	0.0412	0.0412	0.0412	0.0412	0.0412	0.0412	0.0412	0.0412	0.0412	0.0412

综合计算后得到各指标的全局权重 ω_i，ω_i=（0.3447，0.0626，0.1357，0.0193，0.011，0.0302，0.0112，0.213，0.0819，0.0318，0.0422，0.0048，0.0118）。

三、投资者情绪综合指数与上证指数对比分析

本节先选取 2017 年 5—9 月的上证指数数据来确定投资者情绪综合指数的参数。选取这段时间相关数据的原因：这段时间的数据相对平稳，没有太大的波动。应用 MATLAB 软件编写相关程序，使用线性回归和最小二乘法曲线拟合（lsqcurvefit）方法来求解拟合函数的参数，函数如下：

fun=x_{1j}×beta（1）×w（1）+x_{2j}×beta（2）×w（2）+…+x_{ij}×beta（i）×w（i）+…+x_{13j}×beta（13）×w（13）+beta（14）

beta=lsqcurvefit（fun，beta0，x）；$x=x_1$，…，x_{13}

其中，x_{ij} 表示第 i 个指标在 j 日的标准化值；w（i）表示第 i 个指标的权重；beta（i）表示第 i 个指标的参数；beta（14）是常数项。

计算出［beta（1），beta（2），…，beta（14）］=［2.22^{E-14}，2.22^{E-14}，535.40，-926.78，16972.13，3263.53，2.09^{E-05}，1.44^{E-10}，442.25，410.82，2.26^{E-14}，364.17，2.22^{E-14}，3049.37］，数值的正负反映指标与投资者情绪综合指数的相关性，正数表示正相关，负数表示负相关。

将 2015 年 5 月至 2017 年 12 月的全部 13 个指标数据带入参数确定的函数，求解出的结果就是本文构建的投资者情绪综合指数，其与上证指数对比如图 9-2 所示。

由图 9-2 可知，投资者情绪综合指数与上证指数走势基本一致，存在着显著的正相关关系。2015 年 6 月 12 号投资者情绪综合指数从样本空间内的最高点迅速下降至 3175 点左右的位置，投资者情绪低落，与此同时上证指数在冲到 5166.35 点的高位后也开始回落，而之后尽管投资者情绪有增有减，但始终没有高过前期的高点。与之相对应，上

证指数也没有能够创出新高,随着投资者情绪的波动而同方向波动。另外,从图中可以明显地看出投资者情绪综合指数较上证指数变化更敏感,说明投资者情绪综合指数对于股市的变化较上证指数反应更强烈,同时说明了投资者情绪综合指数对于股票收益具有一定的参考作用。

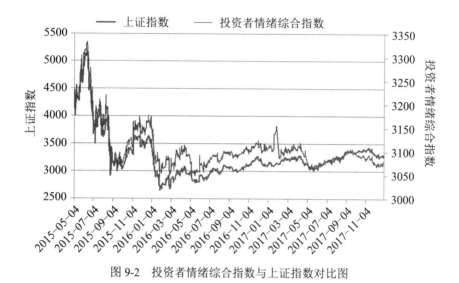

图 9-2　投资者情绪综合指数与上证指数对比图

模拟实验与思考

1. 总结在实际操作过程中,你是否能按计划进行?有哪些因素会影响你的操作,其中包括哪些情绪因素?

2. 考虑投资者情绪的影响,如何进一步完善自己的交易策略?

第十章 构建投资组合

本章学习目标：

- 掌握马科维茨投资组合理论及求解有效集的方法；
- 了解模糊投资组合相关理论和最新发展状况；
- 了解不确定投资组合相关知识；
- 了解 Black-Litterman 模型等其他投资组合相关知识；
- 根据投资组合相关理论完善自己的交易策略。

本章介绍投资组合基本理论，以及如何构建投资组合。

投资组合（portfolio investment）是由投资者或金融机构所持有的股票、债券、衍生金融产品等按照比例组成的集合。投资组合的目的在于分散风险，投资组合按投资风格可分为 3 种不同的模式，即积极的、中庸的和保守的。为了保障广大投资者的利益，机构投资者往往都会进行组合投资，即使是在单一市场也不会只购买一两项证券。

为什么要构建投资组合呢？其含义正如俗语所说："不要把鸡蛋放在一个篮子里。" 假如投资者只投资于特定的一只股票，那么这只股票的大幅下跌势必会带来巨大的损失；但是，如果投资者投资了多只相关度较低的股票，这些股票一起下跌的概率就要比单独一只下跌的概率小很多，投资者遭受巨大损失风险的概率也会相应下降。构建投资组合是一件费时费力的事情，但是对于大资金来说，投资单独的一只股票是不可想象的。假设你是一个股票型基金的基金经理，管理着 100 亿元规模的基金产品。如果你只投资于一只股票，一旦这只股票下跌 10%，那么你所管理基金的账面亏损就将高达 10 亿元，此时的你又该如何面对来自投资者的怒火？同理，即使是资金规模较小的个人投资者，也需要通过构建投资组合来控制风险。

那么我们应该如何构建投资组合？我们的投资组合中应该包括哪些投资产品？对于这些投资产品我们分别又该投资多少比例呢？投资组合理论就是在回答这一系列问题。

广义地来说，投资组合中可以包括一切可投资的标的：股票、债券、期货、房产、艺术品等。

对于构建投资组合，有一个很流行的公式：一百减去当前年龄。这个公式的意思是：如果你现在60岁，至少应将资金的40%投资在股票市场或股票基金；如果你现在30岁，那么至少要将70%的资金投进股市。这是因为股市是一个风险较高的投资市场，在这里你辛苦工作10年攒下来的积蓄可能只要半年就可以翻倍，当然也可能被腰斩。对于投资者来说，越年轻显然是越适合"冒险"的，因为高风险也意味着高收益，所以年轻时投资高风险资产的比例应该大一些。就算遭受了巨大的损失，也依然有东山再起的机会。但是如果年龄较大，财产已经经受不住波动和损失，这个时候就需要配置更多的风险较小的资产，甚至是无风险的政府债券，如国债。

基于风险分散的原理，需要将资金分散投资到不同的投资项目上，这样会大大降低可能遭受的损失。在具体的投资项目上，还需要就该项资产做多样化的分配，使投资比重恰到好处。切记，任何最佳的投资组合，都必须做到分散风险。如果投资者是投资新手，手中只有几千元钱，这个原则或许一时还无法适用；但随着年龄增长，当投资者的收入越来越多时，将手中的资金分散到不同领域绝对是明智之举。这时，"一百减去当前年龄"公式将会非常实用。

在构建投资组合的过程中，年龄是很重要的影响因素。一般而言，每个投资者的投资目标都不同，所以并没有一成不变的投资组合，投资者应该依据个人情况进行针对性的投资组合设计。

在20～30岁时，由于距离退休的日子还远，风险承受能力是最强的，可以采用积极成长型的投资模式。尽管这时期由于准备结婚、买房、置办耐用生活必需品，留有余钱进行投资并不容易，但你仍需要尽可能投资。按照"一百减去当前年龄"公式，你可以将70%～80%的资金投入各种证券。在这部分投资中可以再进行组合。譬如，以20%投资普通股票，20%投资基金，余下的20%资金存放定期存款或购买债券。

在30～50岁时，这期间家庭成员逐渐增多，承担风险的程度需要比20～30岁期间相对保守，但仍以让本金迅速成长为目标。这期间至少应将资金的50%～60%投在证券方面，剩下的40%投在有固定收益的投资标的。投在证券方面的资金可分配为40%投资股票，10%购买基金，10%购买国债。用于固定收益投资标的的资产也应分散。这种投资组合的目的是在保住本金之余还有收益，也可留一些现金供家庭日常生活之用。

在50～60岁时，孩子已经成年，是赚钱的高峰期，但需要控制风险，应集中精力大力储蓄。但"一百减去当前年龄"的投资法则仍然适用，至少将40%的资金投在证券方面，60%资金投于有固定收益的投资标的。此种投资组合的目标是维持保本功能，并留些现金供退休前的不时之需。

到了65岁以上，多数投资者在这段期间会将大部分资金投资于比较安全的固定收益投资标的，只将少量的资金投在股票上，以抵御通货膨胀，保持资金的购买力。因此，可以将60%的资金投资债券或固定收益型基金，30%购买股票，10%投于银行储蓄或其他标的。

本章内容包含有较多的数理模型和推导过程，如果读者只想知道如何运用，可以略过推导和模型部分，直接看结论即可。

第一节　马科维茨投资组合理论

下面介绍经典的投资组合理论：马科维茨的均值—方差模型。

1952 年，哈里·马科维茨（Harry Markowitz）提出投资组合理论。1990 年，他因此而获得诺贝尔经济学奖。他的主要贡献是提出了在不确定条件下可操作的选择资产组合的理论——均值方差方法（mean-variance methodology）。

马科维茨投资组合理论的主要思想是：把投资组合的价格变化视为随机变量，以它的数学期望来衡量收益，以它的方差来衡量风险（因此马科维茨理论又称为均值-方差分析）；把投资组合中各种证券之间的比例作为变量，那么求收益一定时风险最小的投资组合问题就被归结为一个线性约束下的二次规划问题。再根据投资者的偏好，由此就可以进行投资决策。

我们都知道，股票未来的价格是不确定的，我们最多只能判断各种情况可能发生的概率。所以，我们用未来可能收益的均值来衡量这只股票的收益（数学期望），用这只股票收益率的波动来衡量风险（方差或者标准差）。也就是说一只股票的收益的数学期望越大，我们认为它未来能带给我们的收益就越大，一只股票的方差（标准差）越大，它的风险也就越大。

市场上的股票数量是有限的，如果我们可以确定每只股票未来收益的数学期望和方差，就可以选出一些好的股票，以最优的比例投资它们，从而构建出一个最优的投资组合，使得我们的投资收益最大化、遭受的风险最小化。

这里读者需要明白一件事：风险代表的是不确定性，而非遭受的损失。换句话来说，一只股票的风险越高，代表的不仅仅是它可能使你遭受更大的损失，也代表着你可能获得更大的收益。假设有 2 只股票，股票 A 未来有 50% 的概率获利 20 元，有 50% 的概率亏损 10 元，那么 A 的期望收益是 5 元。股票 B 未来有 50% 的概率获利 200 元，有 50% 的概率亏损 190 元，那么 B 的期望收益也是 5 元。但是显然，B 的风险更大，虽然投资 B 可能获得更多收益，但是也可能遭受更大的损失。这就是盈亏同源的道理。

一、基本假设

马科维茨投资组合理论有一些基本假设，这些假设的成立确保了结论的可靠性。这些基本假设如下。

（1）所有投资都是完全可分的。每一个投资者可以根据自己的意愿（和支出能力）选择尽可能多的或尽可能少的投资。

（2）投资者愿意仅在收益率的期望值和方差（标准差）这两个测度指标的基础上选择投资组合。

（3）E_p为投资组合的预期收益率。

（4）σ_p为投资组合收益率的标准差（不确定性）。

（5）投资者事先知道投资收益率的概率分布，并且收益率满足正态分布的条件。

投资者如何在不同的投资组合中进行选择，遵循以下规则。

- 如果两个投资组合有相同的标准差和不同的预期收益，预期收益高的投资组合更为可取。
- 如果两个投资组合有相同的预期收益和不同的标准差，标准差小的组合更为可取。
- 如果一个组合比另外一个有更小的标准差和更高的预期收益，它更为可取。

读者可能认为上述规则没有什么意义，因为正常人都会按照上述规则来选择股票。这个规则的意义在于，假定投资者都是理性的。然而在现实世界中，谁又敢说自己时时刻刻都是理性的呢？有一些投资者就对股票名字有偏爱，他们更喜欢名字中带有"牛""发"之类看似吉利的股票，事实上这些股票的表现和其他股票并没有任何区别。

二、单一证券的收益和风险

对于单一证券而言，特定期限内的投资收益等于收到的红利加上相应的价格变化，因此特定期限内的投资收益为

$$r = \frac{价格变化 + 现金流（如果有）}{持有期开始时的价格} = \frac{P_t - P_{t-1} + CF}{P_{t-1}}$$

假定投资者在初期时已经获知了该投资期限内投资收益的概率分布；将投资收益看成随机变量。任何资产的预期收益率都是加权平均的收益率，用各个收益发生的概率 p 进行加权。预期收益率等于各个收益率和对应的概率的乘积之和。

$$E(r) = \sum_{i=1}^{n} p_i r_i = p_1 r_1 + p_2 r_2 + \cdots + p_n r_n$$

其中，p_i为第i个收益率的概率；r_i为可能的收益率。

资产的风险用资产收益率的方差或标准差来度量。资产的风险来源有：市场风险、利息率风险、购买力风险、管理风险、信用风险、流动性风险、保证金风险、可赎回风险、可转换风险、国内政治风险、行业风险等等。

通常说投资组合由多种证券构成，一种证券是一个影响未来的决策，这类决策的整体便构成了一个投资组合。

三、投资组合的收益和风险

（一）投资组合的收益率

投资组合的收益率是构成组合的证券收益率的加权平均数，以投资比例作为权数。

假定投资者 k 第 t 期投资于 n 种证券的权重向量为 $\boldsymbol{\omega}_t=(\omega_1, \omega_2, \cdots, \omega_n)^T$，$\omega_i$ 是组合中第 i 种证券所占的比例（即投资在第 i 种资产上的财富的份额），且有

$$\omega_1+\omega_2+\cdots+\omega_n=1$$

（二）马科维茨组合收益率集

设 $r_1, r_2, \cdots, r_n$ 为 n 个方差有限的随机变量，它们称为 n 种证券的收益率。下列集合 R_1 中的元素称为这 n 种证券的组合的收益率：

$$R_1=\left\{r=\omega_1 r_1+\omega_2 r_2+\cdots+\omega_n r_n \mid r_i \in \mathbb{R}, i=1, 2, \cdots, n; \sum_{i=1}^n \omega_i=1\right\}$$

（三）资产组合的风险度量

资产组合的方差包括每个资产的方差和资产间的协方差。证券收益率之间的关系可以用相关系数或协方差来表示。风险通过收益率的方差或标准差来刻画，如果 $V_{ij}=\mathrm{Cov}[r_i, r_j]$ 是 r_i 和 r_j 之间的协方差：

$$V=\begin{vmatrix} \mathrm{Var}(r_1) & \mathrm{Cov}(r_1, r_2) & \cdots & \mathrm{Cov}(r_1, r_n) \\ \mathrm{Cov}(r_2, r_1) & \mathrm{Var}(r_2) & \cdots & \mathrm{Cov}(r_2, r_n) \\ \vdots & \vdots & \vdots & \vdots \\ \mathrm{Cov}(r_n, r_1) & \mathrm{Cov}(r_n, r_2) & \cdots & \mathrm{Var}(r_n) \end{vmatrix} = \begin{vmatrix} \sigma_{11} & \sigma_{12} & \cdots & \sigma_{1n} \\ \sigma_{21} & \sigma_{22} & \cdots & \sigma_{1n} \\ \vdots & \vdots & \vdots & \vdots \\ \sigma_{n1} & \sigma_{n2} & \cdots & \sigma_{nn} \end{vmatrix}$$

那么投资组合的标准差应该满足下列公式：

$$\sigma_p^2=E\left[\left(\sum_{i=1}^n \omega_i r_i - \sum_{i=1}^n \omega_i E[r_i]\right)^2\right] = \sum_{i,j=1}^n \omega_i \omega_j E[(r_i-E[r_i])(r_j-E[r_j])] = \sum_{i,j=1}^n V_{i,j} \omega_i \omega_j$$

马科维茨考虑的问题是如何确定 ω_i，使得投资组合在期望收益率一定时，风险最小。我们使用下列矩阵表示：

$$\boldsymbol{\omega}=(\omega_1, \omega_2, \cdots, \omega_n)^T, \boldsymbol{e}=(1, 1, \cdots, 1)^T$$

$$\boldsymbol{\mu}=(\mu_1, \mu_2, \cdots, \mu_n)^T, \mu_i=E(r_i), i=1, 2, \cdots, n$$

$$\boldsymbol{V}=(V_{ij})_{i,j=1, 2, \cdots, n}=(\mathrm{Cov}[r_i, r_j])_{i,j=1, 2, \cdots, n}$$

其中，$\boldsymbol{\omega}$ 为组合；$\mu_\omega=\boldsymbol{\omega}^T\boldsymbol{\mu}$ 为组合的收益；$\sigma_\omega=(\boldsymbol{\omega}^T\boldsymbol{V}\boldsymbol{\omega})^{1/2}$ 为组合的风险。

这样，均值－方差投资组合选择问题为

$$\min \sigma_\omega^2 = \boldsymbol{\omega}^T \boldsymbol{V} \boldsymbol{\omega} = \sum_{i=1}^{n} V_{ij}\omega_i\omega_j$$

$$\text{s.t} \begin{cases} \boldsymbol{\omega}^T \boldsymbol{e} = \omega_1 + \omega_2 + \cdots + \omega_n = 1 \\ \boldsymbol{\mu}_\omega = \boldsymbol{\omega}^T \boldsymbol{\mu} = \omega_1\mu_1 + \omega_2\mu_2 + \cdots + \omega_n\mu_n = \bar{\mu} \end{cases}$$

这一问题的解，$\bar{\omega}$ 称为对应收益 $\bar{\mu}$ 的极小风险组合。

这是个二次规划问题，即它是在两个线性等式约束条件下求二次函数的最小值的问题。即对于任何 n 维向量 $\boldsymbol{\omega}$，它必然有 $\sigma_\omega^2 = \boldsymbol{\omega}^T \boldsymbol{V} \boldsymbol{\omega} \geq 0$。

一个投资组合收益率的标准差取决于构成组合的每个成分股收益率的标准差、成分股之间的相关系数及对每个成分股的投资比例。投资组合收益率标准差的公式如下：

$$\sigma_P^2 = \sum_{i=1}^{n}\sum_{j=1}^{n}\omega_i\omega_j\rho_{ij}\sigma_i\sigma_j = \sum_{i=1}^{n}\sum_{j=1}^{n}\omega_i\omega_j Cov(r_i, r_j)$$

投资组合收益的标准差与构成组合的每个成分股收益标准差相联系。因此，投资组合的风险分散功能可以归纳为：构成组合的每个成分股收益率之间的相关度越小，投资组合的风险越小。

（四）无差异曲线

投资组合理论的主要结果源于投资者喜欢 E_p 而不喜欢 σ_p 的假定，某一个投资者这种偏好的程度通常由一簇无差异曲线表示（刻画了投资者对收益和风险的偏好特征）。投资者对风险的态度有不同的偏好：不畏风险，极端畏惧，风险厌恶，风险喜好。投资组合的建立要考虑投资者的风险偏好特征。

四、发现有效投资组合的集合

可行集：任何一种证券都可以被 E_p 和 σ_p 图形上的一个点描述。任何一个组合也是如此。这取决于理论假设的限制条件，只有某些组合是可行的。

N 个证券可以形成无穷多个组合，由 N 种证券中任意 k 种证券所形成的所有预期收益率和方差的组合的集合就是可行集。

它包括了现实生活中所有可能的组合，也就是说，所有可能的证券投资组合将位于可行集的内部或边界上。任何两个可行组合的结合也将是可行的。可行集将沿着它的上（有效）边界凸出。

E_p 和 σ_p 结合的区域的上边界被称为有效边界或有效前沿（efficient frontier）。E_p 和 σ_p 的值位于有效边界上的组合构成有效集（efficient set）。

有效集描绘了投资组合的风险与收益的最优配置。有效集是一条向西北方倾斜的曲线，它反映了"高收益、高风险"的原则；有效集是一条向左凸的曲线，其上的任意两点所代表的两个组合再组合起来得到的新的点（代表一个新的组合）一定落在原来两个点连线的左侧，这是因为新的组合能进一步起到分散风险的作用，所以曲线是向左凸的；有效集曲线上不可能有凹陷的地方。

最优投资组合：同时考虑投资者的偏好特征（无差异曲线）和有效集。有效集向上凸的特性和无差异曲线向下凹的特性决定了有效集和无差异曲线的切点只有一个，最优投资组合是唯一的。

对投资者而言，有效集是客观存在的，而无差异曲线是主观的，它是由自己的风险－收益偏好决定的。

有效集的推导：所有可能的点（E_p，σ_p）构成了（E_p，σ_p）平面上的可行区域，对于给定的 E_p，使组合的方差越小越好，即求解下列二次规划。

当只有两种资产的情况时，上述所示在数学上才被称为"二次规划模型"，可以直接运用拉格朗日乘数法求解。设 σ_p 是有效组合的标准差，μ 是有效组合的预期收益，σ_1，σ_2 和 σ_{12} 分别是两种资产的方差和协方差，x_1 和 x_2 是两种资产的投资比例，$\bar{R}_1$ 和 $\bar{R}_2$ 是两种资产的预期收益，有以下条件成立：

$$\sigma_p^2 = x_1^2\sigma_1^2 + x_2^2\sigma_2^2 + 2x_1x_2\sigma_{12}$$
$$\text{s.t} \begin{cases} x_1 + x_2 = 1 \\ x_1\bar{R}_1 + x_2\bar{R}_2 = \mu \end{cases}$$

构造拉格朗日函数 L，令偏导为 0：

$$L = \sum_{i=1}^{n}\sum_{j=1}^{n} x_i x_j \sigma_{ij} - \lambda_1\left(\mu - \sum_{i=1}^{n} x_i \bar{R}_i\right) - \lambda_2\left(1 - \sum_{i=1}^{n} x_i\right)$$

$$\frac{\partial L}{\partial x_i} = 0 \ (i=1, 2, \cdots, n); \quad \frac{\partial L}{\partial \lambda_1} = 0; \quad \frac{\partial L}{\partial \lambda_2} = 0$$

资产数 n 显然为 2，求解后可得到投资比例 x_1 和 x_2。

如图 10-1 所示，最后画出了有效边界线的形状。

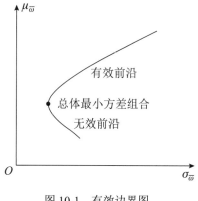

图 10-1 有效边界图

（1）是双曲线的一支，向右上方倾斜的曲线，反映"高风险，高收益"。

（2）是一条上凸的曲线。

（3）构成组合的证券间的相关系数越小，投资的有效边界就越弯曲得厉害。

从有效边界的定义可以知道：在给定构建投资组合备选标的前提下，通过设定投资组合期望收益率或波动率，就可以得到一个最优投资组合。举例如下。

假设 3 项互不相关的资产，其期望收益率分别为 100%、200%、300%，方差都为 100%，若要求 3 项资产构成的组合期望收益为 200%，求解最优投资组合。

方差协方差矩阵 $\sum = \begin{bmatrix} 1 & 0 & 0 \\ 0 & 1 & 0 \\ 0 & 0 & 1 \end{bmatrix}$，期望收益向量 $\bar{r}=(1,2,3)$，预期收益 $c=2$。接下来，由拉格朗日乘数法可得：

$$\begin{cases} \dfrac{\partial L}{\partial w_1} = \sum_{j=1}^{3} w_j \sigma_{1j} - \lambda \bar{r}_1 - \mu = w_1 - \lambda - \mu = 0 \\ \dfrac{\partial L}{\partial w_2} = \sum_{j=1}^{3} w_j \sigma_{2j} - \lambda \bar{r}_2 - \mu = w_2 - 2\lambda - \mu = 0 \\ \dfrac{\partial L}{\partial w_3} = \sum_{j=1}^{3} w_j \sigma_{3j} - \lambda \bar{r}_3 - \mu = w_2 - 3\lambda - \mu = 0 \\ \sum_{i=1}^{3} w_i \bar{r}_i = w_1 + 2w_2 + 3w_3 = 2 \\ \sum_{i=1}^{3} w_i = w_1 + w_2 + w_3 = 1 \end{cases}$$

解得：$\lambda=0$，$\mu=\dfrac{1}{3}$，$w_1=\dfrac{1}{3}$，$w_2=\dfrac{1}{3}$，$w_3=\dfrac{1}{3}$。得到的投资组合方差为 $\sigma^2=\dfrac{1}{3}$。

这里给出的例子很简单，但是计算过程并不轻松。如果要应用马科维茨投资组合理论，计算量是很大的。因此，手工计算最优组合是不可能的，必须要使用一些软件求解。很多软件都有求解有效组合的功能。例如，MATLAB、Python、R 等编程语言都拥有专门处理金融问题的工具箱，在这些工具箱中就有求解有效组合的功能，感兴趣的读者可以自行学习。

第二节 模糊投资组合理论

上文在构建投资组合时假设证券的收益率是随机变量，证券收益的历史数据充分且能反映其未来趋势。然而，在现实中，有很多时候是缺乏历史数据的或历史数据是无效的。例如，当经济和社会领域发生突发事件时证券的历史数据不能够很好地反映证券未来的收益。又如，当新股上市时，这些新上市的股票几乎没有相关的历史数据。因此，投资者在面对这些情况时，常常只能够通过专家的估计给出其对证券收益的信度，以此来描述证券未来的表现。研究发现，基于人的信度得出的分布不一定符合概率分布，因此很多学者致力于研究证券收益由专家给出时的投资组合问题。

此外，在求解经典投资组合最优解的过程中，需要有很多确定性的条件。但是在实际投资过程中，我们所面对的金融市场瞬息万变，包含着大量的不确定性。这里的不确定性不仅仅指随机性，还有模糊性。模糊性与随机性是不同的概念。在经典的集合论中，元素和集合只有属于与不属于两种关系，但是在现实世界里，这两种关系不足以描述所有的客观现象。比如，某证券分析师给出的建议是"明天早盘大盘走弱即清仓"，那么大盘到底怎样才算"走弱"？因此，如何解决投资决策中的模糊性就成了一个重要问题，而解决这个问题的好办法，就是模糊投资组合理论。

马科维茨投资组合理论在实际应用中会遇到大量的模糊问题，而这些问题都可以用模糊投资组合理论来解决。在模糊环境下，我们可以利用隶属函数将模糊规划问题转化为二次约束的线性优化问题，再通过割平面法把非线性规划问题转化为线性规划问题进行求解；对于收益率为模糊数的投资组合问题，我们可以用模糊约束简化方差约束，建立模糊线性规划模型，再用模糊期望把模糊线性规划问题转化为普通线性规划问题来求解。当下，大多数学者研究最多的是将未来金融市场的证券预期收益率用各类模糊数来表示，通过建立一个模糊投资组合优化模型，再把它转化为等价非线性规划问题，利用MATLAB软件进行求解。

模糊集理论由学者拉特飞·扎德（Lotfi Zadeh）在1965年提出，扎德主张用隶属度来刻画某一元素属于集合的程度。Ramaswamy（1998）在国际储蓄银行协会的工作报告中提出基于模糊决策的投资组合选择模型。随着Atanassov（1986）提出直觉模糊集这一概念，Zhou和Xu（2019）提出了直觉模糊环境下的投资组合优化模型。Torra和Narukawa（2009）提出犹豫模糊集。随后，Zhou和Xu（2018）提出了犹豫模糊集（其隶属度是一个不确定的值）下的投资组合选择和风险度量方法，为犹豫模糊理论在投资组合选择中的应用奠定了基础。

以往模糊变量的不确定程度都是基于数值的表示，而马庆功（2017）认为：在实际过程中，投资者往往倾向于使用定性的自然语言来表达他（她）对金融产品的看法。同时，越来越多的金融产品及其衍生品进入市场交易，投资者受自身对金融市场了解程度的限制，也并不能准确地给出模糊变量的隶属度，而是在多个自然语言评价中徘徊。Rodriguez等人（2012）提出的犹豫模糊语言术语集不仅可以使用自然语言对金融产品进行评价，刻画投资者的不确定程度，还可以避免自然语言在决策过程中信息的丢失，从而得到更为准确的评价结果（葛淑娜和魏翠萍，2017）。直觉模糊二元语义在企业价值评估、项目选择等多个领域得到了应用（周晓光 等，2020；周晓光 等，2019），犹豫模糊语言也逐渐成为学者研究的热点（廖虎昌 等，2019）。本节主要介绍如何基于犹豫模糊语言模型去优化投资组合的方法，目的在于实现资金的最优配置，并达到投资组合收益与风险之间的均衡。

一、犹豫模糊语言基本理论

犹豫模糊语言的基本理论有下面几种。

定义 10.1（Liao 等，2015）设 $S=\{S_a|a=-\tau,\cdots,-1,0,1,\cdots,\tau\}$ 为语言术语集（linguistic term set，LST），$a_i \in A$，$i=1,2,\cdots,N$，A 上的犹豫模糊语言集 H_S 的数学形式为

$$H_S=\{\langle a_i, h_S(a_i)\rangle | a_i \in A\} \quad (10-1)$$

其中，$h_S(a_i): A \rightarrow S$ 指元素 $a_i \in A$ 映射到集合 $X \subset A$ 的可能隶属度，$h_S(a_i)$ 是语言术语集 S 中一系列连续的可能取值，且 $h_S(a_i)=\{S_{\phi_l}(a_i)|S_{\phi_l}(a_i) \in S, l=1,2,\cdots,L\}$；$\phi_l \in \{-\tau,\cdots,-1,0,1,\cdots,\tau\}$ 为语言术语 $S_{\phi_l}(a_i)$ 的下标，$L(a_i)$ 为 $h_S(a_i)$ 中语言术语的个数。为简化起见，称 $h_S(a_i)$ 为犹豫模糊语言数，H_S 为语言术语集 S 上的全部犹豫模糊语言数的集合，即犹豫模糊语言集。

定义 10.2（Rodriguez 等，2018）设 S 为语言术语集，G_H 为文本自由语法，则该文本自由语法的元素 $G_H=\{V_N, V_T, I, P\}$ 可定义如下：

$V_N=\{$ 主词，复合词，一元关系，二元关系，连词 $\}$；

$V_T=\{$ "少于"，"多于"，"至少"，"至多"，"在…之间"，"和"，"S_0"，"S_1"，$\cdots$，"S_τ" $\}$；

$I \in V_N$；

$P=\{I$ 指主词或复合词；主词指 "S_0"，"S_1"，$\cdots$，"S_τ"；复合词指一元关系+主词，或二元关系+连词+主词；一元关系指 "少于" 或 "多于"；二元关系指 "在…之间"；连词指 "和" $\}$。

定义 10.3（Rodriguez 等，2018）设 E_{G_H} 是将文本自由语法生成的语言表达式 $ll \in S_{ll}$ 转化为犹豫模糊语言集 H_S 的函数，S 为语法 G_H 所采用的语言术语集，S_{ll} 为语法 G_H 所生成的所有表达式的集合，则由语法 G_H 的生成规则所生成的语言表达式可通过下式：

$$E_{G_H}: S_{ll} \rightarrow H_S$$

转换为犹豫模糊语言集，即

（1）$E_{G_H}(S_a)=\{S_a|S_a \in S\}$。

（2）$E_{G_H}($ 至多 $S_t)=\{S_a|S_a \in S 且 S_a \leq S_t\}$。

（3）$E_{G_H}($ 少于 $S_t)=\{S_a|S_a \in S 且 S_a < S_t\}$。

（4）$E_{G_H}($ 至少 $S_t)=\{S_a|S_a \in S 且 S_a \geq S_t\}$。

（5）$E_{G_H}($ 多于 $S_t)=\{S_a|S_a \in S 且 S_a > S_t\}$。

（6）$E_{G_H}($ 在 S_t 和 $S_{t'}$ 之间 $)=\{S_a|S_a \in S 且 S_t \leq S_a \leq S_{t'}\}$。

定义 10.4（Wang et 等，2014）设 $S=\{S_a|a=-\tau,\cdots,-1,0,1,\cdots,\tau\}$ 为语言术语集，

$\theta_\alpha \in R^+$ 是语言术语 S_α 对应的语义,语言尺度函数为从 S_α 到 θ_α 的映射,即 $g: S_\alpha \to \theta_\alpha$,其中 g 是关于下标 α 的单调函数,且 $g(S_\alpha) \in [0, 1]$。

定义 10.5(Wei 等,2018)犹豫模糊语言数的犹豫度函数,以其对应的语言术语集中元素的个数 L 为基础,定义为一个严格单调递增的凸函数,如下所示:

$$\mathrm{HD}(h_S) = \begin{cases} \dfrac{L(h_S) \ln(L(h_S))}{(2\tau+1)\ln(2\tau+1)}, & \text{若 } S=\{S_\alpha | \alpha=-\tau, \cdots, -1, 0, 1, \cdots, \tau\} \\[2mm] \dfrac{L(h_S) \ln(L(h_S))}{(\tau'+1)\ln(\tau'+1)}, & \text{若 } S'=\{S'_{\alpha'} | \alpha'=0, 1, \cdots, \tau'\} \end{cases} \quad (10\text{-}2)$$

显然,犹豫模糊语言数的长度越长,即语言术语集中的元素越多,犹豫度越大。

二、基于犹豫模糊语言集的投资组合优化模型

下面举例说明犹豫模糊语言环境下的投资组合优化问题。在投资过程中,投资者常面临的一个问题是,选择哪些股票进行投资以实现投资组合预期收益的最大化。这其中涉及的一个很重要的环节就是投资者要对证券市场上的股票进行评估。大多数投资者在面临不同的投资抉择时,第一个考量标准往往是"这只股票会涨还是会跌?"进而投资者才会根据对股票涨跌的预判决定是否将资金投入该股。

本节通过改进 Score-HeDLiSF(Liao 等,2019)方法,利用基于犹豫模糊语言的二级投资组合评价系统,对股票 x_i($i=1, 2, \cdots, n$)进行评价,具体步骤如下。

步骤 1:建立犹豫模糊语言投资组合评分系统的初级评价语言术语集,表示为 $S=\{S_\alpha | \alpha=-\tau, \cdots, -1, 0, 1, \cdots, \tau\}$,并通过语义值函数对每一语言术语 S_α 进行量化评分。鉴于初级评价是投资者对股票"是否看好"的主观陈述,那么随着投资者对股票"看好/不看好"情况的加剧,其初级自然语言评价会呈现越来越严谨的用语习惯,即投资者给出"极其看好/极其不看好"的初级评价一定会较"有一些看好/有一些不看好"更为谨慎。也就是说,初级评价语言术语的相邻语义间隔以 S_0 为分界向左、右两边逐渐减小,即随着语义程度的加重,相邻语言尺度函数值之差呈递减趋势,因此初级评价语言术语采用相邻语义间隔递减的单调递增函数,具体表达式如下:

$$g(S_\alpha) = \begin{cases} \dfrac{\tau^\varsigma - (-\alpha)^\varsigma}{2\tau^\varsigma}, & \alpha=-\tau, \cdots, 0 \\[2mm] \dfrac{\tau^\xi + (\alpha)^\xi}{2\tau^\xi}, & \alpha=0, \cdots, \tau \end{cases} \quad (10\text{-}3)$$

其中,ς 表示股票看跌时对应的投资者的风险态度参数;ξ 表示股票看涨时对应的投资者的风险欲望参数。

图 10-2 表示风险态度参数与风险欲望参数不等($\varsigma \neq \xi$),即看涨语义和看跌语义关

于中间语义 S_0 不对称的情况。

图 10-2　犹豫模糊语义关于 S_0 非对称分布且呈递减趋势（$\tau=3$）

本节主要研究同一投资者就股票看涨、看跌评价语义关于 S_0 对称的情况，即 $\varsigma = \xi$ 且满足 $g(S_{\alpha+1}) - g(S_\alpha) = g(S_{-\alpha}) - g(S_{-\alpha-1})$。需要指出的是，若 $\varsigma = \xi$ 的值小于 0.5，对应的投资者趋向于保守型，其相邻语言尺度函数值之差相对较大，即 $g(S_{\alpha+1}) - g(S_\alpha)$ 相对较大，原因是：保守型投资者对于"极其看好"的股票，语义函数值的赋值要求高于激进型投资者；对于"极其不看好"的股票，语义函数值的赋值要求低于激进型投资者，故其差值相对较大。若 $\varsigma = \xi$ 恰好等于 0.5，对应的投资者近似于稳健型。若 $\varsigma = \xi$ 的值大于 0.5，对应的投资者趋向于激进型，其相邻语言尺度函数值之差相对较小，即 $g(S_{\alpha+1}) - g(S_\alpha)$ 相对较小，原因是激进型投资者对于"极其看好"的股票，相较于保守型投资者的语义函数值的赋值要求则相对较低，对于"极其不看好"的股票，语义函数值的赋值要求相对较高，故其差值相对较小。

步骤 2：对备选股票进行关于涨跌趋势的初级自然语言评价，利用文本自由语法 G_H 将每只股票的初级自然语言评价转换为语言表达式 ll。

步骤 3：通过转换函数将语言表达式 ll 转化为犹豫模糊语言数 $h_S(x_i)$，得到关于初级评价的犹豫模糊语言集 H_S。

步骤 4：通过式（10-2）计算初级评价犹豫模糊语言数 $h_S(x_i)$ 的犹豫度 $\mathrm{HD}(h_S)$，进一步求出关于该股涨跌趋势的量化得分，如下所示。

$$\overline{E}(h_S) = (1-\mathrm{HD}(h_S)) \times \left(\frac{1}{L}\sum_{l=1}^{L} g(S_{\phi l})\right) \tag{10-4}$$

步骤 5：建立评分系统的二级评价语言术语集，表示为 $S' = \{S'_{\alpha'} | \alpha' = 0, 1, \cdots, \tau'\}$。对股票感兴趣的程度进行评价，如图 10-3 所示。二级评价语言术语为犹豫模糊均匀分布语义，即对股票感兴趣程度的二级评价语义等间隔分布，随着语义程度的加重，语义函数值亦均匀增加。换言之，相邻语义函数值之差始终为定值，因此二级评价语言术语为相邻语义均匀间隔的单调递增函数，表达式为

$$g'(S'_{\alpha'}) = \frac{\alpha'}{\tau'} \tag{10-5}$$

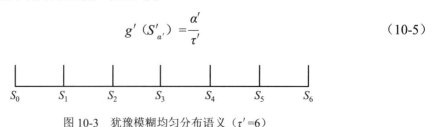

图 10-3　犹豫模糊均匀分布语义（$\tau'=6$）

步骤6：对每只股票进行投资可能性判断，利用文本自由语法 G_H 将对该股的二级自然语言评价转换为语言表达式 ll'。

步骤7：通过转换函数将语言表达式 ll' 转化为犹豫模糊语言数 $h'_S(x_i)$，得到关于二级评价的犹豫模糊语言集 H'_S。

步骤8：根据式（10-2）计算二级评价犹豫模糊语言数 $h'_S(x_i)$ 的犹豫度 $HD(h'_S)$，进一步求出二级评价的量化得分如下：

$$\overline{E}'(h'_S) = (1-HD(h'_S)) \times \left(\frac{1}{L'}\sum_{l'=1}^{L'} g'(S'_{\phi_{l'}})\right) \tag{10-6}$$

步骤9：计算股票经过二级投资组合评价犹豫模糊语言系统得到的综合评分，计算公式如下：

$$\overline{E}_t(x_i) = \overline{E}(h_S(x_i)) \cdot \overline{E}'(h'_S(x_i)) \tag{10-7}$$

假设有 n 只股票可供投资者选择，分别为 x_i，$i=1, 2, \cdots, n$。投资者在每只股票上的投资比例设为 η_i，$i=1, 2, \cdots, n$，则基于犹豫模糊语言数的投资组合可表示为

$$\sum_{i=1}^n \overline{E}_t(x_i) \cdot \eta_i$$

按照投资组合理论，该投资组合的收益可表示为

$$E\left(\sum_{i=1}^n \overline{E}_t(x_i) \cdot \eta_i\right) = \frac{1}{n}\left(\sum_{i=1}^n \overline{E}_t(x_i) \cdot \eta_i\right) \tag{10-8}$$

该投资组合的风险可表示为

$$D\left(\sum_{i=1}^n \overline{E}_t(x_i) \cdot \eta_i\right) = \sqrt{\frac{1}{n}\sum_{i=1}^n\left[\overline{E}_t(x_i) \cdot \eta_i - E\left(\sum_{i=1}^n \overline{E}_t(x_i) \cdot \eta_i\right)\right]^2} \tag{10-9}$$

（一）收益最大优化模型

以收益最大作为犹豫模糊语言投资组合的优化目标，将风险控制在可接受的最大风险 $D_{\max}$ 之内作为约束条件，模型如下：

$$f(\eta) = \max E\left(\sum_{i=1}^n \overline{E}_t(x_i) \cdot \eta_i\right)$$

$$\text{s.t.} \begin{cases} E\left(\sum_{i=1}^n \overline{E}_t(x_i) \cdot \eta_i\right) = \frac{1}{n}\left(\sum_{i=1}^n \overline{E}_t(x_i) \cdot \eta_i\right) \\ D\left(\sum_{i=1}^n \overline{E}_t(x_i) \cdot \eta_i\right) = \sqrt{\frac{1}{n}\sum_{i=1}^n\left[\overline{E}_t(x_i) \cdot \eta_i - E\left(\sum_{i=1}^n \overline{E}_t(x_i) \cdot \eta_i\right)\right]^2} \\ D\left(\sum_{i=1}^n \overline{E}_t(x_i) \cdot \eta_i\right) \leqslant D_{\max} \\ \sum_{i=1}^n \eta_i = 1, \quad i=1, 2, \cdots, n \\ \eta_i \geqslant 0, \quad i=1, 2, \cdots, n \end{cases} \tag{10-10}$$

在实际投资过程中，不同的投资者对风险的态度是存在差异的，一部分人可能喜欢大起大落的刺激，另一部分人则可能更愿意"求稳"。不同风险偏好的投资者由于自身的性格、文化背景和对金融产品的认知不同，对风险的承受能力是不一样的，在优化模型中体现为 $D_{\max}$ 取值的不同。激进型投资者为了追逐丰厚的收益，可以接受风险较高的投资，$D_{\max}$ 则相对较高；保守型投资者因为厌恶风险，对风险的容忍能力较低，$D_{\max}$ 则相对较低；稳健型投资者相对中立，既不回避风险，也不主动追求风险，所以对应的 $D_{\max}$ 介于激进型与保守型投资者之间。

本节采用三等分法求解不同类型投资者对应的 $D_{\max}$，如图 10-4 所示。假设最大风险临界值 $D_{\max}$ 的波动范围为 $[\min D, \max D]$。

图 10-4 不同风险偏好投资者 $D_{\max}$ 的三等分示意图

（1）设保守型投资者对应的最大风险临界值 $D_{\max}$ 为 D_1，则 $D_1 = \min D + 1/3(\max D - \min D)$。

（2）设稳健型投资者对应的最大风险临界值 $D_{\max}$ 为 D_2，则 $D_2 = 2/3(\max D - \min D)$。

（3）设激进型投资者对应的最大风险临界值 $D_{\max}$ 为 D_3，$D_3 = \max D$。

犹豫模糊语言收益最大化投资组合优化模型对应的最大风险临界值 $D_{\max}$，在采用三等分法求解时，需要确定 $\min D$ 和 $\max D$。以犹豫模糊语言投资组合的方差为优化目标，通过求解以下优化模型，得到犹豫模糊语言投资组合方差的极值（即 $\max D$ 和 $\min D$）。

$$d(\eta) = \max D\left(\sum_{i=1}^{n} \overline{E}_t(x_i) \cdot \eta_i\right) \text{ 或 } \min D\left(\sum_{i=1}^{n} \overline{E}_t(x_i) \cdot \eta_i\right)$$

$$\text{s.t.} \begin{cases} E\left(\sum_{i=1}^{n} \overline{E}_t(x_i) \cdot \eta_i\right) = \frac{1}{n}\left(\sum_{i=1}^{n} \overline{E}_t(x_i) \cdot \eta_i\right) \\ D\left(\sum_{i=1}^{n} \overline{E}_t(x_i) \cdot \eta_i\right) = \sqrt{\frac{1}{n}\sum_{i=1}^{n}\left[\overline{E}_t(x_i) \cdot \eta_i - E\left(\sum_{i=1}^{n} \overline{E}_t(x_i) \cdot \eta_i\right)\right]^2} \\ \sum_{i=1}^{n} \eta_i = 1, \quad i = 1, 2, \cdots, n \\ \eta_i \geqslant 0, \quad i = 1, 2, \cdots, n \end{cases} \quad (10\text{-}11)$$

（二）风险最小优化模型

以风险最小化作为犹豫模糊语言投资组合的优化目标，约束条件需满足投资者对收

益的最低要求 $E_{\min}$，模型如下：

$$h(\eta)=\min D\left(\sum_{i=1}^{n}\overline{E}_t(x_i)\cdot\eta_i\right)$$

$$\text{s.t.}\begin{cases}E\left(\sum_{i=1}^{n}\overline{E}_t(x_i)\cdot\eta_i\right)=\dfrac{1}{n}\left(\sum_{i=1}^{n}\overline{E}_t(x_i)\cdot\eta_i\right)\\ D\left(\sum_{i=1}^{n}\overline{E}_t(x_i)\cdot\eta_i\right)=\sqrt{\dfrac{1}{n}\sum_{i=1}^{n}\left[\overline{E}_t(x_i)\cdot\eta_i-E\left(\sum_{i=1}^{n}\overline{E}_t(x_i)\cdot\eta_i\right)\right]^2}\\ D\left(\sum_{i=1}^{n}\overline{E}_t(x_i)\cdot\eta_i\right)\geqslant E_{\min}\\ \sum_{i=1}^{n}\eta_i=1,\ i=1,2,\cdots,n\\ \eta_i\geqslant 0,\ i=1,2,\cdots,n\end{cases}\tag{10-12}$$

与方差临界值求法类似，三种类型投资者对应的均值临界值 $E_{\min}$ 也可以采用三等分法求解，如图 10-5 所示。假设最低收益临界值 $E_{\min}$ 的波动范围为［min$E$，max$E$］。

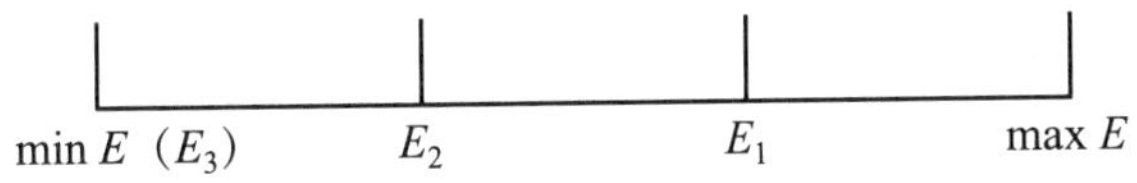

图 10-5 不同风险偏好投资者 $E_{\min}$ 的三等分示意图

（1）设激进型投资者对应的最低收益临界值 $E_{\min}$ 为 E_1，则 E_1= max$E$ − 1/3（max$E$ − min$E$）。

（2）设稳健型投资者对应的最低收益临界值 $E_{\min}$ 为 E_2，则 E_2= max$E$ − 2/3（max$E$ − min$E$）。

（3）设保守型投资者对应的最低收益临界值 $E_{\min}$ 为 E_3，则 E_3= min$E$。

同样，犹豫模糊语言风险最小化投资组合优化模型对应的最低收益临界值为 $E_{\min}$，在采用三等分法求解时，则需要先确定 min$E$ 和 max$E$。以犹豫模糊语言投资组合的收益为优化目标，通过求解以下优化模型，得到犹豫模糊语言投资组合收益的极值（max$E$ 和 min$E$）。

$$e(\eta)=\max E\left(\sum_{i=1}^{n}\overline{E}_t(x_i)\cdot\eta_i\right)\ \text{或}\ \min E\left(\sum_{i=1}^{n}\overline{E}_t(x_i)\cdot\eta_i\right)$$

$$\text{s.t.}\begin{cases}E\left(\sum_{i=1}^{n}\overline{E}_t(x_i)\cdot\eta_i\right)=\dfrac{1}{n}\left(\sum_{i=1}^{n}\overline{E}_t(x_i)\cdot\eta_i\right)\\ \sum_{i=1}^{n}\eta_i=1,\ i=1,2,\cdots,n\\ \eta_i\geqslant 0,\ i=1,2,\cdots,n\end{cases}\tag{10-13}$$

三、基于犹豫模糊语言的投资组合优化数例仿真

根据前一节介绍的犹豫模糊语言二级投资组合评价系统,以及提出的犹豫模糊语言投资组合优化模型,现将犹豫模糊语言环境下的投资组合优化过程总结如下。

步骤1:建立犹豫模糊语言的股票得分评价系统的初级、二级评价语言术语集。

步骤2:根据式(10-3)和式(10-5)分别计算犹豫模糊语言投资组合评分系统的初级、二级评价语言术语的语义值。

步骤3:分别对股票的涨跌情况及感兴趣程度进行判断,利用文本自由语法和转换函数得到相应的犹豫模糊语言数。

步骤4:利用基于犹豫模糊语言的二级投资组合综合评价系统对每一只股票进行打分。

步骤5:根据模型(10-11)和模型(10-13)分别计算$[\min D, \max D]$和$[\min E, \max E]$。

步骤6:采用三等分法对不同风险偏好的投资者确定模型(10-10)和模型(10-12)中的参数$D_{\max}$和$E_{\min}$。

步骤7:根据投资者实际情况,构造收益最大化或风险最小化犹豫模糊语言投资组合优化模型。

步骤8:求出最优投资比例η_i。假设总投资金额为K,则每只股票的投资金额为$K \cdot \eta_i$。

为了让读者更好地理解犹豫模糊语言得分评价系统及优化模型,并且说明犹豫模糊语言投资组合的合理性和有效性,下面通过数例具体讲解犹豫模糊语言投资组合的优化过程。

假设有5只股票$\{x_1, x_2, x_3, x_4, x_5\}$可供选择,每只股票投资比例表示为$\{\eta_1, \eta_2, \eta_3, \eta_4, \eta_5\}$,且满足$\sum_{i=1}^{5}\eta_i=1$,投资者现有资金总额为100 000元。本文以保守型投资者为例,并假设该投资者以收益最大化为投资目标。采用基于犹豫模糊语言的投资组合优化模型进行求解,具体过程如下。

步骤1:建立犹豫模糊语言投资组合评分系统的初级评价语言术语集,表示为$S=\{S_{-3}=$特别不看好, $S_{-2}=$比较不看好, $S_{-1}=$有一点不看好, $S_0=$无法判断, $S_1=$有一点看好, $S_2=$比较看好, $S_3=$非常看好$\}$;二级评价语言术语集,表示为$S'=\{S'_0=$无, $S'_1=$很少, $S'_2=$有一些, $S'_3=$一般, $S'_4=$比较, $S'_5=$非常, $S'_6=$完全$\}$。

步骤2:根据式(10-3)和式(10-5)分别计算犹豫模糊语言投资组合评分系统的初级及二级评价语言术语的语义值。考虑到投资者的风格为保守型,因此令$\varsigma = \xi = 0.2$,且$\tau = 3$, $\tau' = 6$。计算可得,$g(S_{-3}) = 0$, $g(S_{-2}) = 0.0389$, $g(S_{-1}) = 0.0986$, $g(S_0) = 0.5$,

$g(S_1) = 0.9014, g(S_2) = 0.9611, g(S_3) = 1; g'(S'_0) = 0, g'(S'_1) = 0.1667, g'(S'_2) = 0.3333,$
$g'(S'_3) = 0.5, g'(S'_4) = 0.6667, g'(S'_5) = 0.8333, g'(S'_6) = 1$。

步骤3：投资者分别对股票的涨跌情况及感兴趣程度进行个人判断，其初级及二级自然语言评价分别如表10-1和表10-2所示。利用文本自由语法和转换函数得到相应的犹豫模糊语言数，其中初级犹豫模糊语言数转化结果如表10-1所示，二级犹豫模糊语言数转化结果如表10-2所示。

表 10-1 初级犹豫模糊语言数转化过程

	x_1	x_2	x_3	x_4	x_5
初级自然语言评价	应该不会跌	跌的不轻	不赔但也赚的不是特别多	至少还不错	最多不赔不赚
初级语言表达式 ll	至少无法判断	少于有一点不看好	在无法判断与比较看好之间	至少比较看好	至多无法判断
初级犹豫模糊语言数 h_S	$\{S_0, S_1, S_2, S_3\}$	$\{S_{-3}, S_{-2}\}$	$\{S_0, S_1, S_2\}$	$\{S_2, S_3\}$	$\{S_{-3}, S_{-2}, S_{-1}, S_0\}$

表 10-2 二级犹豫模糊语言数转化过程

	x_1	x_2	x_3	x_4	x_5
二级自然语言评价	应该会买	不太想买	想买但不是非常想买	很想买	不会很想买
初级语言表达式 ll'	至少是很少的兴趣	至多是很少的兴趣	在很少的兴趣与比较感兴趣之间	多于一般感兴趣	至多是有一些兴趣
初级犹豫模糊语言数 h'_S	$\{S'_1, S'_2, S'_3, S'_4, S'_5\}$	$\{S'_0, S'_1\}$	$\{S'_1, S'_2, S'_3, S'_4\}$	$\{S'_4, S'_5, S'_6\}$	$\{S'_0, S'_1, S'_2\}$

步骤4：首先通过式（10-2）计算每一级犹豫模糊语言数的犹豫度，然后根据式（10-4）和式（10-6）分别计算初级及二级评价的量化得分，最后根据式（10-7）计算得出每只股票的犹豫模糊语言投资组合综合评分，计算结果如表10-3所示。

表 10-3 犹豫模糊语言投资组合评分系统得分计算过程

	x_1	x_2	x_3	x_4	x_5
$HD(h_S)$	0.4070	0.1017	0.2420	0.1017	0.4070
$\bar{E}(h_S)$	0.4985	0.0175	0.5969	0.8808	0.0945
$HD(h'_S)$	0.7893	0.1017	0.4070	0.2420	0.2420
$\bar{E}'(h'_S)$	0.1229	0.0748	0.2471	0.6317	0.1263
$\bar{E}_t(x_i)$	0.0612	0.0013	0.1475	0.5564	0.0119

步骤5：由于投资者以收益最大化为投资目标，故以最小风险为约束。根据模型（10-11）计算 $[\min D, \max D]$，优化模型如下：

$$d(\eta) = \max D\left(\sum_{i=1}^{5}\overline{E}_t(x_i)\cdot \eta_i\right) \text{ 或 } \min D\left(\sum_{i=1}^{5}\overline{E}_t(x_i)\cdot \eta_i\right)$$

$$\text{s.t.}\begin{cases} E\left(\sum_{i=1}^{5}\overline{E}_t(x_i)\cdot \eta_i\right) = \dfrac{1}{5}\left(\sum_{i=1}^{5}\overline{E}_t(x_i)\cdot \eta_i\right) \\ D\left(\sum_{i=1}^{5}\overline{E}_t(x_i)\cdot \eta_i\right) = \sqrt{\dfrac{1}{5}\sum_{i=1}^{5}\left[\overline{E}_t(x_i)\cdot \eta_i - E\left(\sum_{i=1}^{5}\overline{E}_t(x_i)\cdot \eta_i\right)\right]^2} \\ \sum_{i=1}^{5}\eta_i = 1, \quad i = 1, 2, \cdots, 5 \\ \eta_i \geqslant 0, \quad i = 1, 2, \cdots, 5 \end{cases} \quad (10\text{-}14)$$

代入数据，上述模型可表示为

$$f(\eta) = \max D \text{ 或 } \min D$$

$$\text{s.t.}\begin{cases} E = \dfrac{1}{5}(0.0612\eta_1 + 0.0013\eta_2 + 0.1475\eta_3 + 0.5564\eta_4 + 0.0119\eta_5) \\ D = \sqrt{\dfrac{1}{5}[(0.0612\eta_1 - E)^2 + (0.0013\eta_2 - E)^2 + (0.1475\eta_3 - E)^2 + (0.5564\eta_4 - E)^2 + (0.0119\eta_5 - E)^2]} \\ \sum_{i=1}^{5}\eta_i = 1 \\ \eta_i \geqslant 0 \end{cases}$$

(10-15)

对上述非线性优化模型（10-15），利用 MATLAB 进行求解，得到投资者犹豫模糊语言投资组合方差的极大、极小值，分别为 $\max D = 0.4773$，$\min D = 0.00003$。

步骤 6：根据三等分法求出投资者的最大风险临界值 $D_{\max}$，并设为 D_1，$D_1 = \min D + 1/3(\max D - \min D) = 0.1591$。

步骤 7：鉴于投资者以收益最大化为投资目标，故选择模型（10-10）求解投资组合的最优解，犹豫模糊语言投资组合优化模型如下所示：

$$f(\eta) = \max E\left(\sum_{i=1}^{5}\overline{E}_t(x_i)\cdot \eta_i\right)$$

$$\text{s.t.}\begin{cases} E\left(\sum_{i=1}^{5}\overline{E}_t(x_i)\cdot \eta_i\right) = \dfrac{1}{5}\left(\sum_{i=1}^{5}\overline{E}_t(x_i)\cdot \eta_i\right) \\ D\left(\sum_{i=1}^{5}\overline{E}_t(x_i)\cdot \eta_i\right) = \sqrt{\dfrac{1}{5}\sum_{i=1}^{5}\left[\overline{E}_t(x_i)\cdot \eta_i - E\left(\sum_{i=1}^{5}\overline{E}_t(x_i)\cdot \eta_i\right)\right]^2} \\ D\left(\sum_{i=1}^{5}\overline{E}_t(x_i)\cdot \eta_i\right) \leqslant 0.1591 \\ \sum_{i=1}^{5}\eta_i = 1 \\ \eta_i \geqslant 0, \quad i = 1, 2, \cdots, 5 \end{cases} \quad (10\text{-}16)$$

代入数据，上述模型可表示为：

$$f(\eta) = \max E$$

$$\text{s.t.} \begin{cases} E = \dfrac{1}{5}(0.0612\eta_1 + 0.0013\eta_2 + 0.1475\eta_3 + 0.5564\eta_4 + 0.0119\eta_5) \\ D = \sqrt{\dfrac{1}{5}[(0.0612\eta_1 - E)^2 + (0.0013\eta_2 - E)^2 + (0.1475\eta_3 - E)^2 + (0.5564\eta_4 - E)^2 + (0.0119\eta_5 - E)^2]} \\ D \leqslant 0.1591 \\ \sum\limits_{i=1}^{5} \eta_i = 1 \\ \eta_i \geqslant 0 \end{cases}$$

(10-17)

步骤 8：采用 MATLAB 求解上述非线性优化模型，得到最优投资比例为 $\eta_1 = \eta_2 = \eta_5 = 0$，$\eta_3 = 0.6575$，$\eta_4 = 0.3425$，即最优投资组合为：对第三只股票投资 65 750 元，对第四只股票投资 34 250 元。

上述数值仿真结果是基于保守型投资者所得出的最优投资比例及最优投资组合，如果更改犹豫模糊语言投资组合评分系统中初级评价语义值函数的风险态度参数 ς 和风险欲望参数 ξ 值，可以求出不同风险偏好的投资者的最优投资比例。例如：对稳健型投资者，令 $\varsigma = \xi = 0.5$；对激进型投资者，令 $\varsigma = \xi = 0.7$。

不同风险偏好的投资者对 5 只股票经过二级犹豫模糊语言评价系统的总得分如图 10-6 所示。由图可知，3 类投资者对 5 只股票的犹豫模糊语言评价得分均满足 $x_4 > x_3 > x_1 > x_5 > x_2$，此得分符合对 5 只股票的自然语言评价。具体地，对于第四只股票其初级自然语言评价为"至少还不错"，其二级自然语言评价为"很想买"，因此，犹豫模糊语言评价得分最高。相比较而言，第三只股票初级自然语言评价为"不赔但也赚的不是特别多"，二级自然语言评价为"想买但不是非常想买"，因而其得分次之。得分最低的第二只股票，图 10-6 中 x_2 的得分几乎接近于 0，其初级自然语言评价为"跌得不轻"，二级评价为"不太想买"，符合投资者对第二只股票极不看好的评价。在相对看好的股票中，即对于股票 x_1、x_3 和 x_4，保守型投资者经过犹豫模糊语言投资组合评分系统得到的分数最高，而激进型投资者得分最低，这是因为厌恶风险的投资者对于股票的选择更为慎重，同时其谨慎的投资态度导致只有得分相对较高的情况下，才会对这只股票予以好评。反之，对于不看好的股票，即对于股票 x_2 和 x_5，保守型投资者只有在得分极低的情况下，才会认定这只股票不好。

进一步可得到稳健型投资者及激进型投资者对这 5 只股票的投资组合优化模型，其中稳健型投资者的等价犹豫模糊语言投资组合优化模型为式（10-18），激进型投资者的等价模型为式（10-19）。

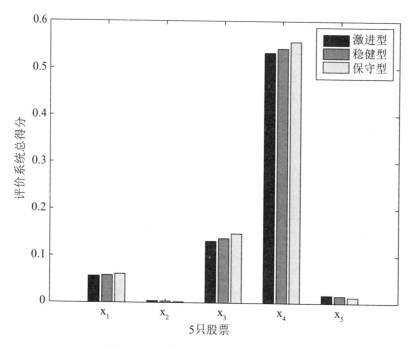

图 10-6　3 种不同类型投资者的评分图

$$f(\eta) = \max E$$

$$\text{s.t.} \begin{cases} E = \dfrac{1}{5}(0.0582\eta_1 + 0.0031\eta_2 + 0.1372\eta_3 + 0.5414\eta_4 + 0.0150\eta_5) \\ D = \sqrt{\dfrac{1}{5}[(0.0582\eta_1 - E)^2 + (0.0031\eta_2 - E)^2 + (0.1372\eta_3 - E)^2 + (0.5414\eta_4 - E)^2 + (0.0150\eta_5 - E)^2]} \\ D \leqslant 0.4645 \\ \sum_{i=1}^{5}\eta_i = 1 \\ \eta_i \geqslant 0 \end{cases}$$

（10-18）

$$f(\eta) = \max E$$

$$\text{s.t.} \begin{cases} E = \dfrac{1}{5}(0.0566\eta_1 + 0.0041\eta_2 + 0.1316\eta_3 + 0.5324\eta_4 + 0.0167\eta_5) \\ D = \sqrt{\dfrac{1}{5}[(0.0566\eta_1 - E)^2 + (0.0041\eta_2 - E)^2 + (0.1316\eta_3 - E)^2 + (0.5324\eta_4 - E)^2 + (0.0167\eta_5 - E)^2]} \\ D \leqslant 0.4567 \\ \sum_{i=1}^{5}\eta_i = 1 \\ \eta_i \geqslant 0 \end{cases}$$

（10-19）

由模型（10-17）、模型（10-18）和模型（10-19）可以分别求出 3 种类型投资者在 5 只股票上的投资比例，结果如表 10-4 所示。可以看到 3 类投资者都主要将资金投入到了第三只股票和第四只股票，而在第一、二、五只股票上未进行投资。投资者虽然看好第一、二、四只股票，最终仅选择了第三、四只股票进行投资。

表 10-4 3 种不同类型投资者在 5 只股票上的投资比例及收益与风险极值

	x_1	x_2	x_3	x_4	x_5	$\max E$	对应 D
激进型	0	0	0.0001	0.9999	0	0.1065	0.4567
稳健型	0	0	0.3091	0.6909	0	0.0833	0.3097
保守型	0	0	0.6575	0.3425	0	0.0507	0.1591

由于 3 种类型的投资者对风险态度的不同，相对保守的投资者更倾向于投资第三只，而追逐风险的投资者更倾向于投资第四只，这是因为保守型投资者会适当地牺牲一些利益以换取相对较小的投资风险，而激进型投资者以尝试更大的风险为代价追求高额的利润。需要指出的是，本文提出的模型对于不太看好的股票（如本例中的 x_2 和 x_5）的资金分配也同样可以实现优化配置，只是本数例中既有看好的股票，也有不看好的股票，所以最终投资金额主要投放在第三、四只股票上。但在实际投资中，也可能会出现对看跌的股票分配资金以图反弹获利的情形，利用本文提出的优化模型亦可求解。

图 10-7 给出了 3 种类型投资者对应的犹豫模糊语言投资组合收益的最大值 $\max E$，以及犹豫模糊语言投资组合收益 E 取最大时所需承受的风险 D 值，其中：激进型投资者取得的最大收益为 0.1065，对应的风险为 0.4567；稳健型投资者取得的最大收益为 0.0833，对应的风险为 0.3097；保守型投资者取得的最大收益为 0.0507，对应的风险为 0.1591，如表 10-4 所示。

由图 10-7 可知，不同类型的投资者在取到最优解时，对应的犹豫模糊语言投资组合方差值均取到了最大临界值，即 $D_1=0.4567$，$D_2=0.3097$，$D_3=0.1591$。这是因为在追求收益最大化的同时，势必会增加投资风险。此外，激进型投资者所获得的收益及承担的风险是最大的，保守型投资者所获得的收益及承担的风险是最小的。这验证了高收益伴随着高风险，反言之，降低风险一定是以牺牲期望利润为前提的，这也说明本文所提出的模型及评分方法的合理性和有效性。

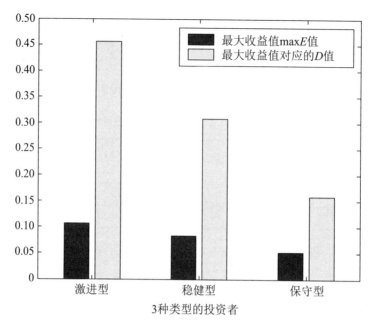

图 10-7 3 种不同类型的投资者对应的最大收益值及风险值

第三节 不确定投资组合

为了度量事件发生的可能性,Zadeh(1978)在模糊集理论的基础上又定义了可能性测度,进而建立了可能性理论。然而,可能性测度没有自对偶性,这意味着即使决策者选中一种成功的可能性为 100% 的方案,其投资失败的可能性也为 100%。为了引入具有自对偶性的测度,也为了建立一套与概率论平行的公理化体系来刻画模糊变量,Liu B D 和 Liu Y K(2002)提出了可信性测度的概念,之后逐步建立并完善了可信性理论。

当采用模糊变量来描述证券收益参数的主观估计时,在有些情况下,变量所表现出来的特征既非随机性又非模糊性,可能产生悖论(Zhang 等,2015;Zhang 等,2011)。为了进一步描述和处理人们对不确定现象的主观估计,Liu(2010)提出一种新的不确定测度。事实上,Liu(2014)论证了运用信度来描述人们的估计满足不确定理论的公理,证明了不确定理论可以用来描述不确定性。

不确定理论中的 3 个最为核心的知识分别是:不确定测度、不确定变量和不确定分布。其中:不确定测度反映了事件发生机会的大小和衡量方法;不确定变量描述了可能发生的不确定的事件;而不确定分布反映了不确定变量的分布状况,以便使用不确定变量。不确定理论正是基于这 3 个重要的核心概念一步一步发展成为研究不确定现象的一个数学分支,从而让现实生活中出现的不确定现象能够通过数学的方法来反映。

不确定投资组合就是为在不确定理论下求解马科维茨的均值－方差模型应运而生的。假设 ξ_i（$i=1$，2，$\cdots$，n）表示第 i 个证券的不确定收益，x_i 表示第 i 个证券对应的投资比例，不确定投资组合即利用不确定理论在保证投资组合安全的前提下追求投资组合的利润最大化，不确定均值－方差模型数学表达式（Huang，2011）如下：

$$\begin{cases} \max E[x_1\xi_1+x_2\xi_2+\cdots+x_n\xi_n] \\ \text{subject to:} \\ V[x_1\xi_1+x_2\xi_2+\cdots+x_n\xi_n] \leqslant b \\ x_1+x_2+\cdots+x_n=1 \\ x_i \geqslant 0, i=1, 2, \cdots, n \end{cases} \quad (10\text{-}20)$$

其中，E 表示不确定变量的期望值算子；V 表示不确定变量的方差算子；b 表示投资者可以忍受的最大风险阈值。

第一个约束条件意味着不确定投资组合在不超出投资组合预设风险阈值的情况下追求投资组合收益最大化。

利用不确定理论可将不确定均值－方差模型（10-20）转变为对应等价模型，数学表达式如下：

$$\begin{cases} \max \int_0^1 \sum_{i=1}^n x_i \Phi_i^{-1}(\alpha) \, d\alpha \\ \text{subject to:} \\ \int_0^1 \left(\sum_{i=1}^n x_i \Phi_i^{-1}(\alpha) - e\right)^2 d\alpha \leqslant a \\ x_1+x_2+\cdots+x_n=1 \\ x_i \geqslant 0, i=1, 2, \cdots, n \end{cases} \quad (10\text{-}21)$$

其中，Φ_i 表示表示第 i 个证券的不确定收益 ξ_i（$i=1$，2，$\cdots$，n）对应的不确定分布，且 $e=\int_0^1 \sum_{i=1}^n x_i \Phi_i^{-1}(\alpha) \, d\alpha$。

不确定均值－方差模型（10-20）默认证券收益服从对称的不确定变量的分布，这意味着对于上面这个模型，降低方差值不仅减少了投资组合偏离均值的负半部分（即小于均值的那一部分），投资组合偏离正半部分也在同等程度地减少。尽管较高的方差意味着较高的风险值，但是超出投资组合均值那一部分的收益正是投资者所需要的，并且投资者希望这一部分越高越好。所以针对非对称证券收益，不确定均值－方差模型并不适用。为了将低于投资组合均值收益的那一部分方差降为最低，学者们提出了不确定均值－半方差模型，其数学表达式如下：

$$\begin{cases} \max E\left[x_1\xi_1+x_2\xi_2+\cdots+x_n\xi_n\right] \\ \text{subject to:} \\ SV\left[x_1\xi_1+x_2\xi_2+\cdots+x_n\xi_n\right] \leqslant c \\ x_1+x_2+\cdots+x_n=1 \\ x_i \geqslant 0, \ i=1, 2, \cdots, n \end{cases} \quad (10\text{-}22)$$

其中，SV 表示不确定变量的方差值算子；c 表示投资者可以忍受的最大风险阈值。

利用相关不确定理论可将不确定均值－半方差模型（10-22）转变为对应等价模型，数学表达式（Huang，2012）如下：

$$\begin{cases} \max \int_0^1 \sum_{i=1}^n x_i \Phi_i^{-1}(\alpha) \, d\alpha \\ \text{subject to:} \\ \int_0^\beta \left(\sum_{i=1}^n x_i \Phi_i^{-1}(\alpha) - \int_0^1 \sum_{i=1}^n x_i \Phi_i^{-1}(\alpha) \, d\alpha\right)^2 d\alpha \leqslant c \\ \sum_{i=1}^n x_i \Phi_i^{-1}(\beta) = \int_0^1 \sum_{i=1}^n x_i \Phi_i^{-1}(\alpha) \, d\alpha \\ x_1+x_2+\cdots+x_n=1 \\ x_i \geqslant 0, \ i=1, 2, \cdots, n \end{cases} \quad (10\text{-}23)$$

不确定均值－方差模型和不确定均值－半方差模型的具体推导过程及最终求解步骤较为复杂，这里不做详细介绍，感兴趣的读者可参阅相关文献。

第四节　其他投资组合理论

马科维茨投资组合理论标志着现代金融学理论的开端，但是随着金融学理论的发展，马科维茨投资组合理论的弊病也逐渐显现出来。

首先，马科维茨投资组合理论需要计算所有资产的方差和协方差，当可供投资的资产数量过多时，就将产生巨大的估计量和计算量。其次，均值－方差模型中需要用到资产的期望收益率，实际上期望收益率我们无法精确得知，只能估计，因此这将带来一定的误差。再次，均值－方差模型得到的解的稳定性很差，输入参数的微小改变就将得到完全不同的结果，这会导致配置投资组合时的风险增大。最后，当市场发生变化时，模型给出的最优组合会有很大变化，这将带来巨大的重新配置资产成本。

一、Black-Litterman模型

Black-Litterman 模型是由费希尔·布莱克（Fisher Black）和罗伯特·李特曼（Robert

Litterman）在 1992 年提出的，是基于金融行业对均值 - 方差模型数十年研究和应用的基础上的优化。

该模型使用贝叶斯方法，将投资者对于一个或多个资产预期收益的主观观点与先验分布下预期收益的市场均衡向量相结合，形成关于预期收益的新的估计。这个基于后验分布的新的收益向量，可以看作投资者观点和市场均衡收益的加权平均。

马科维茨投资组合理论得出的组合会出现不合情理的配置：无限制条件下，会出现对某些资产的强烈卖空；当有卖空限制时，某些资产的配置则可能为零。同时，会出现在某些小市值资产上配有较大权重的情况。出现以上问题的原因有以下几个方面。

- 期望收益非常难以估计，一个标准的优化模型，需要对所有资产都有收益估计，因此投资者就会基于他们常用的历史收益和一系列假设条件进行估计，导致不正确估计的产生。
- 组合权重对收益估计的变动非常敏感。
- 传统模型无法区分不同可信度的观点，观点不能很好地被模型表达。

Black-Litterman 模型在均衡收益基础上修正了期望收益，使得马科维茨投资组合理论优化中的期望收益更为合理，而且还将投资者观点融入进了模型，在一定程度上是对马克维茨投资组合理论的改进。

Black-Litterman 模型的重点就在于如何用个人观点修正期望收益。在加入个人观点之前，先求出预期收益率的先验分布。假设有 n 种资产，其收益率为 $R=(R_1, R_2, \cdots, R_n)$，$R$ 服从联合正态分布，$R \sim N(\mu, \sum)$，其中，μ，$\sum$ 为各资产收益率和协方差的估计值。假设向量 μ 本身也是随机的，且服从正态分布：

$$\mu \sim N(\pi, \tau\sum)$$

其中，τ 是一个标量；π 是先验分布预期收益率的期望。

个人主观观点采用收益率的线性方程组来代表，例如，某条观点用一个方差来表示：

$$p_{i1}\mu_1 + p_{i2}\mu_2 + \cdots + p_{in}\mu_n = q_i + \varepsilon_i$$

其中，ε_i 为该观点的误差项，$\varepsilon_i \sim N(q, \sigma_i^2)$，$\sigma_i^2$ 受投资者对该观点信心水平的影响；投资者的总体观点可用 $p\mu \sim N(q, \Omega)$ 来表达，这里 P 为 $k \times n$ 阶矩阵，代表对 n 个资产有 k 个观点；q 为看法向量（$k \times 1$ 阶）。

具体的推导求解步骤较为复杂，这里直接给出结果，预期收益率：

$$E(r) = [(\tau\sum)^{-1} + P^T\Omega^{-1}P]^{-1}[(\tau\sum)^{-1}\Pi + P^T\Omega^{-1}Q]$$

其中，Π 为隐含均衡收益率，由均值 - 方差模型求解得到。Ω 为看法向量 q 的误差项协方差矩阵，代表的是投资者观点与真实误差的区别。

二、资本资产定价模型

资本资产定价模型是由美国学者威廉·夏普（William Sharpe）、约翰·林特尔（John Lintner）、杰克·特里诺（Jack Treynor）和简·莫辛（Jan Mossin）等人于1964年在资产组合理论和资本市场理论的基础上发展起来的，主要研究证券市场中资产的预期收益率与风险资产之间的关系，以及均衡价格是如何形成的。资本资产定价模型是现代金融市场价格理论的支柱，广泛应用于投资决策和公司理财领域。

资本资产定价模型假设所有投资者都按马科维茨的投资组合理论进行投资，对期望收益、方差和协方差等的估计完全相同，投资人可以自由借贷。基于这样的假设，资本资产定价模型研究的重点在于探求风险资产收益与风险的数量关系，即为了补偿某一特定程度的风险，投资者应该获得多少的报酬率。

该模型建立在马科维茨投资组合理论之上，因此资本资产定价模型的假设也包括马科维茨投资组合理论的假设，除此之外，资本资产定价模型还包括以下假设。

- 可以在无风险利率 R 的水平下无限制地借入或贷出资金。
- 所有投资者对证券收益率概率分布的看法一致，因此市场上的效率边界只有1条。
- 所有投资者具有相同的投资期限，而且只有1期。
- 所有的证券投资可以无限制地细分，在任何一个投资组合里可以含有非整数股份。
- 税收和交易费用可以忽略不计。
- 所有投资者可以及时免费获得充分的市场信息。
- 不存在通货膨胀，且利率不变。
- 投资者具有相同预期，即他们对预期收益率、标准差和证券之间的协方差具有相同的预期值。

当然，以上假设过于完美，在实际情况中往往是难以满足的，不过瑕不掩瑜，资本资产定价模型在投资决策领域仍得到了广泛的应用与推广。

模型详细的推导过程此处就不再介绍，感兴趣的读者可以参阅投资学相关书籍，资本资产定价模型最后的结果十分简洁：

$$R_i = R_f + \beta_i (R_m - R_f)$$

其中，R_i 是股票 i 的预期收益率；R_f 是无风险收益率；β_i 就是股票 i 的 β 系数；R_m 是市场平均收益率；$R_m - R_f$ 是市场风险溢价。

无风险收益率 R_f 指没有任何风险的资产的收益率，一般可使用国债收益率作为无风险收益率，当然，银行的定期存款利率也是可以的。

市场平均收益率 R_m 指资本市场上所有资产平均的收益率，一般采用指数收益率作为市场平均收益率。

从资本资产定价公式可以看出，股票的收益率主要是由该股票与指数的相关性，即 β 系数所影响的。β 系数可以衡量资产的系统性风险。所谓系统性风险，指整个金融系统都会受到冲击而剧烈波动的风险，任何股票和金融机构都不能完全消除系统性风险。

β 系数作为一种风险指数，用来衡量个别股票或股票基金相对于整个股市的价格波动情况。我们知道，个股和大盘之间具有相关性：大盘走弱，原本强势的个股也会受到影响开始下挫；大盘走强，原本走势平淡的个股也会开始上攻。但是不同个股和大盘的相关性也是不同的，有些个股走势几乎和大盘一样，而有一些个股能够脱离大盘影响走出独立行情，β 系数就是衡量个股与大盘相关性的指标。换言之，β 系数越高，资产与市场的相关性越高，系统性风险就越大，与此同时预期收益率也会越高。

（1）当 $\beta=1$ 时，说明该资产与指数走势同步，收益率完全一样。

（2）当 $\beta>1$ 时，说明该资产的波动大于指数，收益率也大于指数。

（3）当 $\beta<1$ 时，说明该资产的波动小于指数，收益率也小于指数。

β 系数一定为正数吗？事实上，的确存在 β 系数为负的资产，这代表着该资产的收益情况与大盘是相反的。大盘越好，该资产收益越差；大盘越差，该资产收益越好。比如，当我们融券做空指数时，β 系数就是负的。

读到这里读者可能会想，如果股票的收益率仅取决于 β 系数和指数收益率，那么证券分析师的工作岂不是非常轻松简单？

这里要注意，资本资产定价模型是在严格的假设之下推导出来的，事实上，目前没有任何证据表明一个资本市场可以满足资本资产定价模型的所有假设，也就是说该模型的结果与实际情况是会有较大差异的。

之前我们提过"盈亏同源"的理念，即任何一部分收益都是对着相应的风险的，收益越高，风险就越大。想要获得更高的收益，就需要找到额外的风险。在资本资产定价模型中，投资股票仅承担系统性风险——就是所有股票都具有的风险，那么事实果真如此？

假设有 2 只股票 A 和 B，其中 A 公司的主营业务是药品和医疗器械的研制，B 公司的主营业务是建筑材料、家具装饰的售卖。这两家公司都承担系统性风险，即受到宏观经济面、经济周期和经济危机的影响。但是显然，A、B 公司的其他风险是不尽相同的。比如：A 公司要承担新药品、新医疗器械研发失败导致利润减少甚至亏损的风险，而 B 公司没有这种风险；B 公司要承担房地产行业不景气、原材料上涨等导致利润减少甚至亏损的风险，而 A 公司没有这种风险。

由此可以看出，公司还拥有与其本身相关的独特的风险——非系统性风险。既然公司拥有非系统性风险，那么也必然有相对应的收益。

假设资本资产定价模型所刻画的，资产预期收益率与市场收益率存在的线性关系成

立，真实的市场中完整的公式应该是

$$R_i = \alpha + R_f + \beta(R_m - R_f) + \varepsilon$$

其中，ε 表示公司的非系统性风险，通常我们认为其是一个不可观测的随机项。

根据马科维茨投资组合理论，投资组合中的资产数目越多，投资组合的非系统性风险就越低。因此，买进市场上所有的股票并按照市值配置权重的组合，是非系统性风险最小的组合，该组合也被称为指数组合或市场组合。如果指数组合的 β 系数为1，其收益就是指数的收益 R_m。

常数项 α 在真实市场满足假设的情况下应该等于0。但是由于真实市场的复杂性和不完美，导致 α 往往不等于0。当 $\alpha \neq 0$ 时，我们就可以获得额外的收益。当 $\alpha > 0$ 时，我们买入该股票就能额外获得 α 的收益。当 $\alpha < 0$ 时，我们卖空该股票就能获得额外 α 的收益。所以实际上，证券分析师的工作主要是在市场中寻找 α 不为0的股票。

模拟实验与思考

1. 分析自选股中个股和板块之间的相关性、不同板块之间的相关性、板块和大盘指数的相关性、个股和大盘指数的相关性。

2. 根据最近一年的日收盘价数据，估计上证50（沪深300或中证500）成分股的收益率、波动率和协方差，构建一个由上证50（沪深300或中证500）成分股构成的最优投资组合。

3. 求解上证50（沪深300或中证500）成分股的 β 系数，写出其资本资产定价模型，观察 α 是否为0。

4. 如何根据投资组合相关理论完善自己的交易策略？

即测即练

第十一章　收益与风险

本章学习目标：

- 掌握股票收益的来源；
- 了解风险的概念，掌握风险的一般度量方法；
- 掌握常见的仓位、资金管理方法和止盈止损策略；
- 掌握自我评价的基本方法；
- 根据收益与风险的关系完善自己的交易策略。

投资者进行投资就是为了获得收益，获得收益的不确定性就是风险。投资者需要制定正确的投资策略来寻求收益与风险的平衡。本章主要介绍了股票收益与风险的来源、度量方法，以及常见的自我评价方法等，以期能为读者在投资过程中制定适合自己的投资策略提供参考。

金融的核心特性是不确定性，所以，对金融的研究，实际上就是对不确定性的研究。股票投资，作为一项重要的投资活动，也需要管理其不确定性，即管理风险。对投资者来说，获得高额收益十分重要。但实际上，很多投资高手更注重的是稳定的收益，如此复利下来，也可以获得很好的收益。所以，权衡收益与风险是投资者不可错过的必修课。

在证券投资中，收益和风险形影相随，收益以风险为代价，风险用收益来补偿。投资者投资的目的是获取收益，与此同时，又不可避免地面临着风险，证券投资的理论和实战技巧都围绕着如何处理这两者的关系而展开。

收益与风险的基本关系是收益与风险相对应。也就是说，风险较大的证券，其要求的收益率相对较高；反之，收益率较低的投资对象，风险相对较小。但是，绝不能因为风险与收益有着这样的基本关系，就盲目地认为风险越大，收益就一定越高。风险与收益相对应的原理只是揭示风险与收益的这种内在本质关系——风险与收益共生共存，承担风险是获取收益的前提；收益是风险的成本和报酬。风险和收益的上述本质联系可以表述为下面的公式：

$$预期收益率 = 无风险收益率 + 风险溢价$$

预期收益率是投资者预期获得的收益率。无风险收益率指把资金投资于某一没有任何风险的投资对象得到的收益率,这是一种理想的投资收益,我们把这种收益率作为一种基本收益,再考虑各种可能出现的风险,使投资者得到应有的补偿。现实生活中不可能存在没有任何风险的理想证券,但可以找到某种收益变动小的证券来代替。在我国,一般将1年期国债的收益率作为无风险收益率。

一般来说,证券投资分析的目的就是在降低投资组合风险的同时,使得投资组合的收益最大化。

第一节 股票的投资收益

一、股票的收益来源

从历史上看,收益概念最早出现在经济学中。亚当·斯密在《国富论》中,将收益定义为"那部分不侵蚀资本的可予消费的数额",把收益看作财富的增加。收益获得的方法与产生的形式有很多种,本书主要讨论的收益是股票收益。

股票收益指投资者从购入股票开始到出售股票为止整个持有期间的收入,包括股利、资产增值、认股权证价值和市价盈利4项内容。

(一)股利

股利指投资者以股东身份,按照持股数量,从公司的盈利分配中获得的收益,具体包括股息和红利两部分。

股利收益高低与公司盈利状况紧密相关,如果公司经营亏损就不存在股利分配。此外,股利收益高低也与公司分配政策及公司发展所处阶段有关。例如:公司发展处在高速成长期,可能更注重积累与资本扩张,因此即使利润率很高,也未必发放很高的股利;反之,当公司发展处在稳定阶段(成熟期)时,即使盈利能力一般,也可能维持较高的股利支付率。红利发放的形式主要有三种:一是现金红利,即以现金形式支付的红利;二是股票红利,即以股票方式派发的红利,其分配通常是按公司现有股东持股比例进行的,是一种留存收益的资本化现象;三是财产股息,即公司用现金以外的其他财产向股东分派红利。此外,红利发放形式还有负债红利、建业红利等。前两种股利发放形式更为常见。

(二)资产增值

股票投资报酬不仅只有股利,股利仅是公司税后利润的一部分。公司税后利润除支付股息和红利外,还留一部分作为资本公积金和未分配利润,股东对其拥有所有权,作为公司资产的增值部分,它也应属于股票收益。

资产增值带来的收益又称为资本扩张收益,它主要是由公司送配股后股价填权带来的收益。公司的股本扩张主要是通过送股与配股实现的。送股又称为无偿增资扩股,它是一种投资者不必缴纳现金就可获取收益的扩股形式。它有两种类型:一是将盈余公积金中本可发放现金红利部分转为股票赠送给股东(也称红利发放);二是将资本公积金(包括盈余结存及资产重估增值等)转入股本金,股东无偿取得新发股票。配股又称为有偿增资扩股,即公司按老股东持股比例配售新股的扩股形式。配售扩股的价格一般低于市场价,以作为对老股东的优惠。经过送配股,股价将除权。若除权后,实际价格回升到理论除权价之上为填权,投资者获得资本扩张收益;反之为贴权,投资者受损。

(三)认股权证价值

认股权证价值,简称"权值",普通股股东有优先认购新股的特权,赋予这个特权的证明被称为认股权证。在认股权证的有效期内,股东可以优先低价认购股票;如果放弃优先认股权,则可以将认股权证出售,认股权证实际上代表一种期权,它具有一定的价值。

(四)市价盈利

市价盈利,又称"资本利得",指股票持有者持股票到市场上进行交易,当股票的市场价格高于买入价格时,卖出股票就可以赚取差价收益。在投机性甚强的不成熟市场中,这一收益十分可观,当然也包含着很大风险。它是股票市场中最常见的盈利方式。

二、股票投资收益指标

股票收益率指投资于股票所获得的收益总额与原始投资额的比率。衡量股票投资收益水平的指标主要有股利收益率、持有期收益率和拆股后持有期收益率等。

(一)股利收益率

股利收益率又称获利率,指上市公司以现金形式派发的股息或红利与股票买入价格的比率,该收益率可用于计算已得的股利收益率,也可用于预测未来可能的股利收益率。其计算公式为

$$股利收益率 = \frac{D}{P_0} \times 100\%$$

其中，D 为现金股利；P_0 为股票买入价格。

（二）持有期收益率

持有期收益率指投资者持有股票期间的股息收入与买卖差价之和与股票买入价的比率，是投资者最关心的指标。当将它与其他金融资产的收益率相比较时，需考虑是否将持有期收益率转化为年化收益率。其计算公式为

$$持有期收益率 = \frac{D + (P_1 - P_0)}{P_0}$$

其中，D 为现金股利；P_0 为股票买入价格；P_1 为股票卖出价格。

（三）拆股后持有期收益率

上市公司发放股票股利或者进行拆股时，股票市场价格和投资者持有的股票数量都会发生变化。因此，有必要在拆股后对股票价格和股票数量进行相应的调整，来计算拆股后的持有期收益率。其计算公式为

$$拆股后的持有期收益率 = \frac{调整后资本利得 + 调整后现金股息}{调整后的购买价格} \times 100\%$$

第二节 风 险

风险指在某一特定环境下，在某一特定时间段内，某种损失发生的可能性。风险由风险因素、风险事故和风险损失等要素组成。换句话说，在某一个特定时间段里，人们所期望达到的目标与实际出现的结果之间产生的不及预期差异就是风险。

风险有两种定义：一种定义强调了风险表现为不确定性，而另一种定义强调风险表现为损失的不确定性。风险表现为不确定性，说明风险产生的结果可能带来损失、获利或是无损失也无获利，属于广义风险，金融风险属于此类。而风险表现为损失的不确定性，说明风险只能表现出损失，没有从风险中获利的可能性，属于狭义风险。第二种风险大多应用在保险学的研究中，在投资分析领域里，我们说的风险都是第一种风险。而投资的损失可以是绝对的亏损，也可以是相对于无风险收益率的不足部分，还可以是低于目标收益率的差额。

对风险的研究是为了对风险进行管理，风险管理可分为 4 个步骤：①对引发风险的相关因素进行识别，如市场风险、信用风险、操作风险、流动性风险、合规与法律风险、

杠杆风险、集中度风险等；②对引发风险的相关因素进行定性和定量的评估；③根据评估结果提出风险管理的策略和措施，风险管理的策略有风险分散、风险对冲、风险转移、风险补偿和风险规避，根据风险管理的策略制定风险管理措施；④对引发风险的相关因素进行持续的跟踪和监控。

一、风险的度量

对风险的度量方法可以分为：以均值-方差为基础的风险计量指标，如收益率的方差和标准差、β 值；以下偏距为基础的风险计量指标，如目标半方差和风险价值（value at risk，VaR）。

（一）方差或标准差

马科维茨在 1952 年提出风险度量的均值-方差模型。马科维茨将风险定义为预期收益率的波动率，即预期收益率的方差或标准差。收益率的方差或标准差衡量的是收益率的波动性或不确定程度，而不是投资的损失及不同的损失程度出现的概率。用收益率的波动性来衡量风险的一个重要的假设是收益率服从正态分布，而实际中，股票投资的收益率并不一定服从正态分布，而是具有厚尾的特征。同时，用收益率的波动性来衡量股票投资风险也不符合投资者的真实感受。当收益率的均值非常大时，即便其波动性较高，投资者也不会认为其风险较高，因为他们并不认为，正的收益或取得高于无风险收益率/目标收益率以上的波动是风险，而是将亏损或不能取得高于无风险收益率/目标收益率认为是风险。故收益率的方差或标准差主要衡量的是最终收益率可能偏离收益率均值的程度，即收益率的方差或标准差越大，最终收益率在相同的概率下偏离收益率均值的程度越大。通常来说，在收益率均值相同的情况下比较其方差或标准差才比较符合实际意义。

（二）β 值

夏普（Shape，1964）、林特纳（Lintner，1965）和莫辛（Mossion，1996）等人基于马科维茨的均值-方差模型提出了资本资产定价模型。资本资产定价模型中的 β 系数用来衡量单个资产或投资组合相对于整个市场的波动情况，它衡量的是单个资产或投资组合的系统性风险。β 系数：

$$\beta_i = \frac{\text{cov}(R_i, R_M)}{\sigma_M^2}$$

其中，$\text{cov}(R_i, R_M)$ 表示资产 i 的收益率与市场收益率之间的协方差；σ_M^2 为市场收益率的方差；R_M 为市场收益率；R_i 为资产 i 的收益率。

同时我们可以将资产 i 的收益率表示为

$$\sigma_i^2 = \beta_i^2 \sigma_M^2 + \sigma_{ei}^2$$

其中，$\beta_i^2\sigma_M^2$ 称为系统性风险，无法通过分散化投资的方式减少；σ_{ei}^2 为非系统性风险，可以通过分散化投资减少。

通常认为，一项资产的 β 值越大，该资产的风险越高。$\beta=1$，表示该单项资产的风险收益率与市场组合平均风险收益率成同比例变化，其风险情况与市场投资组合的风险情况一致；$\beta>1$，说明该单项资产的风险收益率高于市场组合平均风险收益率，该单项资产的风险大于整个市场投资组合的风险；$\beta<1$，说明该单项资产的风险收益率小于市场组合平均风险收益率，则该单项资产的风险小于整个市场投资组合的风险。β 值作为计量单个资产或投资组合系统性风险的计量指标，被广泛使用。

（三）VaR 值

传统的资产负债管理（asset-liability management，ALM）过于依赖报表分析，缺乏时效性；而利用方差及 β 系数来衡量风险又太过于抽象，不直观，而且反映的只是市场（或资产）的波动幅度；资本资产定价模型又无法糅合金融衍生品种。上述传统的几种方法都难以准确定义和度量金融风险，G30 集团在研究衍生品种时，于 1993 年发表了题为《衍生产品的实践和规则》的报告，提出度量衍生品风险的 VaR 方法，目前已成为金融界测量资产风险的重要方法。之后由约翰·皮尔庞特·摩根（J. P. Morgan）提出的用于计算 VaR 的风险计量模型（risk metrics model）更是被众多金融机构广泛采用。目前国外一些大型金融机构已将其所持资产的 VaR 值作为其定期公布的会计报表的一项重要内容加以列示。

VaR 的解释就是"风险价值"，其含义指在市场正常波动下，某一金融资产或证券组合的最大可能损失。更为确切地是讲，指在一定概率水平（置信度）下，某一金融资产或证券组合价值在未来特定时期内的最大可能损失。

$$P(\Delta p_{\Delta t} \leqslant \text{VaR}) = a$$

其中，P 是资产价值损失小于可能损失上限的概率；$\Delta p_{\Delta t}$ 是某一金融资产在一定持有期 Δt 时间内的价值损失额；VaR 是在给定置信水平 a 和一定的持有期限内，预期的损失上限。

具体 VaR 的计算方法有历史模拟法、蒙特卡洛模拟法和模型构建法等。

二、影响股票风险溢价的因子

（一）流动性溢价理论

Amihud 和 Mendelson 于 1986 年提出流动性溢价理论，该理论的基本思想是流动性是影响资产定价的一个重要的因素,流动性较低的资产具有较高的预期回报率,流动性较高的资产其预期回报率较低。流动性溢价理论表明资产的预期回报率与资产的流动性呈现出负相关的关系,因为流动性低的资产其交易成本较高,为了弥补较高的交易成本,投资者对该资产的预期回报率要求更高。流动性低的资产的预期回报率与流动性高的资产的预期回报率的差值就形成了流动性溢价。

Harris(1990)提出了从4个方面对流动性进行度量,即交易的成本、交易的速度、市场在一定时间内成交的数量、市场从偏离均衡价格后恢复的速度。对于流动性的度量,常用的指标有:资产的买卖价差、换手率、成交量及阿米维斯特流动比率(Amivest liquidity ratio)。

(二)Fama-French 三因子模型

尤金·法玛(Eugene F. Fama)和肯尼斯·佛伦奇(Kenneth R. French)在对美国股票市场中股票投资组合的超额收益率进行研究后,于1993年在资本资产定价模型的基础上加入了市值因子和账面市值比因子,提出了股票定价的三因子模型:

$$R_{it} - R_{ft} = \alpha_i + \beta_{im} \times (R_{mt} - R_{ft}) + \beta_{is} \times SMB_t + \beta_{ih} \times HML_t + \varepsilon_{it}$$

其中,R_{it}表示股票投资组合的投资回报率;R_{ft}表示无风险的投资回报率;R_{mt}表示整个股票市场的投资回报率;SMB_t表示小规模公司与大规模公司投资回报率的差值;HML_t表示高账面市值比公司与低账面市值比公司投资回报率的差值。

法玛和佛伦奇通过实证表明三因子模型的市场溢价因子、市值因子和账面市值比因子可对股票组合的回报率给出较为合理的解释。在资本资产定价模型的基础上加入市值因子和账面市值比因子,能够显著提高模型对股票市场中超额收益率的解释能力。

(三)Fama-French 五因子模型

法玛和佛伦奇基于股息贴现模型的讨论框架,于2015年在三因子的模型上加入了盈利能力因子和投资因子,提出了五因子模型:

$$R_{it} - R_{ft} = \alpha_i + \beta_{im} \times (R_{mt} - R_{ft}) + \beta_{is} \times SMB_t + \beta_{ih} \times HML_t + \beta_{ir} \times RMW_t + \beta_{ic} \times CMA_t + \varepsilon_{it}$$

其中,RMW_t表示利润率高的公司与利润率低的公司投资回报率的差值;CMA_t表示投资保守的公司与投资激进的公司投资回报率的差值。

法玛和佛伦奇通过实证表明五因子模型比三因子模型可以更好地对股票市场中的超额回报率给出解释。法玛和佛伦奇的五因子模型虽然可以在一定程度上提升对股票市场中超额收益的解释能力,但是新加入的盈利能力因子和投资因子与账面市值比因子具有相对较强的共线性,因而目前运用较多的依然是三因子模型。

第三节 仓位与资金管理

一、仓位管理

所谓仓位管理,绝非我们平常说的是满仓还是70%仓位。通俗一点说,仓位管理就是在你决定做多某个投资对象时,决定如何分批入场,又如何止盈/止损离场的技术。

在制定仓位管理的策略时,首先,要有良好的心态,不能一味地追求卖在最高点或者买在最低点,只要能够获取波段中大部分利润即可。同时,也不能因为太在意某一次操作的盈亏得失而将决策变得情绪化,急于追回损失而时时满仓操作,这样会带来很高的风险。其次,还应当学会适时空仓,耐心等待回调机会,这样有时会比天天满仓操作能获得更好的收益。最后,要有意识地多浏览财经新闻和上市公司公告等,培养敏锐的市场嗅觉,在察觉到危险的时候,能够及时作出决策,减仓乃至空仓,懂得适可而止。

在仓位的资产配置问题中,根据以往经验来看,熊市应当持仓30%,振荡市应当持仓50%,牛市可以持仓70%。为了分散风险,还应该多样化选股,同一板块的股票只买一只,可以持有不同板块的多只股票。具体购买股票的数量,依投资者的持有资金数量而定。一般来说,资金在10万元以下时,购买1～2只股票足矣;资金在50万元左右时,可以买2～4只股票;资金在100万元左右时,买3～5只即可。做主观股票分析时,建议集中精力操作有限只股票。

实际中较为经典的仓位管理有以下几种方法。

(一)漏斗形仓位管理法

初始进场资金量比较小,仓位比较轻,如果行情按相反方向运行,后市逐步加仓,进而摊薄成本,加仓比例越来越大。这种方法,仓位控制呈下方小、上方大的一种形状,很像一个漏斗,所以称为漏斗形的仓位管理方法。

该方法的优点是初始风险比较小,漏斗越高,盈利越客观。缺点是该方法需要对市场趋势有一个比较准确的预测,如果方向判断错误,或者方向的走势不能越过总成本位,将陷于无法获利出局的局面。

(二)矩形仓位管理法

进场的资金量占总资金的固定比例,如果行情按相反方向发展,逐步加仓,降低成本,每次加仓都遵循一个固定比例,形态像一个矩形,所以称为矩形的仓位管理方法。

该方法的优点是每次只增加一定比例的仓位,对风险进行平均分摊,在持仓可以控制，并且后市方向和判断一致的情况下，能获得较为丰厚的收益。缺点是初始阶段平均成本抬高较快，如果判断失误，很容易陷入被动局面。

（三）金字塔形仓位管理法

初始进场的资金量比较大，后市如果行情按相反方向运行，则不再加仓，如果方向一致，逐步加仓，加仓比例越来越小。仓位控制呈下方大、上方小的形态，像一个金字塔，所以称为金字塔形的仓位管理方法。

该方法的优点是按照报酬率进行仓位控制，利用趋势的持续性来增加仓位，胜率越高动用的仓位就越高。在趋势中，会获得很高的收益，风险率较低。缺点是在振荡市中较难获得收益。初始仓位较重，对于第一次入场的要求比较高。

对3种仓位管理方法进行比较可以发现，漏斗形仓位管理法和矩形仓位管理法都是在第一次入场之后，行情按相反方向运行，但仍确信后期走势会按照自己的判断运行，进行仓位管理。金字塔形仓位管理法是在进场后，若行情按相反方向运行，则不进行加仓操作，如果到达止损，则进行止损。前两种方法属于逆市操作方法，后者则是顺势操作方法。对于投资者来说，前两种的风险更大。金字塔形仓位管理法，至多是损失第一次入场资金的一定亏损比例，而不是损失全部资金，所以，金字塔形仓位管理法承担的风险更小。

通过以上的分析比较可知，金字塔仓位管理法比其他两种方法更有优势，是一种科学的仓位管理方法。金字塔仓位管理法一般基于支撑线和阻力线进行操作。进场后，根据市场的发展，也即相应的风险报酬结构变化，采用跟进止损的方式改变仓位管理。在如假定那样继续前进，每突破一道阻力线并上升一段距离后，或者回踩确认阻力线已经成为有效支撑线后，可以将止损移动到该支撑线下方。

另外需要说明的是，金字塔形仓位管理法在单边行情中能带来巨大的盈利，而在振荡行情中会出现次数较多的触发止损现象，造成小幅亏损或者盈利能力偏低。但是，在单边行情中的盈利能力足以令其在振荡行情中的缺点显得微不足道，所以，非常适合大、中机构投资者或者有条件盯盘的投资者使用。

二、资金管理

股票市场是高风险金融市场，投入资金必须考虑安全性问题，在保证原始投入资金安全性的情况下获得投资利润才是科学稳健的投资策略。所以说，资金管理非常重要。

通常而言，投资者都会把资金分成相等的几份，相比于重仓某一只股票，这样更有利于分散风险。具体地来说，建仓的行为分为3个主要资金投资模式，分别是简单投资模式、复合投资模式和组合资金投资模式。

（一）简单投资模式

简单投资模式一般来讲是二二配置，就是资金的投入始终是半仓操作，对于任何行情下的投入都保持必要的、最大限度的警惕，始终坚持半仓行为，对于股票市场的风险投资首先要力争做到立于不败之地，始终坚持资金使用的积极主动的权利，在投资一旦出现亏损的情况下，如果需要补仓行为，则所保留资金的投资行为也是二二配置，而不是一次性补仓，二二配置是简单投资法的基础模式，简单但具有一定的安全性和可靠性。但二分制的缺点在于投资行为在一定程度上缺少积极性。

（二）复合投资模式

复合投资模式比较复杂，严格来说具有多种层次划分，但主要为三分制和六分制。

三分制主要将资金划分为三等份，建仓的行为始终是分3次完成，逐次介入，对于大资金来讲，建仓是在某一个区域内完成，因此建仓需要一定的时间周期。三分制的建仓行为一般也保留1/3的风险资金，相对二分制来讲，三分制的建仓行为更积极一些，在三分制已投入的2/3的资金建仓完毕并获得一定利润的情况下，所保留的剩余1/3的资金可以有比较积极的投资态度。三分制的投资模式并不复杂，需注意，增仓行为必须是建立在投资的主体资金获得一定利润的前提下。三分制的缺点在于风险控制能力相对较低。

六分制则是相对结合二分制和三分制的基本特点，积极发挥两种模式的优点而形成的。它将资金划分为3个阶梯：A阶梯占总资金的1/6；B阶梯占总资金的1/3；C阶梯占总资金的1/2，3个阶梯的顺序可以根据具体股票行情自行调整。但在使用过程中不论哪一种组合，最后的一组都是风险资金，同时不论在哪个阶梯上，资金的介入必须是以每个单位逐次递进。在使用A、B、C三种阶梯资金的同时，也可以在使用B阶梯资金时用二分制，在使用C阶梯资金时使用三分制，这样就更全面。六分制是一个相对灵活机动、安全可靠的资金投入模式，在投资行为上结合了上面两种方法的优点，但缺点是在使用过程中的程序有些复杂。

（三）组合投资模式

组合投资模式不同于前面两种模式，它不是按照资金量而是投资周期进行资金划分的，主要以长、中、短周期3种投资模式来决定资金的划分。一般将总体资金划分为四等份，即长、中、短三种资金及风险控制资金4部分。

周期的划分以股票趋势为标准，如果观察到有K线向上趋势、成交量放量、均线多头排列、5日多空资金流入、长阳线或是长阴线等现象，那么就说明该股票最近有趋势行情，可以考虑做中长线，直至这一轮趋势行情结束。对于趋势没有确立或者趋势误判的股票,应该用短期资金做短线交易,建议在 3 个交易日内逢高卖出,及时止损。

第四节 止盈与止损

止盈与止损不仅仅是一种技术,更大程度上是一种艺术。止盈与止损的具体策略完全因人而异:因投资者的交易风格而异,因投资者的交易系统而异。止盈与止损是控制风险的措施,是个性化的行为。因此,不存在绝对完美的止盈止损策略。

如图 11-1 所示,资金损失过后,想要再恢复回来遵循以下量化关系:下跌 10%,解套需上涨 11.11%;下跌 20%,解套需上涨 25%;下跌 30%,解套需上涨 42.86%。以此类推,如果亏损 70%,需要上涨 233.33% 才能解套。如此可见止损的重要性。

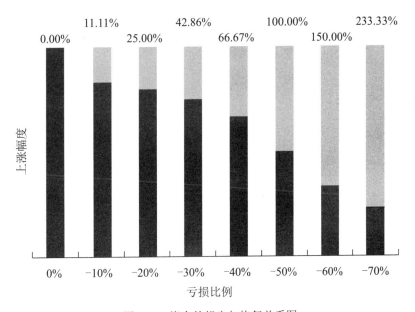

图 11-1 资金的损失与修复关系图

成熟的投资者都有自己的交易模式,相应地,也有与此交易模式相匹配的止损方式,不能把止损同交易模式割裂开来单独使用,止损无法独立存在,独立存在的止损不具保护价值。止损关乎进场信号,而止盈关乎出场信号:当进场信号出现误判时,运用止损方法可以避免损失、失控;而止盈关乎出场信号,正确运用止盈信号能够保住胜利果实。所以说,止盈与止损是同一事物的一体两面,反向运用进场信号,即是止盈信号。

一、止盈

止盈指当投资者买进股票时,投资者应该有意识地确定一个盈利的价格,当股价上涨到这一价格或从高点跌破这一价格时,将持有的股票卖出以锁定利润。投资者设定的这个价位就叫作止盈位或止盈点。常用的止盈位设置方法可以划分为静态止盈法和动态止盈法。

(一)静态止盈法

静态止盈法指设定具体的盈利目标位,一旦到达盈利目标位时,要坚决止盈,这是克服贪心的重要手段。虽然,卖出后可能会失去后市行情中更高的价格,但是,追求这种可能性会伴随着更高的风险。投资者想要赚取每一分利润的想法是非常不切实际的,也违背了风险管理的初衷。

静态止盈法就是设定股票盈利的心理目标价位,其设置的方法主要依赖于投资者对形势的理解和对个股的长期观察,所确定的止盈位基本上是静止不变的。这种止盈方法适合中长线投资者,即投资风格稳健的投资者。对于刚刚进入股市的新手而言,通常要适当降低止盈位的标准以提高操作的安全性。

(二)动态止盈法

动态止盈法指当投资的股票已有盈利时,由于股价的上升形态完好或题材未尽等原因,投资者认为个股还有继续上涨的动力,因此继续持股一直等到股价出现回落,当达到某一标准时,投资者采取获利卖出的操作。

动态止盈法的设置标准一般有如下几种。第一种是价格回落幅度。价格与最高价相比,减少5%~10%时止盈卖出。当然,如果投资者发现股价已经见顶,即便没有从高点下跌至预设的5%止盈位置,也应当坚决卖出。第二种是均线破位止盈,在上升行情中,均线是尾随股价上升的,一旦股价掉头击穿均线,将意味着趋势转弱,投资者要立即止盈,保住胜利果实。第三种是技术形态止盈,当股价上升到一定阶段,出现滞涨并且构建各种头部形态时,要坚决止盈。

二、止损

由于人类厌恶损失的天性,要将理论中的止损方法在实际投资中严格执行非常困难。所以只有学会止损、善于止损,才能在股市中活得更加长久。实战中止损的方法有很多,归纳后可以分为3种:定额止损法、技术止损法和无条件止损法。

（一）定额止损法

这是一种最简单的止损方法，它将亏损额设置为一个固定的比例，一旦亏损大于该比例就及时平仓。一般适用于刚入市的投资者和在风险较大市场（如期货市场）中交易的投资者。定额止损的强制作用使得投资者无须过分依赖对行情的判断。

止损比例的设定是定额止损的关键，它主要有两个关键因素影响：一是投资者能够承受的最大亏损，该因素受投资者的心态、经济承受能力、盈利预期等影响；二是交易品种价格的随机波动，市场价格经常会因为受全体投资者交易行为的共同影响而无序波动。交易者可以根据经验来设定额止损比例，以此避免被无谓的随机波动振荡出局。

（二）技术止损法

技术止损法是一种较为复杂的止损方法，它将止损与技术分析相结合，在剔除市场的随机波动之后，在关键的技术位设置止损位，来避免亏损的进一步扩大。这一方法要求投资者有较强的技术分析能力和自制力，很难找到一个固定的模式来进行止损。

一般技术止损法有以下几种：一是趋势止损法，以上升趋势线、通道或均线系统等作为判断依据，一旦价格明显跌破就立即止损；二是形态止损法，它是根据K线理论中各种技术形态作为依据，一旦价格跌破形态中的关键位置就进行止损操作；三是压力和支撑止损法，以K线中明显的压力位和支撑位作为依据，一旦价格跌破支撑位或者突破阻力位就立即止损；四是技术指标止损法，以常用的各种技术指标为依据，在技术指标出现明显卖出信号时进行止损，相对比较常用的有抛物线转向指标和宝塔线指标等。

（三）无条件止损法

当市场基本面发生了根本性转折时，投资者应当尽快出场，保存实力，择机再战。因为基本面的变化往往是难以扭转的，所以此时投资者应当果断斩仓出局。

第五节 自 我 评 价

为了使得以后可以作出更好的投资决策，投资者应当经常复盘，评价自己的投资能力并总结不足，从而不断地进步与成长。股票投资的绩效评价应当从3个方面进行测算：组合的平均获利能力、组合的风险与投资者的证券选择能力、时机选择能力。在进行投资组合绩效评价时，还应考虑市场的综合因素，如证券市场的平均收益水平（一般指证券市场综合指数的收益率）、整个市场的系统风险等因素。

一、收益率评价法

以下介绍收益率的计算方法：

$$R_{\Delta t}=\frac{\mathrm{NAV}_{t_1}-\mathrm{NAV}_{t_0}}{\mathrm{NAV}_{t_0}}$$

其中，NAV_{t_1} 指资金 t_1 日的价值；$R_{\Delta t}$ 指资金在 t_0 日至 t_1 日期间的收益率，一般来说，还会将 $R_{\Delta t}$ 转化为年化收益率。

$$R=\frac{R_{\Delta t}}{\Delta t}\times 360$$

其中，R 为年化收益率；Δt 是从 t_0 日至 t_1 日所经过的天数。

二、风险调整收益的评价方法

一般来说，相比纯收益率的评价方法，为了平衡收益与风险的关系，风险调整收益的评价方法具有更好的参考价值。经典方法有3种，即夏普（Shape）方法、特雷诺（Treynor）方法、评估比例（appraisal ratio）。

（一）夏普方法

夏普指数的理论依据是资本资产定价模型，以资本市场线为评价的基准，如果投资组合的夏普指数大于市场证券组合的夏普指数，则该投资组合就位于资本市场线之上，表明其表现好于市场。反之，则说明该组合的表现比市场差。

夏普指数等于一定评价期内基金投资组合的平均收益率超过无风险收益率部分与该基金收益率的标准差之比，其计算公式是

$$S_p=\frac{R_p-R_f}{\sigma_p}$$

其中，R_p 表示投资组合的平均收益率；R_f 表示无风险收益率；σ_p 表示收益率的标准差。

夏普指数的含义是每单位总风险资产获得的超额收益。夏普指数越大，投资组合表现越好。

（二）特雷诺方法

特雷诺指数是采用组合收益与证券市场的系统风险对比的方法来评价投资基金的绩效，其计算公式是

$$T_p=\frac{R_p-R_f}{\beta_p}$$

其中，R_p 表示平均收益率；R_f 表示无风险收益率；β_p 表示系统风险。

特雷诺指数越大，那就说明投资组合的表现越好。当特雷诺指数大于证券市场线的斜率，则该组合就位于证券市场线之上，其业绩优于市场表现；反之，则不如市场表现。

（三）评估比率

评估比率是资产组合的超额收益率与其非系统风险波动率的比值，它测算的是每单位的非系统风险所带来的超额收益。其计算公式是

$$AR = \frac{\alpha_p}{\sigma_p}$$

其中，AR 是评估比率；α_p 是组合的超额收益率；σ_p 是组合的非系统风险波动率。

三、选股和择时能力评价

投资者在购买股票的时候，概括地来说，就是回答两个问题：一个是买什么，另一个则是什么时候买。其中：买什么体现了投资者的资产选择能力，表现在选择价值被低估的资产以获取较高的资本利得；什么时候买则体现了投资者的择时能力，即预测到股票市场的发展趋势，特别是高点与低点的位置，并能够主动地调整投资组合，进行合适的资产配置的能力。

（一）趋势把握评价

单次股票交易后，投资者希望了解自己购买的价格的位置和趋势把握情况，可以用如下方法进行自我评价：

$$P = （买入价 - 最低价）/（最高价 - 最低价）$$

其中，P 是买入时期评价指标；买入价指的是购买股票时的成交价格；最低价和最高价都指的是股票持有期间的最高价和最低价。

可见，P 是一个随着股价实时变化的指标。

如果 $P \geqslant 50\%$，则说明目前买在平均价以下。

$$Q = （卖出价 - 最低价）/（最高价 - 最低价）$$

其中，Q 是卖出时机把握的评价指标；卖出价指卖出股票时的成交价格；最低价和最高价都指的是股票持有期间的最高价和最低价。

如果 $Q \geqslant 50\%$，则说明卖在了平均价以上。

$$T = （卖出价 - 买入价）/（最高价 - 最低价）$$

其中，T 是总体趋势把握的评价指标；买入价指的是买入股票时的成交价格；卖出价指卖出股票时的成交价格；最低价和最高价都指的是股票持有期间的最高价和最低价。

如果 $T \geqslant 50\%$，则说明此次抓住了 50% 以上的趋势行情。

（二）T-M 模型

美国著名财务学者特雷诺和玛泽（Mauzy）假设基金经理具备择时能力后会产生折线与弧线两种特征线，在特征线为弧线的情况下，他们建立了 T-M 模型。

$$R_{p,t} - R_{f,t} = \alpha + \beta_1 (R_{m,t} - R_{f,t}) + \beta_2 (R_{m,t} - R_{f,t})^2 + \varepsilon_{p,t}$$

其中，α 为选股能力指标；β_1 为基金所承担的系统风险；β_2 为择时能力指标。当 α 为正值时，表明投资者具有选股能力，且 α 越大，选股能力越强。

（三）H-M 模型

美国学者亨里克森（Henriksson）和莫顿（Merton）在 T-M 模型的基础上进一步展开深入研究后建立了 H-M 模型。

$$R_{p,t} - R_{f,t} = \alpha + \beta_1 (R_{m,t} - R_{f,t}) + \beta_2 D (R_{m,t} - R_{f,t}) + \varepsilon_{p,t}$$

其中，D 是一个虚拟变量，当 $R_m \geq R_f$ 时，$D = 1$，否则 $D = 0$。

如果得到显著的正 β_2 值检验，则判定投资者具备市场择时能力，且 α 值越大，选股能力越强。

（四）C-L 模型

Change 和 Lewellen（1984）对 H-M 模型加以改进，得到其 C-L 模型。

$$R_{p,t} - R_{f,t} = \alpha_{p,t} + \beta_1 \min \lfloor 0, (R_{m,t} - R_{f,t}) \rfloor + \beta_2 \max \lfloor 0, (R_{m,t} - R_{f,t}) \rfloor + \varepsilon_{p,t}$$

如果 $\beta_2 - \beta_1 > 0$，则表明投资者具有时机选择能力。

C-L 模型具有较强的适用性。模型的优点在于能够分别得出基金在空头和多头的 β 值，即使在基金不具有择时能力时（$\beta_2 - \beta_1 < 0$），我们也能够通过 β_1 和 β_2 的值分析基金的特点，而对 T-M 模型和 H-M 模型的分析结果通常都不显著，这与模型的自身因素有关。

模拟实验与思考

1. 试着用自己的话说明风险与收益的关系，并在股票市场中找到相应的例子加以验证。
2. 根据自有资金数量和自身风险承受能力，构建自己的仓位管理策略，并进行模拟操作。
3. 比较不同止盈止损策略的优缺点，并选择适合自己的止盈止损策略，进行实际操作。
4. 对自己过去的股票操作进行自我评价，总结经验。
5. 如何根据收益与风险的关系完善自己的交易策略？

即测即练

参 考 文 献

[1] 翟伟丽,何基报,周晖,等.中国股票市场投资者交易偏好及其对股价波动的影响[J].金融评论,2010(3):53-124.

[2] 田中道昭.新金融帝国:智能时代全球金融变局[M].杨晨,译.杭州:浙江人民出版社,2020.

[3] 戴建兵,杨兆廷.股票投资分析[M].北京:中国金融出版社,2000.

[4] 张文义,杨逸.两把直尺赢天下:象限四度交易法[M].北京:经济管理出版社,2013.

[5] 刘川.超短线交易细节[M].北京:中国经济出版社,2014.

[6] 华投.看盘方法与技巧大全[M].北京:中国华侨出版社,2012.

[7] 杨婧.猎庄[M].北京:中国华侨出版社,2013.

[8] KALAY A, KRONLUND M. The market reaction to stock split announcements: earnings information after all [J/OL]. Social Science Electronic Publishing, 2014, http://dx.doi.org/10.2139/ssrn.1027543.

[9] BAKER M, GREENWOOD R, WURGLER J. Catering through nominal share prices [J]. *Journal of Finance*, 2009, 64 (6): 2559-2590.

[10] BAKER M, WURGLER J. Behavioral corporate finance: an updated survey [J]. *Handbook of the Economics of Finance*, 2013 (2): 357-424.

[11] NEVES E D, PINDADO G J, TORRE C D L. New evidence on the catering theory [Z]. Working Paper, 2011.

[12] 陈浪南,姚正春.我国股利政策信号传递作用的实证研究[J].金融研究,2000(10):69-77.

[13] 钱智通,孔刘柳.我国A股上市公司高送转行为的市场表现及其具体成因研究[J].南方经济,2016(12):26-42.

[14] 李心丹,俞红海,陆蓉,等.中国股票市场"高送转"现象研究[J].管理世界,2014(11):133-145.

[15] 何涛,陈小悦.中国上市公司送股、转增行为动机初探[J].金融研究,2003(9):44-56.

[16] 薛祖云,刘万丽.中国上市公司送转股行为动因的实证研究[J].厦门大学学报,2009(5):114-121.

[17] 熊义明,陈欣,陈普,等.中国上市公司送转行为动因研究:基于高送转样本的检验[J].经济与管理研究,2012(5):81-88.

[18] 朱红军,何贤杰,陈信元.定向增发"盛宴"背后的利益输送:现象、理论根源与制度成因——基于驰宏锌锗的案例研究[J].管理世界,2008(6):136-147.

[19] 曾庆生,张耀中.信息不对称、交易窗口与上市公司内部人交易回报[J].金融研究,2012(12):151-164.

[20] 谢德仁,崔宸瑜,廖珂.上市公司"高送转"与内部人股票减持:"谋定后动"还是"顺水推舟"?[J].金融研究,2016(11):158-173.

[21] 宋元东.借助年报行情托股价,拟增发公司频现高送转[N].上海证券报,2012-2-17(7).

[22] SAATY T L. Decision making with dependence and feedback: the analytic network process [M]. Pittsburgh: RWS Publications, 1996.

[23] ZWEIG M E. An investor expectations stock price predictive model using closed-end fund premiums [J]. *Journal of Finance*, 1973, 28 (1): 67-78.

[24] LEE C M C, SHLEIFER A, THALER R H. Investor sentiment and the closed-end fund puzzle [J]. *Journal of Finance*, 1990, 46 (1): 75-109.

[25] WURGLER J. Introduction: a special issue on investor sentiment [J]. *Journal of Financial Economics*, 2012, 104 (2): 227-227.

[26] BANDOPADHYAYA A, JONES A L. Measuring investor sentiment in equity markets [M]. Berlin: Springer International Publishing, 2016.

[27] CHAN W. Stock price reaction to news and no-news: drift and reversal after headlines [J]. *Journal of Financial Economics*, 2003, 70 (2): 223-260.

[28] 李昊洋, 程小可, 郑立东. 投资者情绪对股价崩盘风险的影响研究 [J]. 软科学, 2017, 31 (7): 98-102.

[29] 胡昌生, 池阳春. 反馈交易、投资者情绪与波动性之谜 [J]. 南方经济, 2012, 30 (3): 37-48.

[30] 孙博宇. 基于客观指标的投资者情绪指数构建及其影响研究 [D]. 南京: 南京大学, 2012.

[31] 鲁训法, 黎建强. 中国股市指数与投资者情绪指数的相互关系 [J]. 系统工程理论与实践, 2015, 32 (3): 621-629.

[32] 周孝华, 陈鹏程. 锁定制度、投资者情绪与IPO定价: 基于承销商视角的理论与数值分析 [J]. 管理工程学报, 2017, 31 (2): 84-90.

[33] 刘晓星, 张旭, 顾笑贤, 等. 投资者行为如何影响股票市场流动性: 基于投资者情绪、信息认知和卖空约束的分析 [J]. 管理科学学报, 2016, 19 (10): 87-100.

[34] ZHOU X G, CUI Y D, HE Q. Investor sentiment index based on intuitionistic fuzzy analytic network process method and empirical analysis [J]. *Journal of Intelligent & Fuzzy Systems*, 2020, 39 (1): 19-34.

[35] XU Z SH. Approaches to multiple attribute decision making with intuitionistic fuzzy preference information [J]. *Systems Engineering-Theory & Practice*, 2007, 27 (11): 62-71.

[36] XU Z SH, LIAO H C. Intuitionistic fuzzy analytic hierarchy process [J]. *IEEE Transactions on Fuzzy Systems*, 2014, 22 (4): 749-761.

[37] DIMITROV D. The paretian liberal with intuitionistic fuzzy preferences: a result [J]. *Social Choice & Welfare*, 2004, 23 (1): 149-156.

[38] LI D F. Multiattribute decision making models and methods using intuitionistic fuzzy sets [J]. *Journal of Computer & Systemences*, 2005, 70 (1): 73-85.

[39] LIAO T L, HUANG C J, WU C Y. Do fund managers herd to counter investor sentiment [J]. *Journal of Business Research*, 2011, 64 (2): 207-212.

[40] LIAO H CH, MI X M, XU Z SH, et al. Intuitionistic fuzzy analytic network process [J]. *IEEE Transactions on Fuzzy Systems*, 2018, 26 (5): 2578-2590.

[41] 杨元泽. 封闭式基金的折价能否作为投资者情绪有效衡量: 基于深圳股票市场的实证研究 [J]. 中央财经大学学报, 2010 (5): 26-31.

[42] 易志高, 茅宁. 中国股市投资者情绪测量研究: CICSI的构建 [J]. 金融研究, 2009 (11): 174-184.

[43] 陈浩. 筹码分布 [M]. 北京: 中国商业出版社, 2002.

[44] 戴维. 战略管理 [M]. 徐飞, 译. 13版. 北京: 中国人民大学出版社, 2012.

[45] 黄世忠. 财务报表分析的逻辑框架 [J]. 财务与会计 (综合版), 2007 (10): 14-19.

[46] 赫尔. 风险管理与金融市场 [M]. 王勇, 译. 2版. 北京: 机械工业出版社, 2010.

[47] 勒威, 萨纳特. 证券投资组合与选择 [M]. 陈云贤, 朱敢林, 译. 广州: 广州中山大学出版社, 1997.

[48] 赵锡君, 魏建华. 投资学 [M]. 北京: 北京师范大学出版社, 2009.

[49] 杨健. 证券投资基金指南 [M]. 北京: 中国宇航出版社, 2007.

[50] ZADEH L A. Fuzzy sets [J]. *Information and Control*, 1965 (8): 338-353.

[51] RAMASWAMY S. Portfolio seletion using fuzzy decision theory [R]. Bank for International Settlements, 1998.

[52] ATANASSOV K T. Intuitionistic fuzzy sets [J]. *Fuzzy Sets and Systems*, 1986, 20 (1): 87-96.

[53] ZHOU W, XU Z SH. Score-hesitation trade-off and portfolio selection under intuitionistic fuzzy environment [J]. *International Journal of Intelligent Systems*, 2019, 34 (2): 325-341.

[54] TORRA V, NARUKAWA Y. On hesitant fuzzy sets and decision [C]. The 18th IEEE International Conference on Fuzzy Systems, 2009: 1379-1382.

[55] ZHOU W, XU Z SH. Portfolio selection and risk investment under the hesitant fuzzy environment [J]. *Knowledge-Based Systems*, 2018, 144: 21-31.

[56] 马庆功. 犹豫模糊语言环境下的无线传感器选择方法 [J]. 计算机工程与应用, 2017, 53 (22): 130-136.

[57] RODRIGUEZ R M, MARTINEZ L, HERRERA F. Hesitant fuzzy linguistic term sets for decision making [J]. *IEEE Transactions on Fuzzy Systems*, 2012, 20 (1): 109-119.

[58] 葛淑娜, 魏翠萍. 基于二元语义的犹豫模糊语言决策方法 [J]. 运筹与管理, 2017, 26 (3): 108-114.

[59] 周晓光, 肖喻, 何欣. 基于直觉模糊网络分析法和二元语义的文化创意企业价值评估方法 [J]. 运筹与管理, 2020, 29 (1): 148-156.

[60] 周晓光, 肖喻, 孙峰. 基于直觉模糊二元语义交互式群决策的技术创新项目选择 [J]. 运筹与管理, 2019, 28 (2): 30-36.

[61] 廖虎昌, 杨竹, 徐泽水, 等. 犹豫模糊语言PROMETHEE方法在川酒品牌评价中的应用 [J]. 控制与决策. 2019, 34 (12): 2727-2736.

[62] LIAO H CH, XU Z SH, ZENG X J, et al. Qualitative decision making with correlation coefficients of hesitant fuzzy linguistic term sets [J]. *Knowledge-Based Systems*, 2015, 76: 127-138.

[63] WANG J Q, WU J T, WANG J, et al. Interval-valued hesitant fuzzy linguistic sets and their applications in multi-criteria decision-making problems [J]. *Information Sciences*, 2014, 288: 55-72.

[64] WEI C P, RODRIGUEZ R M, MARTINEZ L. Uncertainty measures of extended hesitant fuzzy linguistic term sets [J]. *IEEE Transactions on Fuzzy Systems*, 2018, 26 (3): 1763-1768.

[65] LIAO H CH, QIN R, GAO CH Y, et al. Score-HeDLiSF: a score function of hesitant fuzzy linguistic term set based on hesitant degrees and linguistic scale functions: an application to unbalanced hesitant fuzzy linguistic MULTIMOORA [J]. *Information Fusion*, 2019, 48: 39-54.

[66] ZADEH L A. Fuzzy sets as a basis for a theory of possibility [J]. *Fuzzy Sets and Systems*, 1978, 1 (1): 3-28.

[67] LIU B D, LIU Y K. Expected value of fuzzy variable and fuzzy expected value models [J]. *IEEE Transactions on Fuzzy Systems*, 2002, 10 (4): 445-450.

[68] ZHANG B, PENG J, LI SH G. Uncertain programming models for portfolio selection with uncertain returns [J]. *International Journal of Systems Science*, 2015, 46 (14): 2510-2519.

[69] ZHANG Q, HUANG X X, TANG L M. Optimal multinational capital budgeting under uncertainty [J]. *Computers & Mathematics with Applications*, 2011, 62 (12): 4557-4567.

[70] LIU B D. Uncertainty theory: a branch of mathematics for modeling human uncertainty [M]. Berlin: Springer, 2010.

[71] LIU B D. Uncertain random graph and uncertain random network [J]. *Journal of Uncertain Systems*, 2014, 8 (1): 3-12.

[72] HUANG X X. Mean-risk model for uncertain portfolio selection [J]. *Fuzzy Optimization and Decision Making*, 2011, 10 (1): 71-89.

[73] HUANG X X. Mean-variance models for portfolio selection subject to experts' estimations [J]. *Expert*

［74］周晓光，何倩，黄晓霞. 基于 EEMD 与模糊回归的投资组合选择模型及实证［J］. 运筹与管理，2022，31（5）：150-155.

［75］周晓光，何欣. 基于累积前景理论的可变下标犹豫模糊语言多准则投资组合优化研究［J］. 控制与决策，2022，37（9）：2389-2398.

［76］ZHOU X G，HE X，HUANG X X. Uncertain minimax mean-variance and mean-semivariance models for portfolio selection［J］. *Journal of Intelligent & Fuzzy Systems*，2022，43：4723-4740.

［77］ZHOU X G，TANG X M，WU SH W. The impact of national culture on IPO underpricing and its influence mechanism：a cross-border empirical research［J］. *Finance Research Letters*，2022，47（PA）：102543.

教师服务

感谢您选用清华大学出版社的教材！为了更好地服务教学，我们为授课教师提供本书的教学辅助资源，以及本学科重点教材信息。请您扫码获取。

》 教辅获取

本书教辅资源，授课教师扫码获取

》 样书赠送

财政与金融类重点教材，教师扫码获取样书

 清华大学出版社

E-mail: tupfuwu@163.com
电话：010-83470332 / 83470142
地址：北京市海淀区双清路学研大厦 B 座 509

网址：http://www.tup.com.cn/
传真：8610-83470107
邮编：100084